高等院校经济管理类专业项目化（案例化）系列教材

会计学基础

主　编　史玉琳　李小花
副主编　卢婷婷　唐　怡　张志平
参　编　王大鹏　赵川云　陈　富
主　审　李　玲

北京理工大学出版社
BEIJING INSTITUTE OF TECHNOLOGY PRESS

内 容 简 介

本教材根据基础会计的理论知识体系和会计业务处理流程，结合应用型本科财务管理和市场营销专业人才培养的目标和要求进行编写。本教材主要包括会计基础认知、会计要素与会计等式、会计科目与账户、复式记账原理、复式记账的应用——工业企业经济业务的核算、会计凭证、会计账簿、财产清查、财务会计报告、账务处理程序、会计工作组织认知十一个学习情境内容，涵盖会计基础理论、会计核算方法及其应用以及财务会计报告等内容。

版权专有　侵权必究

图书在版编目（CIP）数据

会计学基础/史玉琳，李小花主编. —北京：北京理工大学出版社，2019.8（2019.9 重印）

ISBN 978-7-5682-7135-6

Ⅰ.①会… Ⅱ.①史… ②李… Ⅲ.①会计学-教材 Ⅳ.①F230

中国版本图书馆 CIP 数据核字（2019）第 120589 号

出版发行／北京理工大学出版社有限责任公司

社　　址／北京市海淀区中关村南大街 5 号

邮　　编／100081

电　　话／(010) 68914775（总编室）

　　　　　　82562903（教材售后服务热线）

　　　　　　68948351（其他图书服务热线）

网　　址／http：//www.bitpress.com.cn

经　　销／全国各地新华书店

印　　刷／河北鸿祥信彩印刷有限公司

开　　本／787 毫米×1092 毫米　1/16

印　　张／17　　　　　　　　　　　　　　　　　　责任编辑／王晓莉

字　　数／400 千字　　　　　　　　　　　　　　　　文案编辑／王晓莉

版　　次／2019 年 8 月第 1 版　2019 年 9 月第 2 次印刷　责任校对／周瑞红

定　　价／46.00 元　　　　　　　　　　　　　　　　责任印制／李志强

图书出现印装质量问题，请拨打售后服务热线，本社负责调换

前　言

会计学是财务会计、成本会计等课程的基础课程，是财务管理或会计学专业学生的入门专业课程，其理论性和实务性较强。随着管理学科的发展，国家相关法律、法规及国家统一会计制度的颁布，会计行业出现了许多新的研究领域。为了使学生能够较为全面系统地掌握有关会计的基本理论和基本技能，本着与时俱进和激发学生学习兴趣的原则，我们编写了本教材。

在编写过程中，我们充分考虑了目前应用型本科院校学生培养目标的特点，力求在实际工作中从会计知识和能力的需要出发，注重理论知识和实践技能的有机结合。本教材具有以下特点。

1. 内容新

本教材根据国家新的法律、法规和会计准则编写而成，书中引用的资料力求紧密结合企业实际，满足国家新的会计准则和会计制度的要求。基础会计知识体系必须适应国家统一会计制度的规定，需改变会计理论知识与管理相脱节的局面。本教材摒弃了过时的知识内容，紧跟时代步伐，突出理论体系，详细阐述会计的基本原理，且将其贯穿于全书的各个任务，使之形成一个较为完善的理论体系。

2. 体系新

本教材的编写人员具有较高的理论造诣和较为丰富的高校教学经验，并根据现行会计准则的要求和教学改革的需要进行了撰写。为了方便学生使用，本教材内容深入浅出、通俗易懂，文字上力求简洁、规范，既能表述现代会计知识，又不故作高深，以提高其可读性。在体系结构上，本教材采用了情景任务式的编写方法。因此，学生在学习本教材时可按照"了解、熟悉、掌握"三个层次的要求进行：了解，要求学生知道有关知识和技能；熟悉，要求学生理解有关知识和技能；掌握，要求学生非常清楚地理解有关知识和技能并能够灵活运用。

3. 重实践

本教材注重理论联系实际，特别适合中小企业的实际情况。在每个学习情景后精心设置了课后练习题，使学生通过习题来巩固会计学基础的理论知识，便于他们更好地理解本门课程的内容；同时，也为其日后学习财务会计、成本会计等后续课程打下坚实的基础。期待学生通过本课程的学习能快速地适应实际工作。

全书共分为十一个学习情境，各情境的编写分工如下：张志平编写学习情境一和学习情境二，史玉琳编写学习情境三至学习情境五，李小花编写学习情境六，卢婷婷编写学习情境七和学习情境八，王大鹏编写学习情境九，赵川云编写学习情境十，唐怡编写学习情境十一。初稿完成后由具有多年会计学基础课程授课经验的史玉琳老师进行初审，由陈富教授统一定稿，最后由李玲教授进行整体审核。

本教材适用于应用型本科学校财务管理专业及其他经管类专业的教学，也可作为参加国家自学考试、社会化考试以及企业管理人员特别是财务人员培训和自学的教材。

在本教材编写过程中，参考了许多专家和学者的教材和学术论著，并借鉴了其中的精华部分，基于篇幅限制不能一一列出，在此谨向他们致以崇高的谢意。

由于时间和理论知识水平有限，书中难免存在错误、不妥或者不严谨之处，诚恳地期待专家和广大读者批评指正，以不断提高教材的编写水平。

编　者

2019 年 1 月

目　录

学习情境一　会计基础认知 ………………………………………………………… (1)
　任务一　会计概念认知 ………………………………………………………………… (1)
　　　子任务一：认识会计的概念 …………………………………………………… (2)
　　　子任务二：理解会计的特点 …………………………………………………… (2)
　　　子任务三：理解会计的职能 …………………………………………………… (3)
　　　子任务四：了解会计的目标 …………………………………………………… (4)
　　　子任务五：认识会计的对象 …………………………………………………… (5)
　任务二　会计核算的基本前提和会计基础认知 ……………………………………… (5)
　　　子任务一：认识会计核算的基本前提 ………………………………………… (6)
　　　子任务二：认识会计核算基础 ………………………………………………… (7)
　任务三　会计核算的信息质量要求认知 ……………………………………………… (8)
　　　子任务：掌握会计信息质量要求 ……………………………………………… (8)
　任务四　会计核算的方法认知 ………………………………………………………… (10)
　　　子任务一：了解会计方法 ……………………………………………………… (10)
　　　子任务二：理解会计核算方法 ………………………………………………… (11)

学习情境二　会计要素与会计等式 ………………………………………………… (16)
　任务一　会计要素认知 ………………………………………………………………… (16)
　　　子任务一：理解会计要素的概念 ……………………………………………… (17)
　　　子任务二：确认反映企业财务状况的会计要素 ……………………………… (17)
　　　子任务三：确认反映企业经营成果的会计要素 ……………………………… (21)
　任务二　会计等式认知 ………………………………………………………………… (23)
　　　子任务一：掌握会计等式的内容 ……………………………………………… (23)
　　　子任务二：掌握经济业务的发生对基本会计等式的影响 …………………… (24)

学习情境三　会计科目与账户 ……………………………………………………… (33)
　任务一　会计科目认知 ………………………………………………………………… (33)
　　　子任务一：理解会计科目的概念和意义 ……………………………………… (34)

　　　　子任务二：掌握会计科目的分类 (34)
　　　　子任务三：设置会计科目 (35)
　　　　子任务四：掌握会计对象、会计要素和会计科目的关系 (38)
　　任务二　设置账户 (38)
　　　　子任务一：理解账户的概念和意义 (39)
　　　　子任务二：理解账户的分类 (39)
　　　　子任务三：掌握账户的基本结构 (39)
　　　　子任务四：掌握会计科目与账户的关系 (40)

学习情境四　复式记账原理 (43)
　　任务一　复式记账法的原理认知 (44)
　　　　子任务一：理解复式记账法的含义与特点 (44)
　　　　子任务二：掌握复式记账法的理论依据及其科学性 (45)
　　　　子任务三：了解复式记账法的种类 (46)
　　任务二　借贷记账法认知 (46)
　　　　子任务一：理解借贷记账法的概念 (46)
　　　　子任务二：掌握借贷记账法的记账符号 (46)
　　　　子任务三：掌握借贷记账法下的账户结构 (47)
　　　　子任务四：掌握借贷记账法的记账规则 (49)
　　　　子任务五：试算平衡 (53)

学习情境五　复式记账的应用——工业企业经济业务的核算 (61)
　　任务一　核算资金筹集过程业务 (62)
　　　　子任务一：掌握资金筹集过程业务核算的内容 (62)
　　　　子任务二：掌握资金筹集过程业务核算应设置的账户 (62)
　　　　子任务三：学会资金筹集过程业务核算的会计处理 (64)
　　任务二　核算供应过程业务 (65)
　　　　子任务一：掌握供应过程业务核算的内容 (65)
　　　　子任务二：核算外购固定资产业务 (65)
　　　　子任务三：核算物资采购业务 (67)
　　任务三　核算生产过程业务 (72)
　　　　子任务一：掌握生产过程业务核算的内容 (72)
　　　　子任务二：掌握生产过程业务核算应设置的账户 (72)
　　　　子任务三：学会生产过程业务核算的会计处理 (74)
　　任务四　核算销售过程业务 (77)
　　　　子任务一：掌握销售过程业务核算的内容 (77)
　　　　子任务二：核算销售收入 (78)
　　　　子任务三：核算销售成本、费用 (80)

任务五　核算财务成果业务	(82)
子任务一：掌握财务成果业务的核算内容	(82)
子任务二：核算利润形成业务	(83)
子任务三：核算利润分配业务	(85)

学习情境六　会计凭证 (96)

任务一　会计凭证的意义和种类认知 (97)
子任务一：理解会计凭证的概念和意义 (97)
子任务二：理解会计凭证的种类 (98)

任务二　填制与审核原始凭证 (98)
子任务一：掌握原始凭证的概念 (98)
子任务二：掌握原始凭证的种类 (99)
子任务三：掌握原始凭证的基本内容 (103)
子任务四：填制原始凭证 (103)
子任务五：审核原始凭证 (105)

任务三　填制与审核记账凭证 (106)
子任务一：掌握记账凭证的概念 (106)
子任务二：掌握记账凭证的种类 (107)
子任务三：掌握记账凭证的基本内容 (109)
子任务四：填制记账凭证 (110)
子任务五：审核记账凭证 (112)

任务四　传递和保管会计凭证 (112)
子任务一：传递会计凭证 (113)
子任务二：保管会计凭证 (114)

学习情境七　会计账簿 (123)

任务一　会计账簿认知 (123)
子任务一：理解会计账簿的概念和意义 (124)
子任务二：掌握会计账簿的分类 (125)
子任务三：区别会计账簿与账户 (126)

任务二　会计账簿的内容、账簿启用与登记规则认知 (127)
子任务一：理解会计账簿的基本内容 (127)
子任务二：了解会计账簿的启用 (127)
子任务三：掌握会计账簿的登记规则 (128)

任务三　登记会计账簿 (129)
子任务一：登记日记账 (129)
子任务二：登记总分类账 (130)
子任务三：登记明细分类账 (131)

子任务四：掌握总分类账与明细分类账的平行登记 …………… (134)
　任务四　对账与结账 ……………………………………………… (137)
　　子任务一：对账 …………………………………………………… (137)
　　子任务二：错账的更正方法 ……………………………………… (138)
　　子任务三：结账 …………………………………………………… (143)
　任务五　更换与保管会计账簿 …………………………………… (144)
　　子任务一：更换会计账簿 ………………………………………… (144)
　　子任务二：保管会计账簿 ………………………………………… (145)

学习情境八　财产清查 ……………………………………………… (152)
　任务一　财务清查认知 …………………………………………… (152)
　　子任务一：理解财产清查的概念 ………………………………… (153)
　　子任务二：理解财产清查的作用 ………………………………… (153)
　　子任务三：了解财产清查的种类 ………………………………… (154)
　　子任务四：准备财产清查 ………………………………………… (155)
　任务二　开展财产清查工作 ……………………………………… (155)
　　子任务一：掌握财产清查的方法 ………………………………… (155)
　　子任务二：清查库存现金 ………………………………………… (157)
　　子任务三：清查银行存款 ………………………………………… (158)
　　子任务四：清查往来款项 ………………………………………… (159)
　任务三　处理财产清查结果 ……………………………………… (160)
　　子任务一：掌握财产清查结果的处理程序 ……………………… (160)
　　子任务二：处理财产清查结果 …………………………………… (161)

学习情境九　财务报表 ……………………………………………… (173)
　任务一　财务报表认知 …………………………………………… (174)
　　子任务一：理解财务报表的概念及作用 ………………………… (174)
　　子任务二：掌握财务报表的种类 ………………………………… (175)
　　子任务三：掌握财务报表的编制要求 …………………………… (176)
　任务二　编制资产负债表 ………………………………………… (177)
　　子任务一：理解资产负债表的概念及作用 ……………………… (177)
　　子任务二：掌握资产负债表的结构和内容 ……………………… (178)
　　子任务三：运用资产负债表的编制方法 ………………………… (180)
　　子任务四：编制资产负债表 ……………………………………… (181)
　任务三　编制利润表 ……………………………………………… (183)
　　子任务一：理解利润表的概念及作用 …………………………… (183)
　　子任务二：掌握利润表的结构和内容 …………………………… (184)
　　子任务三：利润表的编制方法 …………………………………… (185)

  子任务四：编制利润表 ………………………………………………………… (186)
 任务四 编制现金流量表 ……………………………………………………… (188)
  子任务一：理解现金流量表的概念及作用 …………………………………… (188)
  子任务二：理解现金流量表的结构 …………………………………………… (189)
  子任务三：了解现金流量表的填制项目 ……………………………………… (190)
  子任务四：了解现金流量表的编制方法 ……………………………………… (193)

学习情境十 账务处理程序 ……………………………………………………… (201)

 任务一 账务处理程序认知 …………………………………………………… (201)
  子任务一：熟悉账务处理程序的概念 ………………………………………… (202)
  子任务二：了解账务处理程序设计的基本要求 ……………………………… (202)
  子任务三：了解账务处理程序的基本模式 …………………………………… (203)
 任务二 记账凭证账务处理程序 …………………………………………… (203)
  子任务一：掌握记账凭证账务处理程序的特点 ……………………………… (203)
  子任务二：掌握记账凭证账务处理程序的流程 ……………………………… (204)
  子任务三：记账凭证账务处理程序的举例 …………………………………… (204)
  子任务四：了解记账凭证账务处理程序的优缺点和适用范围 …………… (231)
 任务三 汇总记账凭证账务处理程序 ……………………………………… (231)
  子任务一：了解汇总记账凭证账务处理程序的特点 ………………………… (232)
  子任务二：了解汇总记账凭证的编制方法 …………………………………… (232)
  子任务三：了解汇总记账凭证账务处理程序的流程 ………………………… (235)
  子任务四：了解汇总记账凭证账务处理程序的优缺点和适用范围 ……… (235)
 任务四 科目汇总表账务处理程序 ………………………………………… (236)
  子任务一：了解科目汇总表账务处理程序的特点 …………………………… (236)
  子任务二：掌握科目汇总表的编制方法 ……………………………………… (236)
  子任务三：掌握科目汇总表账务处理程序的流程 …………………………… (237)
  子任务四：了解科目汇总表账务处理程序的优缺点和适用范围 ………… (237)

学习情境十一 会计工作组织 …………………………………………………… (244)

 任务一 会计工作组织认知 …………………………………………………… (245)
  子任务一：理解会计工作组织的意义 ………………………………………… (245)
  子任务二：掌握会计工作组织应遵循的要求 ………………………………… (245)
  子任务三：了解会计工作组织的内容 ………………………………………… (246)
 任务二 设置会计机构 ………………………………………………………… (247)
  子任务一：了解会计机构的设置 ……………………………………………… (247)
  子任务二：认识会计工作的组织形式 ………………………………………… (248)
  子任务三：理解会计工作岗位责任制 ………………………………………… (249)
 任务三 组织会计人员 ………………………………………………………… (249)

子任务一：了解会计人员的资格 …………………………………………（250）
　　　子任务二：理解会计人员的职责 …………………………………………（251）
　任务四　制定会计工作规范 ……………………………………………………（252）
　　　子任务一：了解会计法律法规 ……………………………………………（253）
　　　子任务二：了解企业会计准则 ……………………………………………（253）
　　　子任务三：了解企业会计制度 ……………………………………………（254）
　　　子任务四：了解会计职业道德 ……………………………………………（254）
　任务五　管理会计档案 …………………………………………………………（255）
　　　子任务一：了解会计档案的概念 …………………………………………（255）
　　　子任务二：掌握会计档案管理的若干规定 ………………………………（256）
参考文献 ……………………………………………………………………………（260）

会计基础认知

▰▰\学习目标

理解会计的基本概念、会计的基本职能，掌握会计核算的基本前提、质量要求，了解会计方法。

任务一：会计概念认知；
任务二：会计核算的基本前提和会计基础认知；
任务三：会计核算的信息质量要求认知；
任务四：会计核算的方法认知。

▰▰\情境描述

小提问：会计是什么？是账房先生，是一种职业，还是一项与数字有关的活动？

▰▰\情境分析

(1) 会计是什么？它是如何产生的？
(2) 会计如何记账？它的职能是什么？

任务一　会计概念认知

【问题引入】很多人认为会计是一种很好的职业，有着良好的就业前景。但是什么是会计，会计工作是怎样展开的，会计知识学习起来是否容易？不少人心中充满疑问。

提示：在现实生活中，每个人每天都在进行会计活动，每个家庭都可以算作一个会计单位，因此从日常经济活动着手，可以理解并熟悉会计术语，了解会计的基本知识。

子任务一：认识会计的概念

物质资料的生产是人类存在和发展的基础，会计是适应人类生产实践和经营物质资料的生产管理的客观需要产生并发展起来的。会计作为一种社会现象，作为一项记录、计算和汇总工作，产生于管理的需要，并且一开始就以管理的形式出现。作为一种经济管理活动，会计与社会生产发展有着不可分割的联系，会计的产生和发展离不开人们对生产活动进行管理的客观需要。社会越发展，会计越重要。

在原始社会，人们为了计算生产成果和生活需要，逐步产生了计数和计算的要求。在文字产生以前，这种计算是用"结绳记事""刻木记事"或凭人们的记忆来进行的。在文字产生以后，人们开始用文字对物质资料的生产与消耗进行记载，于是就产生了会计。奴隶社会和封建社会的会计主要是用来核算和监督政府开支，为官方服务的。随着商品货币经济的发展，特别是在欧洲产业革命以后，由于资本主义生产的发展，生产日益社会化，生产规模日趋扩大，更需要由会计从价值量上全面、完整、系统地反映和监督生产经营的全过程。人类发展到现在，全球信息化、经济全球化使作为"国际商业公共语言"的会计内涵及外延不断丰富和发展。现在会计概念可以表述为：会计是以货币为主要计量单位，采用专门的方法，对企业的经济活动进行核算和监督，并向有关方面提供会计信息的一种经济管理活动。

子任务二：理解会计的特点

从会计的定义中，可以总结出会计的特点。

（一）以货币为主要计量单位

经济计量的尺度有实物尺度、劳动尺度和货币尺度三种。而货币作为一般等价物，具有衡量商品价值的职能。企业进行任何经济活动都会涉及人力、物力、财力的投入和耗费，会计就是用货币的形式对这些活动进行反映和监督。如投资者投入企业的财产可以是现金，也可以是房产、设备等实物资产，还可能是某种专利技术等知识产权。对于这些种类繁多、形态各异的财产，要进行信息汇总，必须采用统一的计量单位，即用货币单位进行计量。会计正是以这种统一的货币计量单位为主要手段，对企业经济活动进行综合反映的。当然，并不排除在会计工作中存在实物计量和劳动计量的可能性，但这些计量方式通常只是作为货币计量的辅助手段，用于补充说明经济业务的内容。可以说，货币计量是会计中最主要和基础的度量手段，这是会计区别与其他经济活动的重要特征之一。因此，会计的主要特点是用货币量度对经济活动过程中占用的财产物资和发生的劳动耗费进行系统计量、记录、分析和监督。通过货币计量取得经济管理所必需的综合性指标，据以对企业的经济活动进行总体评价，确定和考核其经济效益。

（二）对经济活动进行连续、系统和完整的记录

信息需求者要求企业提供的信息资料完整真实，这就要求会计所提供的数据资料具有连续性、系统性和完整性。所谓连续性，是指核算时按经济业务发生的时间先后顺序，不间断

地记录。在正常情况下，企业的经营活动是连续不断地进行的，反映企业经营活动的资金也是周而复始地运转着的，会计就是以资金的运动为对象，对企业发生的每一项经济业务所涉及的资金的来龙去脉进行不间断记录，而且是按照经济业务发生的时间先后顺序逐笔记录的。因此，会计所提供的信息能够反映企业任何一个时点、任何一个时期的经营活动情况。所谓系统性，是指在核算中从开始记录一项经济业务到最后编制财务报表，要逐步把会计资料加以系统化，通过分类汇总、加工整理，取得综合性的指标。企业是一个整体，各个部门和人员尽管有不同的分工，但他们的工作都是相互联系、相互影响的，会计是对企业相互联系的经营活动进行反映的，提供的信息也不是孤立的，而是一个系统的整体，通过会计信息能够了解企业经营活动的全貌。所谓完整性，是指在核算中凡是需要会计进行核算的经济事项都要逐一记录和计算，既不能遗漏，也不能任意取舍，这样才能获得反映经济活动的综合性指标。

（三）有一系列专门的方法和程序

会计经过长期的发展，已经形成了不同于其他学科的特有方法体系，并且得到不断丰富和完善。从广义的范围来讲，会计方法主要包括会计核算方法、会计分析方法、会计检查方法、会计预测方法、会计决策方法等。会计核算方法是会计学的基本方法，也是其他会计方法的基础，主要包括会计确认、计量、记录、报告的方法。会计分析方法是以会计核算提供的基本会计信息为基础，对原始会计信息进行加工和分析，以取得更多会计信息的方法。会计检查方法主要是指对会计信息进行检查和验证，以保证会计信息准确、可靠的方法。会计预测方法和会计决策方法主要是指由于会计功能的扩展所产生的会计方法，是利用会计核算所提供的基本会计信息方法进行深加工，以提供未来决策需要的会计信息。

子任务三：理解会计的职能

从会计的定义可以看出，会计是随着生产的发展，逐步从企业各项经营活动中分离出来的一项提高经济效益的管理活动。会计在经济管理工作中所具有的功能或能够发挥的作用，即会计的职能，包括核算、预测、参与决策、实行监督等。随着经济的发展和管理要求的提高，会计职能是不断变化且彼此联系的。会计的基本职能是进行核算、实行监督。

1. 会计核算职能

会计核算是会计的首要职能，它是以货币为主要计量单位，对各种单位的经济业务活动或者预算执行情况及其结果进行连续、系统、全面的记录和计量，并据以编制财务报表。各单位必须根据实际发生的经济业务或事项进行会计核算。会计核算职能具有三个特点。

（1）会计核算主要是从价值量上反映各经济主体的经济活动状况。会计核算是对各单位的一切经济业务，以货币计量为主进行记录、计算，以保证会计记录和反映的完整性。

（2）会计核算具有连续性、系统性和完整性。各单位必须对客观发生的所有经济业务，即涉及资金运动或资金增减变化的事项，采用系统的核算方法，按时间顺序，无一遗漏地进行记录。

（3）会计核算应对各单位经济活动的全过程进行反映。随着商品经济的发展，市场竞争日趋激烈，会计在对已经发生的经济活动进行事中、事后的记录、核算、分析，反映经济活动的现实状况及历史状况的同时，发展为事前核算、分析和预测经济前景。

2. 会计监督职能

会计监督职能，是指会计具有按照一定的目的和要求，利用会计反映职能所提供的经济信息，对企业和行政事业单位的经济活动进行控制，使之达到预期目标的功能。会计监督职能具有两个特点。

（1）会计监督主要是通过价值量指标来进行的。由于基层单位进行的经济活动同时伴随着价值运动，表现为价值量的增减和价值形态的转化，因此，会计通过价值指标可以全面、及时、有效地控制各个单位的经济活动。

（2）会计监督包括事前、事中和事后的全过程监督。

会计监督的依据有合法性和合理性两种。合法性的依据是国家的各项法令及法规，合理性的依据是经济活动的客观规律及企业自身在经营管理方面的要求。

会计核算与会计监督是相互作用、相辅相成的。核算是监督的基础，没有核算，监督就无从谈起；而监督是核算的质量保证。

子任务四：了解会计的目标

会计的目标是指在一定的历史条件下，人们通过会计所要实现的目的或达到的最终结果。由于会计是整个经济管理活动的重要组成部分，会计目标当然从属于经济管理的总目标，或者说会计目标是经济管理总目标下的子目标。在将提高经济效益作为会计终极目标的前提下，还需要研究会计核算的目标，即向谁提供信息、为何提供信息和提供何种信息。

根据会计定义，会计核算的目标是向有关各方提供会计信息，以帮助其决策。会计的目标取决于会计资料使用者的要求，也受到会计对象、会计职能的制约。我国的《企业会计准则》对会计核算的目标做了明确规定：会计的目标是向财务会计报告使用者提供与企业财务状况、经营成果和现金流量等有关的会计信息，反映企业管理层受托责任履行情况，有助于财务会计报告使用者做出经济决策。

上述会计目标，实质上是对会计信息质量提出的要求。会计目标可以划分为两个方面。

第一方面是满足对企业管理层进行监管的需要。如资金委托人对受托管理层是否很好地管理其资金进行评价和监督，工会组织对管理层是否保障工人基本权益的评价，政府及有关部门对企业绩效评价和税收的监管，社会公众对企业履行社会职能的监督；等等。

第二方面是满足相关团体的决策需要。如满足潜在投资者的投资决策需要，满足债权人是否进行借贷的决策需要；等等。

会计的目标是会计管理运行的出发点和最终要求。会计的目标决定和制约着会计管理活动的方向，在会计理论结构中处于最高层次。在会计实践活动中，会计目标又决定着会计管理活动的方向。随着社会生产力水平的提高、科学技术的进步、管理水平的改进及人们对会计认识的深化，会计目标会随着社会经济环境的变化而变化。

子任务五：认识会计的对象

会计的对象即会计核算和监督的内容。凡是能够以货币表现的经济活动，都是会计所核算和监督的内容。而以货币表现的经济活动，通常又称为价值运动或资金运动。

资金运动包括特定对象的资金投入、资金运用、资金退出等过程，而具体到企业以及行政事业单位又有较大的差异。下面以工业企业为例说明资金运动的过程。

（一）资金的投入

工业企业要进行生产经营，必须拥有一定的资金。这些资金的来源包括所有者投入的资金和债权人投入的资金两部分；前者属于企业的所有者权益，后者属于企业的债权人权益——企业负债。投入企业的资金要用于购买机器设备和原材料或支付职工的工资等。这样投入的资金最终构成企业流动资产、非流动资产和费用。

（二）资金的循环与周转

工业企业的经营过程包括供应、生产、销售三个阶段。在供应过程中，企业要购买原材料等劳动对象，发生材料买入价、运输费、装卸费等材料采购成本，与供应单位发生货款的结算关系。在生产过程中，劳动者借助劳动手段将劳动对象加工成特定的产品，同时发生原材料消耗、固定资产磨损、生产工人劳动耗费，使企业与职工之间发生工资结算关系、有关单位之间发生劳务结算关系等。在销售过程中，企业将生产的产品销售出去，发生支付销售费用、收回货款、缴纳税金等业务活动，并同购货单位发生货款结算关系、同税务机关发生税务计算关系等。综上所述，资金的循环就是从货币资金开始依次转化为储备资金、生产资金、产品资金，最后又回到货币资金的过程。资金周而复始地循环称为资金的循环。

（三）资金的退出

资金的退出包括偿还债务、上缴各项税金、向所有者分配利润等，使得部分资金离开企业，退出企业的资金循环与周转。

上述资金运用的三阶段是相互支持、相互制约的统一体，没有资金的投入就没有资金的循环与周转，就不会有债务的偿还、税金的上缴和利润的分配等资金的退出环节；没有资金的退出，就不会有新一轮的资金投入，就不会有企业的进一步发展。

任务二　会计核算的基本前提和会计基础认知

【问题引入】为了更好地理解会计的基本前提和会计基础，现提出以下问题以供思考。

（1）企业管理者的个人消费是否可以由企业报销？
（2）企业为什么必须在月末或年末结账？
（3）会计在记账时为什么把各种财务数据统一用货币记账？
（4）企业在预收销货款时是否可以确认为收入的实现？

上述问题是在进行会计核算之前就应该解决的问题，应该怎样解决？

提示：会计核算主要包括确认、计量、记录和报告四个方面。为了核算企业的经济活动，就必须了解会计核算的基本前提和会计基础，区分权责发生制和收付实现制。

子任务一：认识会计核算的基本前提

会计核算主要包括会计确认、计量、记录和报告四个方面。会计基本前提，是企业会计确认、计量、报告的前提，是对会计核算所处的时间、空间环境所做的合理假设，也称会计基本假设。会计核算的基本前提包括会计主体、持续经营、会计分期和货币计量。

（一）会计主体

会计主体是指会计为之服务的特定单位。会计核算应当以一个特定的、独立的或相对独立的经营单位的经营活动为对象，对其本身发生的交易或者事项进行会计确认、计量和报告。会计主体中比较典型的一类是企业，但也可以是企业内部相对独立的经营单位。会计主体不同于法律主体，会计主体可以是一个独立的法律主体，如企业法人；也可以不是一个独立的法律主体，如企业内部相对独立的核算单位、由多个企业法人组成的企业集团等。因此，一般法律主体必然是一个会计主体，但会计主体却不一定是法律主体。

会计主体规定了会计核算的空间范围，这一前提就是要明确会计所提供的信息，特别是财务报表，反映的是特定会计主体的财务状况与经营成果，既不能与其他会计主体相混淆，也不能将会计主体的会计事项遗漏或转嫁。

（二）持续经营

持续经营是指在可以预见的将来，企业将会按当前的规模和状态继续经营下去，不会停业，也不会大规模削减业务。在持续经营的前提下，会计确认、计量和报告应当以企业持续、正常的生产经营活动为前提。

当然，任何企业都存在破产清算的风险，如果可以判断企业不会持续经营，就应当改变会计确认、计量和报告的原则与方法，并在财务会计报告中做相应披露，避免误导会计信息使用者的经济决策。

（三）会计分期

会计分期是指将一个企业持续经营的生产经营活动划分为一个个连续的、长短相同的期间，据以结算盈亏，按期编报财务会计报告，从而及时向财务会计报告使用者提供有关企业的财务状况、经营成果和现金流量的信息。

会计期间通常分为年度和中期。我国会计年度采用历年制，即自公历每年的1月1日起至12月31日止作为一个会计年度。中期，是指短于一个完整的会计年度的报告期间，通常指会计半年度、会计季度和会计月度。

明确会计分期对会计原则和会计政策的选择意义重大。正因为有会计分期，才产生了当期与以前期间、以后期间的区别，出现了权责发生制和收付实现制的区别，才使不同类型的会计主体有了记账的基准，进而出现折旧、摊销等会计处理方法。

（四）货币计量

货币计量是指会计主体在会计确认、计量和报告时以货币计量，反映会计主体的生产经营活动。在我国，企业会计确认、计量和报告应以人民币为记账本位币；业务收支以人民币以外的货币为主的企业，可以选定其中一种货币作为记账本位币，但是编报的财务会计报告应当折算为人民币。在境外设立的中国企业向国内报送的财务会计报告，应当折算为人民币。

子任务二：认识会计核算基础

由于会计核算是分期进行的，在会计实务中，企业的交易或者事项的发生时间与相关货币收支时间有时并不完全一致，一般有四种情况。

（1）前期发出商品，后期收回货款。例如，在赊销业务中，商品已经发出，虽然没有取得款项，但取得了索取货款的权利。

（2）前期收到货款，后期发出商品。例如，在预收货款业务中，货款虽然已经收到，但未到销售商品的时间，没有完成销售商品的责任。

（3）前期预付费用，后期受益。例如，预付报刊费，虽然款项已经付出，取得了收取报刊的权利，但尚未实际收到报刊，尚未受益。

（4）前期受益，后期付款。例如，按季结算银行借款利息，虽然分月使用了银行借款，已然受益，但利息未付，承担了支付利息的责任。

针对上述情况，会计的确认、计量和报告基础有权责发生制和收付实现制两种。

（一）权责发生制

权责发生制是按照权利和义务是否发生来确认收入和费用的归属期。这种会计基础要求：凡是当期已经实现的收入和已经发生或应当负担的费用，无论款项是否收付，都应当作为当期的收入和费用，计入利润表；凡是不属于当期的收入和费用，即使款项已在当期收付，也不应当作为当期的收入和费用。在权责发生制下，上述第（1）、（2）种情况收入的确认时间是在商品发出时，而不是在收到款项时；第（3）、（4）种情况费用的确认时间是在受益时，而不是在支付款项时。因此，为了更加真实、公允地反映特定会计期间的财务状况和经营成果，企业在会计确认、计量和报告中应当以权责发生制为基础。

（二）收付实现制

收付实现制是与权责发生制相对应的一种会计基础，它是以收到或支付的现金作为确认收入和费用等的依据。上述第（1）、（2）种情况收入的确认时间是在收到款项时，而不是在商品发出时；第（3）、（4）种情况费用的确认时间是在支付款项时，而不是在受益时。

目前，我国的行政单位会计采用收付实现制，事业单位会计除经营业务可以采用权责发生制外，其他业务采用收付实现制。

任务三　会计核算的信息质量要求认知

【问题引入】为了更好地理解会计信息质量要求，现提出以下问题以供思考。
（1）会计信息是否能反映即将发生的交易或事项？
（2）会计信息的提供应该针对哪些方面进行？
（3）会计信息提供的指标口径如何确定？
（4）会计信息提供的详细程度如何确定？

提示：会计信息质量要求是对企业财务会计报告中所提供会计信息质量的基本要求，是使财务报表中所提供会计信息对投资者等使用者决策有用应具备的基本特征。你认为具有什么特征的会计信息，能满足会计信息使用者的需要呢？

子任务：掌握会计信息质量要求

会计信息质量要求是对企业财务会计报告中所提供会计信息质量的基本要求，是使财务报表中所提供会计信息对投资者等使用者决策有用应具备的基本特征。会计信息质量要求包括可靠性、相关性、可理解性、可比性、实质重于形式、重要性、谨慎性和及时性等。

（一）可靠性

可靠性要求企业应当以实际发生的交易或者事项为依据进行会计确认、计量和报告，如实反映符合确认和计量要求的各项会计要素及其他相关信息，保证会计信息真实可靠、内容完整。

可靠性是会计信息有用的基础。如果财务会计报告所提供的会计信息不可靠，不能客观、真实地反映交易或者事项的实际情况和结果，那么这种虚假和歪曲的会计信息，不仅不能满足信息使用者的需要、不能发挥会计信息应有的作用，而且将导致信息使用者决策失误，甚至导致投资者财产遭受损失。因此，企业所提供的会计信息应做到内容真实、数字准确、资料可靠。

在会计工作中坚持可靠性原则，就应当在财务会计报告中真实客观地反映企业的财务状况、经营成果、现金流量和所有者权益变动的情况，保证会计信息的可靠性；还应当在符合重要性和成本效益原则的前提下，保证会计信息的完整性，不能随意遗漏或者减少应予披露的信息，与信息使用者决策相关的有用信息都应当充分披露。

（二）相关性

相关性要求企业提供的会计信息应当与投资者等财务会计报告使用者的经济决策需要相关，有助于财务会计报告使用者对企业过去、现在或者未来的情况进行评价或者预测。相关性是以可靠性为基础的，两者之间并不矛盾，不应将两者对立起来。也就是说，会计信息在可靠性的前提下，应尽可能做到相关性，以满足投资者等财务会计报告使用者的决策需要。

（三）可理解性

可理解性要求企业提供的会计信息应当清晰明了，便于投资者等财务会计报告使用者理解和使用。企业编制财务会计报告、提供会计信息的目的在于使用，而要使用者有效使用会计信息，应当能让其了解会计信息的内涵、熟悉会计信息的内容，这就要求财务会计报告所提供的数据记录和文字说明必须清晰明了、易于理解，对复杂的经济业务应该用规范文字加以表述，便于有关信息使用者理解和利用。只有这样，才能提高会计信息的有用性，实现财务会计报告的目标，满足向投资者等财务会计报告使用者提供决策有用信息的要求。

（四）可比性

可比性要求企业提供的会计信息应当相互可比。可比性主要包括两层含义。

（1）同一企业不同时期可比，即同一企业不同时期发生的相同或者相似的交易或者事项，应当采用一致的会计政策，不得随意变更。这主要是为了比较企业在不同时期的财务会计报告信息，全面、客观地评价过去、预测未来，从而做出决策。但是，满足会计信息可比性要求并非企业无法改变会计政策，如果有必要变更，应当将会计政策变更对财务状况和经营成果的影响在财务会计报告附注中予以说明。

（2）不同企业相同会计期间可比，即不同企业发生的相同或者相似的交易或者事项，应当采用规定的会计政策，确保会计信息口径一致、相互可比，以使不同企业按照一致的会计确认、计量和报告要求提供有关会计信息。这主要是为了便于投资者等财务会计报告使用者评价不同企业的财务状况、经营成果和现金流量及其变动情况。

（五）实质重于形式

实质重于形式要求企业应当按照交易或者事项的经济实质进行会计确认、计量和报告，不仅仅以交易或者事项的法律形式为依据。在实际工作中，交易或者事项的外在法律形式并不总能完全真实地反映其实质内容。所以，为了使会计信息反映的交易或者事项真实，就必须根据交易或者事项的法律形式和经济实质，而不能仅仅根据其法律形式进行核算和反映。

因此，如果企业的会计核算仅仅按照交易或者事项的外在法律形式进行，而其法律形式又没有反映经济实质，那么，最终不仅不会有利于会计信息使用者的决策，反而会误导会计信息使用者的决策。遵循实质重于形式原则，体现了对经济实质的决策，能够保证会计核算信息与客观经济事实相符。

（六）重要性

重要性要求企业提供的会计信息应当反映与企业财务状况、经营成果和现金流量有关的所有重要交易或者事项。

如果财务会计报告中提供的会计信息的省略或者错报会影响投资者等使用者的决策，那么该信息就具有重要性。具体来说，对资产、负债、损益等有较大影响，并进而影响财务会计报告使用者据以做出合理判断的重要会计事项，必然按照规定的会计方法和程序进行处理，并在财务会计报告中充分、准确地披露；对于次要的会计事项，在不影响会计信息真实性和不误导财务会计报告使用者做出正确判断的前提下，可适当简化处理。

在评价某些项目的重要性时，需要依赖职业判断。企业应当根据其所处环境和实际情况，从项目的性质和数量两个方面加以判断。从性质方面来说，当某一事项有可能对决策产生一定影响时，就属于重要项目；从数量方面来说，当某一项目的数量达到一定规模时，就可能对决策产生影响。

（七）谨慎性

谨慎性要求企业对交易或者事项进行会计确认、计量和报告时保持应有的谨慎，不应高估资产或者收益，不应低估负债或者费用。

会计信息质量的谨慎性要求，需要企业在面临不确定性因素的情况下做出职业判断时，保持应有的谨慎，充分估计到各种风险和损失：既不高估资产或者收益，也不低估负债或者费用。例如，要求企业定期或者至少于每年年度终了时，对可能发生的各项资产损失计提资产减值准备等，就充分体现了谨慎性原则。但是谨慎性要求并不意味着企业可以任意设置各种秘密准备。如果企业故意低估资产或者收入，或者故意高估负债或者费用，将不符合会计信息的可靠性和相关性要求，损害会计信息质量，扭曲企业实际的财务状况和经营成果，从而对使用者的决策产生误导。这是不符合会计准则要求的。

（八）及时性

及时性要求企业对于已经发生的交易或者事项，应当及时进行会计确认、计量和报告，不得提前或者延后。会计信息的价值不仅在于真实可靠，而且在于时效性，即将会计信息及时提供给其使用者使用。在市场经济条件下，市场情况瞬息万变，市场竞争日趋激烈，会计信息使用者对会计信息提供及时性的要求也越来越高。任何信息如不及时提供，则将丧失其实用价值或降低其有用性。因此，在会计确认、计量和报告过程中贯彻及时性，应当注意以下几个问题：①及时收集会计信息，即在经济交易或者事项发生后，及时收集整理各种原始单据或者凭证；②及时处理会计信息，即按照会计准则的规定，及时对经济交易或者事项进行确认或者计量，并编制财务会计报告；③及时传递会计信息，即按照国家规定的有关时限，及时将编制的财务会计报告传递给财务会计报告使用者，便于其及时使用和决策。

任务四　会计核算的方法认知

【问题引入】为了更好地理解会计核算的方法，现提出以下问题以供思考。

(1) 会计方法的分类是什么？

(2) 会计核算方法主要包括哪几类？

提示：会计核算方法是用来核算和监督会计对象、完成会计任务的手段。你认为要想正确进行会计核算，必须借助哪些会计核算方法呢？

子任务一：了解会计方法

会计方法是指用何种手段去完成会计任务，实现会计的核算和监督的职能。会计方法包括会计核算、会计分析、会计考核、会计预测和会计决策等。其中，会计核算方法是最基本、最主要的方法。本节只介绍会计核算方法，这是初学者学习会计必须掌握的基础知识。至于会计预测、会计考核以及会计分析等方法，将在以后相关课程中结合具体业务讲述。

子任务二：理解会计核算方法

会计核算方法，是对会计对象进行连续、系统、全面的核算和监督所应用的方法。会计核算方法主要包括以下七种专门方法：设置会计科目及账户、复式记账、填制和审核凭证、登记账簿、成本计算、财产清查、编制财务报表。这七种方法相互联系，共同组成会计核算的方法体系。

（一）设置会计科目及账户

设置会计科目及账户是对会计对象具体内容进行分类反映和监督的方法。会计对象包含的内容纷繁复杂，设置会计科目及账户就是根据会计对象具体内容的不同特点和经济管理的不同要求，选择一定的标准进行分类，并事先规定分类核算项目，在账簿中开设相应的账户，以取得所需要的核算指标。正确、科学地设置会计科目及账户、细化会计对象、提供会计核算的具体内容，是满足经营管理需要、完成会计核算任务的基础。

（二）复式记账

复式记账是指对每一项经济业务都要在两个或两个以上相互联系的账户中进行登记的一种方法。复式记账一方面能全面、系统地反映经济业务引起资金运动增减变化的来龙去脉；另一方面，通过账户之间的平衡关系，检查会计记录的正确性。例如，用银行存款6 000元购买材料，采用复式记账法就要同时在"原材料"账户和"银行存款"账户分别反映材料增加了6 000元、银行存款减少了6 000元。这样就能在账户中全面核算并监督会计对象。

（三）填制和审核凭证

各单位发生的任何会计事项都必须取得原始凭证，证明经济业务或事项的发生或完成。原始凭证要送交会计进行审核，审核其填制内容是否完备、手续是否齐全、业务的发生是否合理合法等。原始凭证经审核无误后，才能编制记账凭证。记账凭证是记账的依据，原始凭证和记账凭证统称为会计凭证。审核和填制会计凭证是会计核算的一种专门方法，这能保证会计记录的完整、可靠，提高会计核算质量。

（四）登记账簿

账簿是具有一定格式、用来记账的簿籍。登记账簿就是根据会计凭证，采用复式记账法，把经济业务分门别类、内容连续地在有关账簿中进行登记的方法。借助于账簿，就能将分散的经济业务进行分类汇总，系统地提供每一类经济活动的完整资料，了解一类或全部经济活动发展变化的全过程，更加适应经济管理的需要。账簿记录的各种数据资料，也是编制财务报表的重要依据。所以，登记账簿是会计核算的主要方法。

（五）成本计算

成本计算是按照一定对象归集和分配生产经营过程中发生的各种费用，以便确定各对象的总成本和单位成本的一种专门方法。例如，工业企业要计算生产产品的成本，就要把企业进行生产活动所耗用的材料、支付的工资以及发生的其他费用加以归集，并计算产品的总成本和单位成本。产品成本是综合反映企业生产经营活动的一项重要指标。正确地进行成本计算,可以考核生产经营过程的费用支出水平,同时又可以作为确定企业盈亏和制定产品价格的基础,为企业的经营决策提供重要数据。

(六) 财产清查

财产清查就是通过对各项财产物资、货币资金进行实物盘点,对往来款项进行核对,以查明实存数同账存数是否相符的一种专门方法。在财产清查中发现有财产、资金账面数额与实存数额不符的情况,应该及时调整账面记录,使账存数与实存数一致,并查明账实不符的原因,明确责任。通过财产清查,可以查明各项财产物资、债权债务、所有者权益的情况,可以促进企业加强物资管理,保证财产完整,并能为编制财务报表提供真实、准确的资料。

(七) 编制财务报表

编制财务报表是根据账簿记录的数据资料,采用一定的表格形式,概括、综合地反映各单位在一定时期内经济活动过程和结果的一种方法。编制财务报表是对日常核算工作的总结,是在账簿记录基础上对会计核算资料的进一步加工整理。财务报表提供的资料是进行会计分析、会计检查的重要依据。

从填制会计凭证到登记账簿、编制财务报表,一个会计期间(一般指一个月)的会计核算工作即告结束;一个期间的工作结束后,再按照上述程序进入新的会计期间,如此循环往复,持续不断地进行下去,这个过程也称为会计循环。

上述会计核算方法相互联系、密切配合,构成了一个完整的核算方法体系。这些方法相互配合运用的程序是:①经济业务发生后,取得和填制会计凭证;②按会计科目对经济业务进行分类核算,并运用复式记账法在有关会计账簿中进行登记;③对生产经营过程中各种费用进行成本计算;④对账簿记录通过财产清查加以核实,保证账实相符;⑤期末,根据账簿记录资料和其他资料,实施必要的加工计算,编制财务报表。会计核算方法体系如图1-1所示。

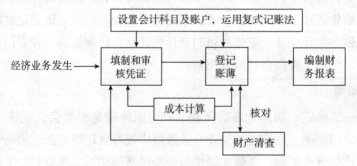

图1-1 会计核算方法体系

练习题

一、单选题

1. 会计主体是指经营上或经济上具有独立性或相对性的单位。因此( )。

A. 会计主体必须同时是法律主体   B. 会计主体必须不是法律主体

C. 会计主体不一定是法律主体　　　　D. 会计主体必须是盈利性单位

2. 在会计职能中，属于核算职能的是（　　）。
　　A. 进行会计核算　　B. 实施会计监督　　C. 杜绝违法行为　　D. 设置会计账簿

3. 我国企业会计核算时，应当采用（　　）原则确认收入和费用。
　　A. 权责发生制　　B. 收付实现制　　C. 现收现付制　　D. 相关收付制

4. 会计主要利用的计量单位是（　　）。
　　A. 实物计量　　B. 劳动计量　　C. 货币计量　　D. 工时计量

5. 下列业务的处理方法中，符合权责发生制基础要求的是（　　）。
　　A. 当月收到甲公司所欠货款 80 000 元，确认本月收入 80 000 元
　　B. 当月支付上月欠缴的修理费 30 000 元，确认本月费用 30 000 元
　　C. 当月赊销产品给乙公司 234 000 元，确认本月收入 234 000 元
　　D. 当月预收货款 5 000 元，确认本月收入 5 000 元

6. 对生产过程中发生的各项费用进行记录，并计算产品成本，是（　　）。
　　A. 商品流通企业会计核算和监督的内容
　　B. 行政机关单位会计核算和监督的内容
　　C. 工业企业会计核算和监督的内容
　　D. 事业单位会计核算和监督的内容

7. 企业应当采用（　　）记账。
　　A. 收付记账法　　B. 借贷记账法　　C. 增减记账法　　D. 复式记账法

8. 企业当期发生的会计交易或事项，应当在当期内进行会计处理，不得拖延是指要符合会计信息质量要求的（　　）要求。
　　A. 谨慎性　　B. 及时性　　C. 明晰性　　D. 真实性

9. 企业提供的会计信息应满足国家等会计信息使用者的要求，是指应遵循会计信息质量的（　　）要求。
　　A. 可比性　　B. 相关性　　C. 及时性　　D. 重要性

10. 企业固定资产计提折旧是基于（　　）会计假设。
　　A. 会计主体　　B. 会计分期　　C. 持续经营　　D. 货币计量

11. 下列有关会计方面的表述中，不正确的是（　　）。
　　A. 经济越发展，会计越重要
　　B. 会计就是记账、算账和报账
　　C. 会计按其报告对象不同，分为财务会计与管理会计
　　D. 会计是以货币为主要计量单位，反映和监督一个单位经济活动的一种经济管理活动

12. 在会计核算的基本前提中，确定会计核算空间范围的是（　　）。
　　A. 会计主体　　B. 持续经营　　C. 会计分期　　D. 货币计量

13. 下列方法中，不属于会计核算方法的是（　　）。
　　A. 填制会计凭证　　B. 登记会计账簿　　C. 确定会计主体　　D. 编制会计报表

14. 企业提供的会计信息应当清晰明了，便于会计报告使用者理解和使用，是指（　　）原则。
   A. 可比性　　　　　B. 客观性　　　　　C. 相关性　　　　　D. 谨慎性
15. 会计分期是建立在（　　）基础之上。
   A. 会计主体　　　　B. 持续经营　　　　C. 会计核算　　　　D. 货币计量
16. 会计的基本职能是（　　）。
   A. 反映与分析　　　B. 核算与监督　　　C. 反映与控制　　　D. 控制和监督
17. 下列不属于会计核算职能的是（　　）。
   A. 确定经济活动是否应该或能够进行会计处理
   B. 审查经济活动是否违背内部控制制度的要求
   C. 将已经记录的经济活动内容进行计算和汇总
   D. 编制财务报表，提供经济信息

二、多选题

1. 以下可以作为会计主体的有（　　）。
   A. 工厂　　　　　　B. 车间　　　　　　C. 学校　　　　　　D. 集团公司
2. 下列属于监督职能的有（　　）。
   A. 进行会计核算　　B. 实施会计监督　　C. 参与经济决策　　D. 评价经营业绩
3. 以下体现谨慎性原则的有（　　）。
   A. 计提坏账准备　　　　　　　　　　　B. 固定资产加速折旧
   C. 存货采用实际成本计价　　　　　　　D. 存货采用先进先出法计价
4. 会计信息使用者包括（　　）。
   A. 投资者　　　　　B. 债权人　　　　　C. 政府及有关部门　D. 社会公众
5. 企业的会计分期划分为（　　）。
   A. 年度　　　　　　B. 季度　　　　　　C. 月份　　　　　　D. 旬
6. 下列业务不属于会计核算范围的有（　　）。
   A. 从银行提取现金　　　　　　　　　　B. 用现金购买办公用品
   C. 签订投资合同　　　　　　　　　　　D. 编制财务计划
7. 现代会计与近代会计区别的基本特征是（　　）。
   A. 公认会计原则　　　　　　　　　　　B. 借贷记账法
   C. 执业会计师制度　　　　　　　　　　D. 货币为主要计量单位
8. 会计的基本职能有（　　）。
   A. 监督　　　　　　B. 预测　　　　　　C. 核算　　　　　　D. 预算
9. 在下列各项中，属于会计核算工作基本环节的有（　　）。
   A. 确认　　　　　　B. 记录　　　　　　C. 计量　　　　　　D. 报告
10. 会计的基本前提有（　　）。
    A. 会计主体　　　　B. 货币计量　　　　C. 会计分期　　　　D. 持续经营

11. 在下列关于会计的论述中，正确的有（　　）。
   A. 会计是一项管理工具
   B. 会计的基本职能是核算和监督
   C. 会计对象是指会计对某一特定主体所核算和监督的内容
   D. 货币计量应采用人民币为记账本位币
12. 关于权责发生制，以下说法正确的有（　　）。
   A. 凡是属于本期的收入不论是否收到款项都应作为本期收入
   B. 凡是属于本期的收入只有收到款项才能作为本期收入
   C. 凡是属于本期的费用不论是否支付款项都应作为本期费用
   D. 凡是属于本期的费用只有支付了款项才能作为本期费用
13. 会计核算方法包括（　　）。
   A. 复式记账　　　B. 财产清查　　　C. 成本计算　　　D. 编制财务报表
14. 下列属于会计核算原则的有（　　）。
   A. 谨慎性原则　　B. 客观性原则　　C. 可比性原则　　D. 货币计量原则

三、判断题

1. 企业的会计对象就是企业的经营过程。（　　）
2. 没有会计核算，会计监督失去了存在的基础；没有会计监督，会计核算照常进行。（　　）
3. 会计由以实物为主要计量单位进展到以货币为主要计量单位是传统会计向近代会计转变的开始。（　　）
4. 一般而言，会计主体不一定是法人，法人是会计主体。（　　）
5. 实质重于形式是指企业应当按照交易或事项的经济实质进行会计核算，而不该仅按照法律形式进行核算。（　　）
6. 会计起源于生产实践，社会生产发展到一定阶段，由于管理经济需要产生了会计。（　　）
7. 会计核算中将融资租赁方式租入的资产视为企业的资产，体现了实质重于形式的会计信息质量要求。（　　）
8. 我国会计年度自公历1月1日起至12月31日止。（　　）
9. 货币是会计核算的唯一计量单位。（　　）
10. 谨慎性原则是指在会计核算中应尽量低估企业的资产。（　　）
11. 持续经营是建立在企业非清算基础上的。（　　）
12. 会计事项是否具有重要性，在很大程度上取决于会计人员的职业判断。同一会计事项，在某一企业具有重要性，在另一企业则不一定具有重要性。（　　）
13. 我国企业会计准则规定，我国企业都应以权责发生制进行会计确认、计量和报告。（　　）

会计要素与会计等式

■\ 学习目标

掌握会计要素的概念，以及资产、负债、所有者权益、收入、费用、利润的概念和内容；能够对经济业务涉及的会计要素进行分类；理解经济业务对会计等式的影响。

任务一：会计要素认知；

任务二：会计等式认知。

■\ 情境描述

腾飞公司是一家专营电脑生产业务的企业，由李明、王翔两位投资者共同出资，注册资金为300万元。该公司于2012年9月1日宣告成立，其中李明以银行存款80万元和厂房120万元作为投入资本金，王翔以设备100万元作为投资。公司成立后，10月从银行取得短期借款20万元；从银行提取5万元用于日常零星开支；从供货商处购买材料25万元，其中用银行存款支付15万元，其余10万元尚未支付；支付人员工资3万元；支付企业各项管理费用5万元；生产电脑价值10万元；实现销售收入20万元，实现利润2万元。

■\ 情境分析

(1) 作为腾飞公司的会计人员，如何反映企业上述经济业务所带来的资金运动呢？

(2) 这些具体的资金运动之间有没有内在联系呢？

任务一 会计要素认知

【问题引入】赵红波是财务管理专业的新生，在一次老乡聚会上，他向学姐赵梅请教如何学习：各企业经济业务各不相同，量又多，会计做账，是不是要熟悉所有不同类型的业务呢？

学姐赵梅笑答道："会计就像汉字，汉字有近十万个，写法各不相同，但每个汉字的基本笔画是相同的，只是组合不同。经济业务虽然各不相同，但也有基本的分类，这些分类就是会计业务的构成要素。你一定要先掌握这些基本的要素，以后才能掌握各种不同组合。"

提示：要解决上述问题，就需要掌握会计要素的概念和会计六要素的具体内容。

子任务一：理解会计要素的概念

一个会计主体开展生产经营活动的前提是必须具备一定数量的资金，资金的来源包括投资者投入和向债权人借入两个方面。资金在企业中不断地经历着被投入、被使用或耗费、被收回的运动，这些资金运动以成本、耗费和收入形式表现出来。同时，资金在运动中实现增值，从而使企业实现增值。会计就是对资金运动的过程及结果进行核算和监督。

会计核算和监督的内容是概括的、抽象的，为了实现会计的目标，满足会计信息使用者的需要，必须对会计核算和监督的内容作进一步的、具体的分类和界定，因此就产生了会计要素。

会计要素是会计核算和监督内容的具体化，是对会计对象（资金运动）的具体内容按其经济特征所进行的基本分类。会计要素为会计分类核算提供了基础，也为财务报表构筑了基本框架，因此，会计要素又称为会计对象要素或财务报表要素。

我国企业会计要素共有六项，即资产、负债、所有者权益、收入、费用、利润。其中，资产、负债、所有者权益是从静态的角度来反映企业在一定日期的财务状况，其内容主要反映在资产负债表中，因此称为静态要素或者资产负债表要素；收入、费用和利润是从动态的角度来反映企业在一定时期的经营成果，其内容主要反映在利润表中，因此称为动态要素或利润表要素。

子任务二：确认反映企业财务状况的会计要素

（一）资产

资产是指企业过去的交易或事项形成的、由企业拥有或控制的、预期会给企业带来经济利益的资源。

一个企业从事生产经营活动，必须具备一定的物质资源，或者说物质条件。在市场经济条件下，这些必需的物质条件表现为货币资金、厂房场地、机器设备、原料、材料等，统称为资产，它们是企业从事生产经营活动的物质基础。除以上的货币资金以及具有物质形态的资产以外，资产还包括那些不具备物质形态，但有助于生产经营活动的专利、商标等无形资产，也包括对其他单位的投资。资产具有三个基本特征。

（1）资产是过去的交易或事项形成的。这就是说，作为企业资产，必须是现实的而不是预期的。资产是企业过去已经发生的交易或事项所产生的结果，包括购置、生产、建造等行为或其他交易或事项。预期在未来发生的交易或事项不形成资产，如计划购入的机器设备等。

（2）资产是由企业拥有或控制的。企业拥有资产，从而能够从资源中获得经济利益；有些资产虽然不为企业所拥有，但在某些条件下，对一些由特殊方式形成的资源，企业虽然不享有所有权，但能够被企业控制，而且同样能够从资产中获取经济利益，也可以作为企业资产（如融资租赁方式租入的固定资产）。

（3）资产能够给企业带来经济利益。例如，货币资金可以用于购买所需要的商品或用于利润分配，机器厂房、原材料等可以用于生产经营。销售商品或提供劳务后，收回货款，货款即为企业所获得的经济利益。这是资产最重要的特征，如果资产失去有用性，不能为企业带来经济利益，就不能作为资产处理。

对资产可以作多种分类，常见的是按流动性分类。按流动性，资产可以分为流动资产和非流动资产。

1. 流动资产

流动资产是指可以在一年或者超过一年的一个营业周期内变现或者耗用的资产。流动资产包括库存现金、银行存款、以公允价值计量且变动计入当期损益的金融资产、应收账款、应收票据、存货等。

（1）库存现金是指存放于企业财会部门、由出纳人员经管的货币。库存现金是企业流动性最强的资产，可以充当媒介，立即投入流通，用以购买商品、劳务或偿还债务。

（2）银行存款是企业存入银行或其他金融机构的款项，可以用于购买商品、劳务或偿还债务。

（3）以公允价值计量且变动计入当期损益的金融资产是指企业为了近期出售而持有的金融资产，包括企业利用闲置资金、以赚取价差为目的而购入的股票、债券、基金等。

（4）应收账款是指企业因销售商品、提供劳务等经营活动而发生的应收而未收的款项。

（5）应收票据是指企业因销售商品、提供劳务等经营活动收到商业汇票而发生的应收未收款项。

（6）存货是指企业在日常活动中持有以备出售的产成品或商品、处在生产过程中的在产品、在生产过程或提供劳务过程中耗用的材料和物资等。

2. 非流动资产

除流动资产以外的所有其他资产统称为非流动资产，包括长期股权投资、固定资产、无形资产等。

（1）长期股权投资是指通过投出各种资产取得被投资企业股权且不准备随时出售的投资，持有长期股权投资是为了长远利益而影响、控制其他企业。企业进行长期股权投资后，成为被投资企业的股东。

（2）固定资产是指同时具有下列特征的有形资产：①为生产商品、提供劳务、出租或经营管理而持有；②使用寿命超过一个会计年度。固定资产包括房屋、建筑物、机器设备、运输设备等。

（3）无形资产是指企业拥有或者控制的没有实物形态、可辨认的非货币资产。无形资产包括专利权、非专利技术、商标权、著作权、土地使用权、特许权等。

（二）负债

负债是指企业过去的交易或事项形成的现时义务，履行该义务预期将会导致经济利益流出企业。如果把资产理解为企业的权利，那么负债就可以理解为企业所承担的义务。负债具有三个基本特征。

（1）负债是由过去的交易或事项形成的偿还义务。潜在的义务或预期在将来要发生的交易或事项可能产生的债务不能确认为负债。

（2）负债是现时义务。负债是企业目前实实在在的偿还义务，要由企业在未来某个时日加以偿还。

（3）为了偿还债务，与该义务有关的经济利益很可能流出企业。一般来说，企业履行偿还义务时，会有经济利益流出企业，如支付现金、提供劳务、转让其他财产等。同时，未来流出的经济利益的金额能够可靠计量。

按偿还期限的长短，一般将负债分为流动负债和非流动负债。

1. 流动负债

流动负债是指将在一年或长于一年的一个营业周期以内偿还的债务。流动负债包括短期借款、应付票据、应付账款、预收账款、应付职工薪酬、应缴税费、应付股利、应付利息、其他应付款等。

（1）短期借款是指企业向银行或其他金融机构借入的期限在一年以下（含一年）的各种借款，如生产周转借款等。

（2）应付票据是指企业因购买材料、商品或接受劳务等经营活动，采用商业汇票结算方式而发生的应付给供应单位的款项。

（3）应付账款是指企业因购买材料、商品或接受劳务等而应付给供应单位的款项。

（4）预收账款是指企业按合同规定预收的购货单位的货款。

（5）应付职工薪酬是指企业应付给职工的工资、福利费、社会保险费等。

（6）应缴税费是指企业应缴纳的各种税费，包括增值税、消费税、企业所得税、资源税、城市维护建设税、土地增值税、车船税、房产税、土地使用税、教育费附加、地方教育附加等。

（7）应付股利是指企业应付给投资者的现金股利或利润。

（8）应付利息是企业按照合同约定应支付的利息，包括分期付息到期还本的长期借款利息、企业债券应支付的利息等。

（9）其他应付款是指企业除上述流动负债之外其他应付而未付的款项。

2. 非流动负债

非流动负债是指将在一年或长于一年的一个营业周期以上偿还的债务，包括长期借款、应付债券、长期应付款等。

（1）长期借款是指企业向银行或其他金融机构借入的期限在一年以上的各种借款。

（2）应付债券是指企业为筹集长期资金依照法定程序发行的、约定在超过一年的一定期限内还本付息的有价证券。

（3）长期应付款是指企业对其他单位发生的付款期限在一年以上的长期借款，如采用分期付款方式购入固定资产和无形资产发生的应付账款、应付租入固定资产的租赁费等。

（三）所有者权益

所有者权益是指企业资产扣除负债后，由所有者享有的剩余权益。所有者权益是所有者在企业资产中享有的经济利益，其金额为资产减去负债后的余额，又称为净资产。

企业资产的来源，包括向债权人借入和所有者直接投入两个方面。向债权人借入的资金，形成企业的负债；所有者投入的资金，形成所有者权益。所有者权益相对于负债而言，具有三个特征。

（1）所有者权益不像负债那样需要偿还，除非发生减值、清算，企业不需要偿还所有者。

（2）企业清算时，负债往往优先清偿，而所有者权益只有在清偿所有的负债之后才返还给所有者。

（3）所有者权益能够分享利润，而负债则不能参与利润分配。所有者权益在性质上体现为所有者对企业资产的剩余收益，在数量上体现为资产减去负债后的余额。

所有者权益主要有实收资本、资本公积、盈余公积和未分配利润等，其中，前两项属于投资者投入的初始资本，后两项属于企业的留存收益。

1. 实收资本

实收资本是指投资者按照企业章程或合同、协议的规定，实际投入企业的属于所占注册资本份额的资本，是所有者权益的重要组成部分。

2. 资本公积

资本公积是指企业来源于盈利以外的那部分积累，包括资本（股本）溢价和其他资本公积。资本（股本）溢价是指企业投资者投入的资金超过其在注册资本中所占份额的部分；其他资本公积是指直接计入所有者权益的利得和损失。

3. 盈余公积

盈余公积是指企业按照规定比例从净利润中提取的各种公积金，属于具有特定用途的留存收益。根据《中华人民共和国公司法》（以下简称《公司法》）的规定，公司制企业的盈余公积一般包括两部分，即法定盈余公积和任意盈余公积。法定盈余公积是指企业按照规定的比例从净利润中提取的盈余公积，一般按净利润的10%提取。任意盈余公积是指企业经股东大会或类似机构批准按照规定的比例从净利润中提取的盈余公积。经股东大会或类似机构批准，企业提取的盈余公积可以用于弥补亏损、转增资本（股本），符合规定条件的企业，也可以将其用来分派股利。

4. 未分配利润

未分配利润是指截至年度末累计未分配的利润，包括企业以前年度累计的尚未分配的利润以及本年度实现的未分配利润。盈余公积与未分配利润合称为留存收益。未分配利润的计算公式为：

期末未分配利润=期初未分配利润+本期实现的税后利润-提取的盈余公积-向投资者分配的利润

所有者权益和负债是企业取得资产的两条渠道，但两者在性质上是不同的。其不同主要体现在以下三个方面：①负债体现的是企业与债权人的关系，企业应当按期偿还负债并按事先的约定向债权人支付利息；而所有者权益体现的是企业的产权关系，即企业的净资产归谁所有，一般不需要偿还。②债权人无权参与企业的经营管理，也无权分享企业的净利润或无须分担企业的净亏损；而所有者有权控制或参与企业的财务和经营决策，有权分享企业的净利润或需要分担企业的净亏损。③企业在破产清算时，偿还负债后，才能用余额在投资人之间进行分配。

子任务三：确认反映企业经营成果的会计要素

（一）收入

收入是企业在日常活动中形成的、会导致所有者权益增加的、与所有者投入资本无关的经济利益的总流入。

根据收入的定义，收入具有三个基本特征。

1. 由日常活动形成

日常活动应理解为企业为完成其经营目标所从事的经常性活动以及与之相关的活动。例如，工业企业销售产品、商品流通企业销售商品、服务企业提供劳务等活动就属于这些企业的日常活动。非日常活动导致企业经济利益增加的，一般属于利得的范畴，如一般企业从事股票买卖获得的投资收益等。

2. 经济利益的总流入

经济利益是指现金或最终能转让为现金的非现金资产。收入只有在经济利益很可能流入企业，从而导致企业资产增加或者负债减少，且经济利益的流入额能可靠计量时才能予以确认。经济利益的总流入包括销售商品收入、提供劳务收入、使用费收入、租金收入、股利收入等主营业务收入和其他业务收入，不包括为第三方或客户代收的款项。

3. 收入的最终结果将导致企业所有者权益增加

由于收入是经济利益的总流入而不是净流入，所以，企业取得收入时一定能够导致所有者权益增加。不会导致所有者权益增加的经济利益的流入不符合收入的定义，不应确认为收入。例如，某企业向银行借入款项2 000万元，尽管该借款导致了企业经济利益的流入，但是该流入不会导致所有者权益增加，反而使企业承担了一项现时义务。因此，企业对于因借入款项而导致的经济利益的增加，不应将其确认为收入，而应当确认为一项负债。值得注意的是，引起所有者权益增加的并非都是收入。例如，所有者对企业投资会导致所有者权益增加，但不属于企业获取收入的经济业务；非日常活动带来的经济利益的流入也会导致所有者权益增加，但不属于收入。

收入按企业所从事的日常活动的性质，可分为销售商品收入、提供劳务收入、让渡资产使用权收入；按企业经营业务的主次，可分为主营业务收入和其他业务收入。主营业务收入是指来自企业主要营业活动的收入。在正常经营条件下，主营业务收入会在企业收入总额中占有较大比重，并对企业的经济效益产生较大影响。不同行业企业的主营业务收入所包含的内容各不相同。例如，制造业企业的主营业务收入主要包括销售产品和提供工业性劳务的收入；商品流通企业的主营业务收入主要包括销售商品收入。其他业务收入是指企业主营业务活动以外的其他经营活动所产生的收入，包括出租固定资产、出租无形资产、出租包装物和商品、销售材料、用材料进行非货币性交换（非货币性交换具有商业实质且公允价值能够可靠计量）或债务重组等实现的收入。

（二）费用

费用是指企业在日常活动中发生的、会导致所有者权益减少的、与向所有者分配利润无关的经济利益的总流出。根据费用的定义，费用具有三个基本特征。

1. 在日常活动中发生

费用是企业在销售商品、提供劳务及让渡资产使用权等日常活动中发生的经济利益的流出。例如，工业企业从事的供、产、销活动，商业企业从事的商品购、销活动，金融企业从事的存、贷款业务等，这些活动发生的经济利益的流出均属于费用。有些交易或事项虽然也会导致企业经济利益的流出，但由于不属于企业的日常经营活动，所以其流出的经济利益不属于费用而是损失，如非流动资产处置损失、非货币性资产交换损失、债务重组损失、公益性捐赠支出、盘亏损失和非常损失等。

2. 经济利益的总流出

费用与收入相反，收入是资金流入企业形成的，会增加企业所有者权益；而费用则是企业资金的付出，会减少企业的所有者权益，其实质就是一种资产流出，最终导致企业资源减少。费用只有在经济利益很可能流出从而导致企业资产减少或负债增加，而且经济利益的流出额能够可靠计量时才能予以确认。

3. 费用会导致所有者权益减少

值得注意的是，引起所有者权益减少的并非都是费用。例如，向所有者分配利润会导致所有者权益减少，但不属于企业的费用；非日常活动导致的经济利益的流出也会导致所有者权益减少，但也不属于费用。

费用按照经济用途进行分类，可分为计入产品成本、劳务成本的费用和不计入产品成本、劳务成本的费用两大类。对于计入产品成本、劳务成本的费用可进一步划分为直接费用和间接费用，其中直接费用包括直接材料、直接人工和其他直接费用，间接费用是指制造费用。对于不计入产品成本、劳务成本的费用可进一步划分为管理费用、财务费用和销售费用。

（三）利润

利润是企业在一定会计期间的经营成果。利润包括收入减去费用后的净额、直接计入当期利润的利得和损失等。直接计入当期利润的利得和损失是指应当计入当期损益、会导致所有者权益发生增减变化的、与所有者投入资本或向所有者分配利润无关的利得和损失。

利润的计算为营业利润和营业外收支净额两个项目的总额减去所得税费用之后的余额。营业利润是企业在销售商品、提供劳务等日常活动中产生的利润；营业外收支净额是营业外收入减去营业外支出后的净额，其中，营业外收入项目主要有捐赠收入、固定资产盘盈利得、处置固定资产净收益、罚款收入等，营业外支出项目主要有固定资产盘亏损失、处置固定资产净损失等。有关公式如下。

营业利润＝营业收入－营业成本－税金及附加－销售费用－管理费用－财务费用－资产减值损失＋公允价值变动净收益＋投资净收益

营业收入＝主营业务收入＋其他业务收入

营业成本＝主营业务成本＋其他业务成本

投资净收益＝投资收益－投资损失

公允价值变动净收益＝公允价值变动收益－公允价值变动损失

利润总额＝营业利润＋营业外收支净额

净利润＝利润总额－所得税费用

以上各要素中，资产、负债及所有者权益能够反映企业在某一个时点的财务状况，如能明确在 2018 年 12 月 31 日这一天，企业有 120 万元的资产，50 万元的负债，所有者的剩余权益为 70 万元，因此这三个要素属于静态要素，在资产负债表中予以列示；收入、费用及利润能够反映企业在某一个期间的经营成果，如在 2018 年企业实现了 100 万元的收入，扣除 60 万元的成本费用后，在 2018 年这一年内，企业实现了 40 万元的利润，因此这三个要素属于动态要素，在利润表中列示。

任务二　会计等式认知

【问题引入】在一次聚会上，赵红波向学姐赵梅道出了自己的困扰：开学一个多星期了，上会计课的时候总是云里雾里，不知道什么是权益、什么是资产。

学姐赵梅笑答道："比如你现在有准备购置电脑的 3 000 元现金，其中 800 元是你向同学借的，另外 2 200 元是你自己的，那么此时你的资产是 3 000 元，其中的负债是 800 元，2 200 元是你自己所有，即所有者权益，负债和所有者权益统称为权益。同时，一定有 3 000＝800+2 200 这样的恒等式。在任何企业也有类似等式出现。"

赵红波听后似懂非懂地说："哦，原来是这样。"

提示：会计六要素之间有其内在的联系，这种联系用公式表示就是本部分需要讲解的内容——会计等式。

子任务一：掌握会计等式的内容

各个会计要素之间的关系可用反映会计要素之间数量关系的一种表达式来表示，该表达式称为会计等式。会计等式是设置会计科目与账户、进行复式记账和编制财务报表的理论基础和依据，是会计基本理论的重要内容。会计等式主要有以下三种表示方式。

$$资产=负债+所有者权益 \qquad (2.1)$$
$$利润=收入-费用 \qquad (2.2)$$
$$资产=负债+所有者权益+（收入-费用） \qquad (2.3)$$

资产、负债与所有者权益的平衡关系是最基本的会计等式，称为第一等式（即式2.1）。它反映的是企业资金运动的静态状况，表明了企业在某一时点（通常指会计期初或会计期末）的财务状况。

收入、费用与利润的平衡关系是第一等式运动的结果，称为第二等式（即式2.2）。它反映的是企业资金运动的变动状态，表明了企业在某个会计期间所取得的经营成果。企业资金运动的静态状况是资金运动的特殊形式。企业的目标是实现利润最大化，而资金只有在运动中才能增值，因此，资金进入企业后被用于经营，一方面取得收入，另一方面发生费用，收入扣除费用就是利润，即净收益。

从企业的产权关系看，净收益归属于所有者，净收益成了第一等式与第二等式的连接点。第一等式与第二等式的这种关系可以用如下等式表示。

$$资产=负债+所有者权益+净收益$$

为了更直观地说明第一等式与第二等式的关系，通常将上述等式表示如下。

$$资产=负债+所有者权益+（收入-费用）$$

这一等式是对第一等式和第二等式的扩展，称为第三等式（即式2.3）。这个等式没有破坏第一等式的平衡关系，而且把企业的财务状况与经营成果联系起来，是对第一等式的补充，说明了企业经营成果对资产和所有者权益产生的影响，反映了在会计期内任一时刻（结算前）的财务状况和经营成果。会计期末，企业结算后，收入减去费用等于利润。利润本质上属于企业的所有者权益，因此，将收入、费用转换为所有者权益，第三等式就会变成第一等式；同时，第二等式也融入了第一等式。所以，第一等式是一种恒等式，第三等式不能代替第一等式。

从以上分析可以看出，企业通过负债和所有者权益两个渠道取得资产，资产用于生产经营过程而逐渐转化为费用，收入扣除费用为利润，利润属于企业的所有者权益。资产、负债、所有者权益、收入、费用和利润六项会计要素，无论如何转化，最终都要回到资产、负债与所有者权益之间的平衡关系上来。因此，"资产=负债+所有者权益"是会计恒等式，任何经济业务的发生都不会破坏这一平衡关系。

子任务二：掌握经济业务的发生对基本会计等式的影响

会计事项是指企业在生产经营过程中发生的、能以货币计量的，并引起会计要素发生增减变化的事项。会计事项可以分为企业对外经济往来所发生的经济事项和发生于企业内部的经济事项。无论是发生于企业外部的经济事项，还是产生于企业内部的经济事项，都必然会引起会计等式发生增减变化。会计事项发生后对会计等式的影响有以下四种类型。

（1）同时引起等式两边会计要素同数额增加。
（2）同时引起等式两边会计要素同数额减少。

(3) 只引起等式左边同数额此增彼减。

(4) 只引起等式右边同数额此增彼减。

(一) 资产、权益变动对会计等式的影响

涉及资产、权益变动的经济事项有四种类型，其对会计等式的影响如表 2-1 所示。

表 2-1 资产、权益变动对会计等式的影响

业务编号	资产	负债	所有者权益
1	增加	增加	
2	增加		增加
3	减少	减少	
4	减少		减少
5	增加、减少		
6		增加、减少	
7			增加、减少
8		减少	增加
9		增加	减少

【例 2-1】重庆翔宇集团 2018 年 12 月 31 日的资产、负债和所有者权益的数量关系如下：资产（200 000 元）＝负债（50 000 元）＋所有者权益（150 000 元）。

2019 年 1 月 3 日，重庆翔宇集团向银行取得半年期借款 100 000 元，存入银行，企业收到银行收款通知单。

该会计事项发生后，重庆翔宇集团的资产（银行存款）增加了 100 000 元，资产由原来的 200 000 元增加到 300 000 元；同时债权人（银行）权益即负债增加了 100 000 元。该会计事项发生后，重庆翔宇集团的资产总额增加 100 000 元，权益总额（负债与所有者权益的合计）增加 100 000 元，会计等式保持平衡。

上述事项引起会计要素的变化对会计等式的影响可用下式表示。

资产	＝	负债	＋	所有者权益
200 000 元		50 000 元		150 000 元
＋100 000 元		＋100 000 元		
300 000 元	＝	150 000 元	＋	150 000 元

【例 2-2】2019 年 1 月 5 日，重庆翔宇集团收到投资人甲追加投资 500 000 元，款项已存入银行。

该会计事项发生后，重庆翔宇集团的资产（银行存款）增加了 500 000 元，同时所有者权益增加了 500 000 元，会计等式保持平衡。

上述事项引起会计要素的变化对会计等式的影响可用下式表示。

资产	=	负债	+	所有者权益
300 000 元		150 000 元		150 000 元
+500 000 元				+500 000 元
800 000 元	=	150 000 元	+	650 000 元

【例 2-3】2019 年 1 月 8 日，重庆翔宇集团以银行存款 80 000 元归还以前欠绿城公司的货款，企业已收到银行付款回单。

该会计事项发生后，重庆翔宇集团的资产（银行存款）减少了 80 000 元，同时负债（应付账款）减少了 80 000 元，会计等式保持平衡。

上述事项引起会计要素的变化对会计等式的影响可用下式表示。

资产	=	负债	+	所有者权益
800 000 元		150 000 元		650 000 元
−80 000 元		−80 000 元		
720 000 元	=	70 000 元	+	650 000 元

【例 2-4】2019 年 1 月 9 日，重庆翔宇集团经批准减少注册资本 160 000 元，以银行存款退还投资者。

该会计事项发生后，重庆翔宇集团的资产（银行存款）减少了 160 000 元，同时所有者权益（实收资本）减少了 160 000 元。会计等式两边同时等额减少，会计等式保持平衡。

上述事项引起会计要素的变化对会计等式的影响可用下式表示。

资产	=	负债	+	所有者权益
720 000 元		70 000 元		650 000 元
−160 000 元				−160 000 元
560 000 元	=	70 000 元	+	490 000 元

【例 2-5】2019 年 1 月 10 日，重庆翔宇集团开出一张现金支票，从银行提取现金 10 000 元，用于公司零星支出。

该会计事项发生后，重庆翔宇集团的资产（银行存款）减少了 10 000 元，同时增加了另一项资产（库存现金）10 000 元。资产内部同数额一增一减，资产总额不变，因不涉及权益方，权益总额也不变，会计等式保持平衡。

上述事项引起会计要素的变化对会计等式的影响可用下式表示。

资产	=	负债	+	所有者权益
560 000 元		70 000 元		490 000 元
+10 000 元				
−10 000 元				
560 000 元	=	70 000 元	+	490 000 元

【例 2-6】2019 年 1 月 12 日，重庆翔宇集团从银行取得短期借款 20 000 元，归还前欠

永华公司货款，已收到有关银行的收款和付款单据。

该会计事项发生后，重庆翔宇集团的一项负债（短期借款）增加了 20 000 元，同时另一项负债（应付账款）减少了 20 000 元，权益总额不变，因不涉及资产方，资产总额不变，会计等式保持平衡。

上述事项引起会计要素的变化对会计等式的影响可用下式表示。

资产	=	负债	+	所有者权益
560 000 元		70 000 元		490 000 元
		−20 000 元		
		+20 000 元		
560 000 元	=	70 000 元	+	490 000 元

【例 2-7】2019 年 1 月 15 日，重庆翔宇集团经董事会商讨，同意将甲方在重庆翔宇集团的一部分投资 40 000 元转让给丙方，公司已办理完有关手续。

该会计事项发生后，重庆翔宇集团的所有者权益（甲方投资）减少了 40 000 元，同时另一项所有者权益（丙方投资）增加了 40 000 元，所有者权益总额不变，会计等式保持平衡。

上述事项引起会计要素的变化对会计等式的影响可用下式表示。

资产	=	负债	+	所有者权益
560 000 元		70 000 元		490 000 元
				+40 000 元
				−40 000 元
560 000 元	=	70 000 元	+	490 000 元

【例 2-8】2019 年 1 月 18 日，经协商，供应商同意将货款 50 000 元转为对重庆翔宇集团的投资，已办理完有关手续。

该会计事项发生后，重庆翔宇集团的一项负债（应付账款）减少了 50 000 元，同时一项所有者权益增加了 50 000 元，会计等式保持平衡。

上述事项引起会计要素的变化对会计等式的影响可用下式表示。

资产	=	负债	+	所有者权益
560 000 元		70 000 元		490 000 元
		−50 000 元		+50 000 元
560 000 元	=	20 000 元	+	540 000 元

【例 2-9】2019 年 1 月 20 日，重庆翔宇集团经研究决定进行利润分配，应付给投资者利润 20 000 元，尚未转账。

该会计事项发生后，重庆翔宇集团的负债（应付利润）增加了 20 000 元，同时所有者权益（本年利润）减少了 20 000 元。在会计等式的一侧同数额一增一减，会计等式保持平衡。

上述事项引起会计要素的变化对会计等式的影响可用下式表示。

资产	=	负债	+	所有者权益
560 000 元		20 000 元		540 000 元
		+20 000 元		−20 000 元
560 000 元	=	40 000 元	+	520 000 元

（二）收入、费用变动对会计等式的影响

"资产=负债+所有者权益+（收入−费用）"这一等式揭示了会计期间内任一时点会计要素之间的平衡关系。收入、费用变动对会计等式的影响可以分为如表2-2所示的几种情况。

表2-2　收入、费用变动对会计等式的影响

业务编号	资产	费用	负债	所有者权益	收入
1	增加				增加
2	减少	增加			
3			增加		增加
4			减少		增加
5				增加	减少
6		减少		减少	

【例2-10】2019年1月21日，重庆翔宇集团出售产品1 000件，每件售价10元，全部款项已收到并存入银行，企业收到银行收款通知单（不考虑相关税费）。

该会计事项发生后，重庆翔宇集团的收入（主营业务收入）增加了10 000元，同时资产（银行存款）增加了10 000元；资产总额和收入总额同数额增加，会计等式保持平衡。

上述事项引起会计要素的变化对会计等式的影响可用下式表示。

资产	+	费用	=	负债	+	所有者权益	+	收入
560 000 元				40 000 元		520 000 元		
+10 000 元								+10 000 元
570 000 元			=	40 000 元	+	520 000 元	+	+10 000 元

【例2-11】2019年1月21日，重庆翔宇集团结转上述已售产品的成本6 000元。

该会计事项发生后，重庆翔宇集团的资产（库存商品）减少6 000元，同时费用（主营业务成本）增加6 000元；资产总额和费用总额一增一减，会计等式保持平衡。

上述事项引起会计要素的变化对会计等式的影响可用下式表示。

资产	+	费用	=	负债	+	所有者权益	+	收入
570 000 元				40 000 元		520 000 元		10 000 元
−6 000 元		+6 000 元						
564 000 元		6 000 元	=	40 000 元	+	520 000 元	+	10 000 元

【例2-12】2019年1月22日，重庆翔宇集团计算出本月应向广告公司支付广告费用2 000元，但是款项尚未支付。

该会计事项发生后，重庆翔宇集团的费用（销售费用）增加2 000元，同时负债（其他应付款）增加2 000元；费用总额和负债总额同数额增加，会计等式保持平衡。

上述事项引起会计要素的变化对会计等式的影响可用下式表示。

资产	+	费用	=	负债	+	所有者权益	+	收入
564 000 元		6 000 元		40 000 元		520 000 元		10 000 元
		+2 000 元		+2 000 元				
564 000 元		8 000 元	=	42 000 元	+	520 000 元	+	10 000 元

【例2-13】2019年1月23日，重庆翔宇集团出售某种产品取得收入5 000元，全部货款用于抵偿前欠永华公司材料款。

该会计事项发生后，重庆翔宇集团的收入（主营业务收入）增加5 000元，同时负债（应付账款）减少5 000元；收入总额和负债总额同数额一增一减，会计等式保持平衡。

上述事项引起会计要素的变化对会计等式的影响可用下式表示。

资产	+	费用	=	负债	+	所有者权益	+	收入
564 000 元		8 000 元		42 000 元		520 000 元		10 000 元
				−5 000 元				+5 000 元
564 000 元		8 000 元	=	37 000 元	+	520 000 元	+	15 000 元

【例2-14】2019年1月31日，为了计算本月的经营成果，重庆翔宇集团将本月的收入进行归集，计算出本月所取得的收入共15 000元。月末将收入结转计入本年利润。

该会计事项发生后，重庆翔宇集团的收入（主营业务收入）减少15 000元，同时所有者权益（本年利润）增加了15 000元；所有者权益总额和收入总额一增一减，会计等式保持平衡。

上述事项引起会计要素的变化对会计等式的影响可用下式表示。

资产	+	费用	=	负债	+	所有者权益	+	收入
564 000 元		8 000 元		37 000 元		520 000 元		15 000 元
						+15 000 元		−15 000 元
564 000 元		8 000 元	=	37 000 元	+	535 000 元		

【例2-15】2019年1月31日，为了计算本月的经营成果，重庆翔宇集团将本月所发生的成本及费用进行归集，计算出本月的成本和费用为8 000元。月末将成本费用结转计入本年利润。

该会计事项发生后，重庆翔宇集团费用减少8 000元，同时所有者权益（本年利润）减少8 000元；所有者权益总额和费用总额同数额减少，会计等式保持平衡。

上述事项引起会计要素的变化对会计等式的影响可用下式表示。

资产	+	费用	=	负债	+	所有者权益	+	收入
564 000 元		8 000 元		37 000 元		535 000 元		
		−8 000 元				−8 000 元		
564 000 元			=	37 000 元	+	527 000 元		

练习题

一、单选题

1. 下列项目中，属于资产的是（ ）。
   A. 短期投资　　B. 预收账款　　C. 资本公积　　D. 预提费用
2. 下列项目中，引起资产和负债同时增加的经济业务是（ ）。
   A. 以银行存款购买材料　　　　B. 向银行借款存入银行存款户
   C. 以无形资产向外单位投资　　D. 以银行存款偿还应付账款
3. 下列项目中，引起负债有增有减的经济业务是（ ）。
   A. 以银行存款偿还银行借款　　B. 开出应付票据抵付应付账款
   C. 以银行存款上缴税金　　　　D. 收到外商捐赠的设备
4. 下列项目中，引起所有者权益有增有减的经济业务是（ ）。
   A. 收到国家投入的固定资产　　B. 以银行存款偿还长期借款
   C. 将资本公积金转增资本　　　D. 以厂房对外单位投资
5. 以银行存款缴纳税金所引起的变动为（ ）。
   A. 一项资产减少，一项所有者权益减少
   B. 一项资产减少，一项负债减少
   C. 一项所有者权益增加，一项负债减少
   D. 一项资产增加，另一项资产减少
6. 某企业资产总额为600万元，如果发生以下经济业务：①收到外单位投资40万元存入银行；②以银行存款支付购入材料款12万元，材料已验收入库；③以银行存款偿还银行借款10万元。企业资产总额为（　　　）万元。

A. 636　　　　　　B. 628　　　　　　C. 648　　　　　　D. 630

二、多选题

1. 下列项目中，属于企业流动资产的有（　　　）。

A. 现金　　　　　B. 预收账款　　　　C. 应收账款　　　　D. 存货

2. 下列项目中，属于长期负债的有（　　　）。

A. 固定资产　　　B. 应付利润　　　　C. 长期借款　　　　D. 应付债券

3. 下列各项目中，正确的经济业务类型有（　　　）。

A. 一项资产增加，一项所有者权益减少

B. 资产与负债同时增加

C. 一项负债减少，一项所有者权益增加

D. 负债与所有者权益同时增加

4. 下列项目中，属于无形资产的有（　　　）。

A. 专利权　　　　B. 土地使用权　　　C. 商誉　　　　　　D. 非专利技术

三、判断题

1. 企业资产的来源渠道有两条：一是由企业所有者提供，二是由债权人提供。（　　　）

2. 预收账款和预付账款均属于负债。（　　　）

3. 从数量上看，所有者权益等于企业全部资产减去全部负债后的余额。（　　　）

4. 无形资产是一种不具有实物形态的经济资源。（　　　）

5. 一项经济业务的发生引起负债增加和所有者权益减少，会计等式的平衡关系没有被破坏。（　　　）

6. 主营业务收入和营业外收入均属于收入。（　　　）

课后实训

实训一

目的：

通过练习了解经济业务发生后资产、负债、所有者权益的增减变化情况。

资料：

某企业于2018年9月发生的部分经济业务如下。

（1）国家投入资本25 000元，存入银行。

（2）通过银行转账支付前欠南方工厂的购货款3 000元。

（3）从银行提取现金15 000元，准备发放工资。

（4）收回应收账款4 500元，存入银行。

（5）以银行存款归还向银行借入的短期借款10 000元。

（6）联营单位投入新机器一台，作为对该公司的投资，价值7 500元。

（7）购入材料2 100元，货款未付。

(8) 收回应收账款 7 600 元,其中 5 000 元直接归还银行短期借款,其余 2 600 元存入银行。

(9) 将多余的库存现金 500 元存入银行。

(10) 采购员出差,预借差旅费 150 元,财务科以现金支付。

要求:

(1) 分析每笔经济业务所引起的资产和权益有关项目的增减变化。

(2) 将分析结果填入某企业资产和权益变动情况表。

(3) 计算资产和权益的增减净额,验证两者是否相等。

实训二

目的:

了解资产、负债、所有者权益的增减变动及其平衡关系。

资料:

1. 假定某企业 2018 年 10 月 31 日资产和权益的状况如表 2-3 所示。

表 2-3 资产和权益状况

项目	资金/元	项目	资金/元
固定资产	450 000	原材料	26 000
应缴税费	2 000	应收账款	2 900
银行存款	18 000	实收资本	482 000
本年利润	11 000	库存现金	100
应付账款	4 000	短期借款	9 000
库存商品	6 000	其他应收款	200
生产成本	4 800		

2. 该企业 2018 年 11 月发生了下列经济业务（销售及采购业务不考虑相关税费）。

(1) 从银行提取现金 300 元。

(2) 财务科以现金预借给采购员张立差旅费 300 元。

(3) 以银行存款缴清上月欠缴税金 2 000 元。

(4) 从勤丰厂购入材料 8 000 元,货款尚未支付。

(5) 外单位投入新机器一台,作为对该企业的投资,价值 35 000 元。

(6) 从银行取得短期借款 15 000 元,存入银行。

(7) 以银行存款偿还勤丰厂货款 12 000 元（包括上月所欠 4 000 元和本月所欠 8 000 元）。

(8) 生产车间领用材料 16 000 元,全部投入产品生产。

(9) 收到新华厂归还上月所欠货款 2 900 元,存入银行。

(10) 以银行存款归还银行短期借款 9 000 元。

要求:

(1) 根据资料 1,分清资产、负债、所有者权益,编制 10 月末的资产和权益平衡表。

(2) 根据资料 2,明确资产、负债、所有者权益的增减变化及其结果,编制 11 月末的资产和权益平衡表。

会计科目与账户

▰\学习目标

熟悉常用的会计科目；明确会计科目与账户的分类及两者之间的关系；明确账户的基本结构；能够掌握账户的基本内容；能根据企业的实际情况设置账户。

任务一：会计科目认知；

任务二：设置账户。

▰\情境描述

假设你作为单位会计到银行提取现金，发生这笔经济业务以后，你如何用会计的语言将之记录下来呢？

▰\情境分析

这项经济业务共涉及两项具体内容，而这两项内容都属于资产要素。由此可见，只有基本的六大要素仍是不够的，还必须对六大会计要素进行更具体的分类。会计人员的日常工作就是将纷繁复杂的经济活动，以会计的语言系统地进行归类汇总，然后记录，再以一种简明易懂的形式提供给信息使用者进行决策。

任务一　会计科目认知

【问题引入】会计是一门通用的商业语言。因为有了会计，各种经济事务才可以在企业内部、企业之间、企业与政府等机构之间进行交流。也就是说，当企业和另外一家企业打交道时，要借助于会计语言；当企业和银行打交道时，也要使用会计语言；当企业和政府打交道时，同样要使用会计语言。企业用了多少资产、欠了多少债务、拥有多少权益、有多少收入、用去多少费用、获得多少利润等问题，都需要借助会计来说明。

所以，做会计工作，就类似于"翻译"，需要把日常的经济事项用会计语言表达出来。翻译就涉及单词的问题，你知道会计这门商业语言有哪些"单词"吗？

提示：要回答上述问题，需要理解会计科目的含义和分类，掌握会计科目的设置和会计科目与会计要素之间的关系等知识点。

子任务一：理解会计科目的概念和意义

会计科目是对会计要素的具体内容进行科学分类的名称。如前所述，会计对象的具体内容表现为会计要素，而每一个会计要素又包括若干具体项目。例如，资产要素中包括了库存现金、银行存款、原材料等项目，负债要素中包括了短期借款、长期借款、应付账款等项目。每一个会计科目也反映其特定的经济内容。例如，为了核算企业借入期限在一年以内的各种借款，需设置一个会计科目，命名为"短期借款"；而为了核算企业借入期限在一年以上的各种借款，需设置一个会计科目，命名为"长期借款"。

为连续、系统、全面地核算和监督经济活动所引起的各会计要素的增减变化，有必要对会计对象的具体内容按其不同特点和经济管理的要求进行科学分类，并事先确定项目名称，规定其核算内容，这就是会计科目的设置。可见，会计科目的设置是进行会计核算的基础，会计科目的设置，对于正确地核算和监督企业的经济活动具有重要意义。

（一）会计科目是对会计对象进行连续核算的重要工具

为了连续、系统、全面地核算企业的经济活动，要求在进行会计处理时必须采用专门的方法，对各项经济业务科学地归类、整理和记录，最后提供系统化的数据和资料。通过设置会计科目，对会计要素的具体内容进行分类，可以为会计信息使用者提供各种分类的核算指标。

（二）会计科目是设置账户的依据

各单位在会计核算中必须根据规定的会计科目在账簿中开设账户，对各项经济业务进行连续、系统、分类的记录。会计科目是账户的名称，账户的设置依存于会计科目，没有会计科目就无法设置账户。可见会计科目是设置账户的依据，运用账户则是会计科目在会计核算工作中的具体运用。

（三）会计科目是实施有效监督的重要手段

一般说来，会计科目的名称、会计科目的分类、会计科目的内容等决定着企业会计核算的详略程度，决定着企业编制对外、对内财务报表的要求和内容。各企业原则上必须按照有关会计科目的规定处理会计业务，防止会计核算内容混乱，防止不合理、不合法的经济业务随意记入会计系统，从而有利于加强对会计工作的有效监督。

子任务二：掌握会计科目的分类

会计科目的分类标准主要有两个：一是经济内容，这是会计科目最基本的分类标准；二是提供核算资料的详细程度。

（一）会计科目按其经济内容进行分类

这种分类方法，便于了解和掌握各会计科目的核算内容及其性质，继而正确运用各会计科目提供的核算资料。以2018年实施的《企业会计准则》为例，全部会计科目可以分为6大类：资产类、负债类、共同类、所有者权益类、成本类和损益类。

资产类、负债类、所有者权益类会计科目，基本上是对资产、负债、所有者权益类会计要素进一步分类后的结果；成本类会计科目是对部分费用类会计要素进一步分类后的项目；损益类会计科目是对构成利润（或亏损）的收入、费用类会计要素进一步分类形成的。应注意的是，收入抵减费用后的结果（利润或亏损）归所有者所有，对利润的分配或亏损的弥补也属所有者权益的变动，因此，对利润或亏损形成及其分配或弥补业务所设置的会计科目如"本年利润""利润分配"应归属所有者权益类会计科目。

（二）会计科目按其提供核算资料的详细程度分类

按提供核算资料的详细程度，会计科目可分为总分类科目和明细分类科目。总分类科目是对某 会计要素的具体内容进行总括分类而形成的项目。明细分类科目是对某一总分类科目进一步分类的结果。如果需要提供更加详尽的资料，还可将二级明细科目再分类，设置三级明细科目，必要时还可设置四级明细科目。例如，"原材料"科目属于总分类科目，反映工业企业库存的各种材料，包括原料及主要材料、辅助材料等。如果管理上需要掌握各种原材料在一定时期内增减变动的详细情况，则需要按材料种类设置明细分类科目，以便进行明细分类核算，如在"原材料"总分类科目下设二级科目"原料及主要材料""辅助材料"，等明细分类科目。

子任务三：设置会计科目

（一）会计科目的设置原则

为了更好地设置和运用会计科目，提供高质量的会计信息，在设置会计科目时，应遵循四项基本原则。

1. 必须结合会计对象的特点

所谓结合会计对象的特点，就是根据不同单位经济业务的特点，本着全面核算其经济业务的全过程及结果的目的来确定应该设置哪些会计科目。首先，根据不同行业企业经济业务的主要性质设置会计科目，如工业企业应设置反映产品生产过程的会计科目，而商业企业是以商品买卖作为主要经营业务，其会计科目主要应该反映商品的买卖过程。因此在成本费用方面，工业企业需要设置"生产成本""制造费用"等会计科目，商业企业则不需设置这类会计科目。其次，要结合企业规模设置会计科目：大型工业企业经济业务量大，为了便于组织会计工作，会计科目的设置应全面、具体和详细；而单步骤生产的小型企业，经济业务量少，会计科目的设置应力求简单、直观和明了，不必追求又全又细。

2. 必须符合经济管理的需要

经济管理要求不同，会计科目的设置也有差别。设置会计科目应充分考虑各有关方面对会计信息的需求,不仅要符合国家宏观经济管理的需要,也要满足企业内部经济管理的需要,还要满足投资者、债权人和其他有关方面的需要,以利于有关方面进行经济决策。

3. 必须坚持统一性和灵活性相结合的原则

由于各企业的经济业务千差万别,在分类核算会计要素的增减变动时需要将统一性和灵活性相结合。统一性,就是设置会计科目时要符合会计准则的要求。灵活性,就是在能提供统一核算指标的前提下,各个单位根据自己的具体情况及投资者的要求,可以增减会计科目。

4. 必须使会计科目具有可操作性

为了便于理解和实际运用,必须对每一个会计科目都明确规定其特定的核算内容。企业设置的会计科目名称要简单明了、字义相符、通俗易懂。同时,为适应会计核算资料连续性和一致性的要求,会计科目要保持相对稳定。

企业在不违反会计准则中对会计确认、计量规定的前提下,可根据本企业的实际情况自行增设、分拆、合并会计科目。对于不存在的交易事项,可不设置相关科目。

(二) 常用会计科目

《企业会计准则——应用指南》统一制定了企业实际工作中需要使用的会计科目,如表3-1所示。

表3-1 《企业会计准则——应用指南》会计科目名称表

序号	编号	会计科目名称	序号	编号	会计科目名称	序号	编号	会计科目名称
		一、资产类	13	1403	原材料	26	1511	长期股权投资
1	1001	库存现金	14	1404	材料成本差异	27	1512	长期股权投资减值准备
2	1002	银行存款	15	1405	库存商品	28	1518	继续涉入资产
3	1101	交易性金融资产	16	1406	发出商品	29	1521	投资性房地产
4	1121	应收票据	17	1408	委托加工物资	30	1531	长期应收款
5	1122	应收账款	18	1411	周转材料	31	1532	未实现融资收益
6	1123	预付账款	19	1471	存货跌价准备	32	1601	固定资产
7	1131	应收股利	20	1481	持有待售资产	33	1602	累计折旧
8	1132	应收利息	21	1482	持有待售资产减值准备	34	1603	固定资产减值准备
9	1231	其他应收款	22	1501	债权投资	35	1604	在建工程
10	1231	坏账准备	23	1502	债权投资减值准备	36	1605	工程物资
11	1401	材料采购	24	1503	其他债权投资	37	1606	固定资产清理
12	1402	在途物资	25	1504	其他权益工具投资	38	1701	无形资产

续表

序号	编号	会计科目名称	序号	编号	会计科目名称	序号	编号	会计科目名称
39	1702	累计摊销	59	2701	长期应付款	77	5402	工程结算
40	1703	无形资产减值准备	60	2702	未确认融资费用	六、损益类		
41	1801	长期待摊费用	61	2801	预计负债	78	6001	主营业务收入
42	1811	递延所得税资产	62	2901	递延所得税负债	79	6051	其他业务收入
43	1901	待处理财产损溢	三、共同类			80	6101	公允价值变动损益
二、负债类			63	3101	衍生工具	81	6111	投资损益
44	2001	短期借款	64	3201	套期工具	82	6115	资产处置损益
45	2101	交易性金融负债	65	3202	被套期项目	83	6117	其他收益
46	2201	应付票据	四、所有者权益类			84	6301	营业外收入
47	2202	应付账款	66	4001	实收资本	85	6401	主营业务成本
48	2203	预收账款	67	4002	资本公积	86	6402	其他业务支出
49	2211	应付职工薪酬	68	4003	其他综合收益	87	6403	税金及附加
50	2221	应缴税费	69	4103	本年利润	88	6601	销售费用
51	2231	应付利息	70	4104	利润分配	89	6602	管理费用
52	2232	应付股利	71	4101	盈余公积	90	6603	财务费用
53	2241	其他应付款	72	4201	库存股	91	6701	资产减值损失
54	2245	持有待售负债	73	4401	其他权益工具	92	6702	信用减值损失
55	2401	递延收益	五、成本类			93	6711	营业外支出
56	2501	长期借款	74	5001	生产成本	94	6801	所得税费用
57	2502	应付债券	75	5101	制造费用	95	6901	以前年度损益调整
58	2504	继续涉入负债	76	5201	劳务成本			

注：(1) 共同类科目的特点是既可能是资产也可能是负债。在某些条件下是一项权益，形成经济利益的流入，这时就是资产；在某些条件下是一项义务，将导致经济利益流出企业，这时就是负债。

(2) 损益类科目是形成利润的要素。损益类科目有的反映收益，如主营业务收入；有的反映费用，如主营业务成本。

(三) 会计科目编号

为表明会计科目的性质及所属类别，便于迅速、正确地使用会计科目并借助电子计算机进行处理，财政部统一规定的会计科目都按照一定规则予以编号：总分类科目通常采用四位数字编号法，每一位数字的特定含义规定如下。

1. 从左至右第1位数字表明会计科目归属的大类

具体来讲，1表示资产类科目，2表示负债类科目，3表示共同类科目，4表示所有者权益类科目，5表示成本类科目，6表示损益类科目。

2. 第2位数字表示会计科目主要大类下所属的各个小类

例如，在资产类科目中，0表示货币资金类科目，1表示交易性金融资产及应收账项类科目，6表示固定资产类科目等。

3. 第3、4位数字表示各小类下各个会计科目的自然序号

其中，某些会计科目之间可能有空号，以便增加科目用。

子任务四：掌握会计对象、会计要素和会计科目的关系

会计对象是指会计所核算和监督的内容，即社会再生产过程中的资金运动。资金运动表现为资金的筹措、投入、运用、耗费、增值、收回、分配等活动。资金运动贯穿于社会再生产过程的各个方面，哪里有财产物资（包括无形的），哪里就有资金和资金运动，就有会计所要反映和监督的内容。

会计要素是对会计对象进行的基本分类，是构成财务报表的基本成分。六项会计要素中，资产、负债和所有者权益是静态要素，反映企业在一定日期拥有的经济资源及应承担的经济责任，是直接关系到企业财务状况计量的因素。收入、费用和利润是动态要素，反映企业一定时期内的经营成果，是直接关系到企业利润计量的要素。

在实际工作中，为了全面、完整地核算和监督企业的资金运动过程和结果，系统、连续地记录资产、负债、所有者权益、收入、费用、利润的增减变动情况，必须对其分门别类地加以反映。这种反映是通过设置会计科目和账户来进行的。会计科目就是按照经济管理的要求，对会计要素所作的具体分类。会计科目也可表述为对会计要素进行分类核算和监督的项目。

可以看出，会计对象、会计要素与会计科目之间有一种天然的、内在的、必然的联系。研究会计，就必须研究会计对象，抽象地讲就是"资金及其运动"。然而，仅仅停留在这个层次，只能说明会计学科的性质，还不能满足会计确认、计量、记录、报告的需要，因此，需要对会计对象进行初次分类或者第一次分类。对会计对象进行第一次分类，即对会计对象进行会计要素的划分。研究会计对象，就必须研究会计要素。仅仅停留在这个层次，只能了解和掌握宏观会计信息，满足大类的"报告"，但还不能满足会计确认、计量、记录的需要。因此，需要在第一次分类的基础上，对会计要素进行分类，也可以称为第二次分类，即将会计要素进行会计科目的划分。

任务二　设置账户

【问题引入】通过上述学习，可以掌握会计这门商业语言的"单词"——会计科目。那么每一个会计科目如何系统、科学地反映经济业务内容呢？这时就需要引入另外一个概念——会计账户。什么是会计账户？它和会计科目之间有什么关系呢？

提示：要解决上述问题，首先要学习账户的概念和分类，掌握账户的基本结构以及账

与会计科目之间的关系等内容。

子任务一：理解账户的概念和意义

账户（即会计账户）是指按照规定的会计科目在账簿中对各项经济业务进行分类、系统、连续记录的一种手段。会计科目只是对会计要素进行分类核算的项目或标志。然而，没有具有一定格式的记账实体，很难分类、连续、系统、综合地反映和记录经济业务，也不便于编制财务报表。所以，设置会计科目以后，还必须根据设置的会计科目开设相应的账户，在账户上分类记录各项经济业务的增减变化情况。所谓账户，就是指根据会计科目开设的，用来分类记录经济业务内容的具有一定格式和结构的记账实体。

子任务二：理解账户的分类

由于账户是根据会计科目设置的，所以账户的分类应当与会计科目的分类一致。例如，账户按其经济内容，也分为6类，即根据资产类会计科目设置的账户就称为资产类账户，根据负债类会计科目设置的账户称为负债类账户，以此类推。又如，账户也可以按照其所提供的核算资料的详细程度来分类：根据总分类会计科目设置的账户称为总分类账户，根据明细分类会计科目设置的账户就称为明细分类账户。

所不同的是，账户作为记账实体，具有结构，因此，账户还可以按其用途结构分类，其分类结果将在本书以后章节中述及。

子任务三：掌握账户的基本结构

所谓账户的结构，是指账户应由哪几部分组成，以及如何在账户中记录会计要素的增加、减少和余额情况等。账户的结构取决于不同的记账方式和账户性质。也就是说，记账方法不同、账户性质不同，账户的结构都不尽相同。然而，账户的结构也有其共性，称之为账户的基本结构。经济业务所引起会计要素的变化，尽管错综复杂，但从数量上看不外乎增加和减少两种情况。因此账户的结构也应相应地划分为两个基本部分：一部分反映数额的增加，另一部分反映数额的减少。至于账户由哪一方记增加、哪一方记减少，则取决于记账方法和账户性质。但无论采用何种记账方法、何种性质的账户，左右两方的增减意义都是相反的：如果左方记增加，则右方记减少；如果左方记减少，则右方记增加。

在账户中，记录会计要素具体内容发生增减变动及结果的金额有四项核算指标，即期初余额、本期增加额、本期减少额、期末余额。

期初余额，即上一期的期末余额。本期增加额，也称本期增加发生额，是指一定时期内账户所登记的增加金额的合计数。本期减少额，也称本期减少发生额，是指一定时期内账户所登记的减少额的合计数。期末余额，是指期初余额与本期增加发生额、本期减少发生额相抵后的差额，即一定会计期间的期末结存额。

上述四项指标之间的数量关系可以用下列公式表示。

$$期末余额=期初余额+本期增加发生额-本期减少发生额$$

在实际工作中，账户的结构、格式千差万别，表3-2列示了账户的一般格式。

表3-2 账户的一般格式

账户名称（会计科目）

年		凭证号数	摘要	左方	右方	余额
月	日					

如果将账户的"左方"作为增加方，那么"右方"即为减少方；如果将账户的"左方"作为减少方，那么"右方"即为增加方。

为简化，教学实践和教材中多采用"丁"字账户或"T"型账户来代替实际的账户。在"T"型账户中，左右上角应书写记账符号，如采用借贷记账法，则左上角应书写记账符号"借"，右上角应书写记账符号"贷"，至于"借""贷"的增减含义，将在后续知识中介绍。如采用增减记账法，则应分别在左右上角书写"增""减"符号。"T"型账户的格式（增减记账法下）如图3-1所示。

增	账户名称	减	减	账户名称	增
期初余额			期初余额		
本期增加发生额	本期减少发生额		本期减少发生额	本期增加发生额	
本期增加发生额合计	本期减少发生额合计		本期减少发生额合计	本期增加发生额合计	
期末余额				期末余额	

图3-1 "T"型账户的格式

从图3-1中可以看出，在"T"型账户中，应首先登记期初余额；其次，登记增加发生额和减少发生额；最后，计算期末余额。注意，期初余额、期末余额的方向一般与增加发生额的方向一致。

子任务四：掌握会计科目与账户的关系

会计科目与账户是两个既有联系又有区别的概念。两者的相同点在于：都要对经济业务进行分类，都反映一定的经济业务内容。会计科目是设置账户的基础和依据，会计科目是账户的名称。两者的不同点在于：会计科目是对经济业务分类核算的项目或标志（即名称），它本身并不直接记录会计要素及每个项目的增减变化情况；而账户则具有一定的结构，能够把经济业务的发生及其结果连续、系统地进行记录。

练习题

一、单选题

1. 一般情况下，一个账户的增加发生额与该账户的期末余额都应在账户的（ ）。
    A. 借方　　　　　B. 贷方　　　　　C. 相同的方向　　　D. 相反的方向
2. 不属于损益类账户的是（ ）。

A. 管理费用　　　　B. 生产成本　　　　C. 主营业务成本　　D. 其他业务成本

3. 会计账户借贷两方，哪一方登记增加数，哪一方登记减少数，取决于（　　）。

A. 账户的级次　　　　　　　　　B. 记账方法

C. 账户的类别　　　　　　　　　D. 所记录的经济业务内容

4. 下列账户属于损益类账户的是（　　）

A. 应收账款　　　B. 其他应收款　　C. 其他业务收入　　D. 投资收益

5. 下列账户属于损益类账户的是（　　）

A. 应缴税费　　　B. 资本公积　　　C. 财务费用　　　　D. 预付账款

6. 下列账户属于所有者权益类账户的是（　　）

A. 实收资本　　　B. 生产成本　　　C. 营业外收入　　　D. 投资收益

7. 设置账户的理论依据是（　　）

A. 会计对象　　　B. 会计要素　　　C. 会计科目　　　　D. 会计方程式

8. 下列属于明细分类科目的是（　　）

A. 销售费用　　　B. 其他应收款　　C. 盈余公积　　　　D. 差旅费

二、多选题

1. 账户的借方表示（　　）

A. 资产增加　　　B. 收入减少　　　C. 费用增加　　　　D. 负债减少

2. 账户的贷方表示（　　）

A. 收入增加　　　B. 收入减少　　　C. 费用减少　　　　D. 负债增加

3. 下列账户属于损益类账户的有（　　）

A. 销售费用　　　B. 管理费用　　　C. 生产成本　　　　D. 制造费用

4. 下列账户属于所有者权益类账户的有（　　）

A. 本年利润　　　B. 盈余公积　　　C. 实收资本　　　　D. 投资收益

5. 下列账户属于负债类账户的有（　　）

A. 预付账款　　　B. 应付股利　　　C. 管理费用　　　　D. 利润分配

6. 根据提供核算指标的详细程度，会计科目可分为（　　）

A. 总分类科目　　B. 资产类科目　　C. 明细分类科目　　D. 负债类科目

7. 账户的基本结构一般应包括（　　）

A. 账户名称　　　　　　　　　　B. 日期和摘要

C. 增减发生额及余额　　　　　　D. 会计分录

8. 下列各会计科目中，属于资产类的有（　　）

A. 应收账款　　　B. 坏账准备　　　C. 销售费用　　　　D. 预付账款

三、判断题

1. 会计科目与同名称的账户反映的经济内容是相同的。（　　）

2. 总分类科目对明细分类科目具有控制作用，而明细分类科目则是对总分类科目的补充和说明。（　　）

3. 账户的结构分为左右两个基本部分，其中，左方反映增加；右方反映减少。（   ）

4. 为了满足企业日常经营管理的需要，企业账户的设置越详细越好。（   ）

5. 为了适应日常管理工作的需要，对于明细科目较多的会计科目，可在总分类科目下设置二级或多级科目。（   ）

复式记账原理

学习目标

理解复式记账法的含义、特点及其种类；掌握借贷记账法的记账符号、账户结构、记账规则和试算平衡；能够登记"T"型账户，并能够说明账户之间的对应关系；能够编制试算平衡表。

任务一：复式记账法的原理认知；

任务二：借贷记账法认知。

情境描述

王明所工作的企业红光鞋业有限公司因受金融危机的影响而破产倒闭了，因此王明回到了家乡重庆，经过一番深思熟虑及多方考察后，王明决定在重庆开一家鞋店。在精心准备一段时间后，鞋店开业了。为此，王明自己投资了7万元、向银行贷了款3万元。开业的第一个月，鞋店发生的经济业务如下。

（1）预付一年的房租24 000元。

（2）采购了1 000双鞋子，价值60 000元，款项已全部支付。

（3）销售600双鞋子，获得了50 000元的收入，款项全部收回，这些鞋子的成本为36 000元。

（4）发生了其他的费用共计4 000元。

为了能够全面反映鞋店的经营情况，使王明更好地管理鞋店，针对鞋店发生的经济业务，王明应该如何记账？鞋店开业的第一个月是盈利了还是亏损了？盈利（或亏损）的金额又是多少呢？

情境分析

对于王明的鞋店，只有对它在第一个月内发生的每一笔经济业务进行详细记录，并全面反映其来龙去脉，才能回答上述问题。为了向会计信息使用者提供有用的信息，依赖于记账方法的选择。采用什么样的记账方法才科学？经济内容该如何确定？发生的金额记录在哪里才能一目了然？

要回答上述问题，就必须牢牢掌握复式记账的相关知识。

任务一　复式记账法的原理认知

【问题引入】王强与小兵于2018年5月1日合伙投资创办了美彤俱乐部。截至2018年5月5日，该俱乐部共发生了五笔经济业务，经入账，各账户的余额如下：

"库存现金" 2 000元；"银行存款" 108 000元；"低值易耗品" 60 000元；"固定资产" 150 000元；"应付账款" 70 000元；"实收资本" 250 000元。该俱乐部尚未结算利润。请思考该俱乐部发生的五笔经济业务可能有哪几种情况？是怎样记账的？

提示：从所给资料看，实收资本账户有余额，且该企业创办不久。因此可以推断必然有接受投入资金这样的业务发生。而向企业投资的方式有很多，可以是现金、银行存款，也可以是实物、无形资产或其他方式。企业资产增加的方式同样有很多，可能是接受投资、接受捐赠，也可能是购入。对于购买资产，货款可能已经支付，也可能未付等。该企业对发生的每一笔业务是以何种方式记账的？学习本部分内容后，这些问题将会迎刃而解。

子任务一：理解复式记账法的含义与特点

每个会计主体对发生的所有经济业务均需根据开设的账户，采用一定的记账方法在账户中如实、全面地进行记录，以反映各项经济业务的发生情况及变化结果。所谓记账方法，是指在会计核算中，根据一定的原理和规则，在账户中记录经济业务的一种专门方法。记账方法在会计的发展过程中出现过两种，即单式记账法和复式记账法。

会计核算最早采用的记账方法是单式记账法。所谓单式记账法，是对发生的每一项经济业务所引起的会计要素的增减变动，只在一个账户中进行单方面记录的一种记账方法。在这种方法下，企业仅设置库存现金、银行存款、应收款、应付款等四本账，一般只记录货币资金的收付和债权、债务的增减，而对其他项目的变化则不记录。例如，以现金购买材料2 000元，只记录现金减少而不同时反映材料增加。至于原材料的结存数只有通过实地盘点得知。又如，销售产品取得收入5 000元存入银行，只在"银行存款"账户中登记增加数而不同时反映销售收入的增加，更不反映库存商品的发出及其成本的结转。可见，在单式记账法下，账户设置不完善，账户间没有严密的对应关系，记录结果无法提供翔实的会计信息，难以反映经济活动的全貌；同时账户记录无法进行试算平衡，较难查找错误。所以单式记账法是不科学、不完善的记账方法，不符合现代会计核算的要求和对会计信息质量的要求。随着经济的发展，单式记账法必然会发展到复式记账法。

(一) 复式记账法的含义

复式记账法是随着经济的发展在单式记账法的基础上发展起来的一种比较完善的记账方法。复式记账法的含义是：对发生的每一笔经济业务，必须以相等的金额，在两个或两个以上的账户中相互联系地进行登记。如前例，用现金购买材料 2 000 元，在复式记账法下：一方面，在"库存现金"账户中登记减少 2 000 元；另一方面，以相等的金额在"原材料"账户中登记增加 2 000 元。这样既可以根据"库存现金"账户及时查明现金的结余数，又可根据"原材料"账户查明原材料结存数量和价值。又如销售产品取得收入 5 000 元，在复式记账法下：一方面，在"银行存款"账户中登记增加 5 000 元；另一方面，以相等的金额在"主营业务收入"账户中登记增加 5 000 元。这样既可以查明银行存款的结余数，又可以根据"主营业务收入"账户查明收入的实现情况。

(二) 复式记账法的特点

复式记账法在其产生与发展过程中逐步完善，形成了自己的特点，可概括如下。

(1) 由于所有经济业务引起有关账户的数量变化不外是增加和减少两种情况，因此，在复式记账法下设置的所有账户的结构都包括两个基本部分，一部分记录增加，一部分记录减少。

(2) 经济业务的发生，或引起会计恒等式两边相互联系的项目有增有减，或引起会计恒等式一边有关项目同增同减。因此，在复式记账法下，对每一项经济业务都必须在两个或两个以上相互联系的账户中同时反映。

(3) 在复式记账法下，对每一笔经济业务在两个或两个以上相互联系的账户中记录时，其记录的金额是相等的。

子任务二：掌握复式记账法的理论依据及其科学性

(一) 复式记账法的理论依据

复式记账法的理论依据有两个。从广义的方面讲，是哲学中关于事物普遍联系的原理。根据事物普遍联系的原理，所有事物都不是孤立存在的，一件事物必然与其他事物相联系，企业发生的经济业务也不例外。从狭义方面讲，是资产与权益的平衡理论即会计恒等式。再从资金运动角度看，资产与权益是同一资金的两个侧面，任何时候都是相等的。经济业务的发生会引起资产、权益（负债、所有者权益）两方同等金额的增减变化，或引起资产、权益（负债、所有者权益）一方内部有关项目一增一减的变化，且变化金额相等。因此，经济业务的发生不会破坏会计恒等式的平衡关系。复式记账法就是运用这种理论，把发生的每一项经济业务都在两个或两个以上账户中以同等金额加以记录，以反映经济业务的全貌。

(二) 复式记账法的科学性

通过对复式记账法与单式记账法的分析可以看出，复式记账法是一种比较科学、完善的记账方法，能够反映经济业务的全貌，了解经济业务的来龙去脉。具体来讲，其科学性表现在以下三个方面。

(1) 设置了完整的账户体系，可以全面、系统地记录和反映经济业务的发生和完成情况。

(2) 对发生的每一项经济业务，都要在两个或两个以上的账户中相互联系地加以反映和记录，故可以反映每一项经济业务的来龙去脉。

（3）采用复式记账法，都是以相等的金额对每项经济业务在不同账户中进行登记，因此可以通过核对账户记录进行试算平衡，检查账户记录的正确性。

子任务三：了解复式记账法的种类

复式记账法萌芽于12—13世纪，发展、完善于15世纪，是在长期的会计实践中形成的。在实践中，复式记账法出现过多种形式，并被各个国家所采用，具体包括收付记账法、增减记账法和借贷记账法。

（一）收付记账法

收付记账法是以"收""付"为记账符号，对发生的每一笔经济业务都以相等的金额，同时在两个或两个以上的账户中相互联系地进行登记的一种复式记账法。收付记账法又分为资金收付记账法（我国事业单位曾采用）、现金收付记账法（我国金融企业曾采用）和财产收付记账法等。

（二）增减记账法

增减记账法是以"增""减"为记账符号，对发生的每一笔经济业务都以相等的金额，同时在两个或两个以上的账户中相互联系地进行登记的一种复式记账方法。我国商业企业曾采用过这种记账方法。

（三）借贷记账法

借贷记账法起源于12—13世纪的意大利，发展完善于15世纪，是目前世界上广泛采用的一种记账方法。《企业会计准则》规定，会计记账采用借贷记账法。1993年7月1日，借贷记账法成为我国各行业广泛采用的记账方法。

任务二　借贷记账法认知

【问题引入】赵红波是财务管理专业的新生，在学习了复式记账法原理之后，总结了一条记账规律：增加记在借方，减少记在贷方。他的总结对吗？

提示：要回答上述问题，首先要了解借贷记账法的含义，其中的"借"和"贷"只是记账符号，表示账户的左右两边，没有实际的意义。所以，不能说增加记借方、减少记贷方，而要根据具体账户的性质进行具体分析。

子任务一：理解借贷记账法的概念

借贷记账法是以"借""贷"为记账符号，对发生的每一笔经济业务所引起的会计要素的变化，都在两个或两个以上的账户中以相等的金额全面、相互联系地进行登记的一种复式记账方法。

子任务二：掌握借贷记账法的记账符号

记账符号是用来确定发生的经济业务应当记入账户的特定部位或方向的标志。借贷记法的账户分为借贷两个方向,以"借""贷"为记账符号,以"借方""贷方"来表示账户的左方和右方。

由于借贷记账法起源于资本主义萌芽时期的意大利,当时以经营货币资金的借入和贷出为主要业务的借贷资本家应运而生。借、贷两字最初的含义就是由此而来的。借贷资本家在经营货币的借入与贷出时,把从债权人借入的款项记在"贷主"名下,表示自身债务的增加;把向债务人贷出的款项,记在"借主"名下,表示自身债权的增加。

随着商品经济的发展,借贷记账法被推广应用到各行各业时,所要记录的业务活动内容日渐丰富,非借贷行业也开始使用借贷二字来说明其财产物资、成本费用和经营成果的增减变动情况。因记账内容的扩大,借、贷的字面意义已无法概括复杂的业务内容,所以只好抛弃借、贷二字的原始的字面意义,使其成为一种记账符号。

"借""贷"二字作为记账符号,哪一个表示增加、哪一个表示减少,要根据账户的经济性质来决定。

子任务三:掌握借贷记账法下的账户结构

借贷记账法下账户的设置是按照会计科目进行的,分为资产类、负债类、所有者权益类、成本类和损益类五类。

在借贷记账法下,账户的基本结构分为借方(左)和贷方(右),账户的期初余额和期末余额一般与记录增加额的方向一致。

(一)资产类账户的结构

资产类账户的借方记录增加额,贷方记录减少额,期初余额与期末余额一般在借方。根据会计分期假设,会计记录是分期进行的,账户在记录本期业务之前应先记入期初余额(即上期的期末余额),然后记录本期资产增加数(记借方)和本期资产减少数(记贷方)。在某一会计期间,记入借方的数额合计称为本期借方发生额,记入贷方的数额合计称为本期贷方发生额。根据每个账户的期初余额、本期借方发生额、本期贷方发生额即可计算出期末余额。本期的期末余额转入下期,即为下期的期初余额。用公式计算如下。

资产类账户期末借方余额=借方期初余额+本期借方发生额-本期贷方发生额

资产类账户的结构如图 4-1 所示。

借方	账户名称(资产类)		贷方
期初余额 ×××			
本期增加额 ×××		本期减少额	×××
	×××		×××
	×××		×××
本期借方发生额 ×××		本期贷方发生额	×××
期末余额 ×××			

图 4-1 资产类账户的结构

（二）负债及所有者权益类账户的结构

负债与所有者权益类账户的贷方记录增加额，借方记录减少额，期初余额与期末余额一般在贷方。用公式计算如下：

负债及所有者权益类账户贷方期末余额＝贷方期初余额＋本期贷方发生额－本期借方发生额

负债及所有者权益类账户的结构如图 4-2 所示。

借方		账户名称（负债及所有者权益类）		贷方
		期初余额	×××	
本期减少额	×××	本期增加额	×××	
	×××		×××	
	×××		×××	
本期借方发生额	×××	本期贷方发生额	×××	
		期末余额	×××	

图 4-2　负债及所有者权益类账户的结构

（三）成本类账户的结构

成本类账户的借方记录增加额，贷方记录减少或转出额，如有期初余额与期末余额，应在借方。

成本类账户的结构如图 4-3 所示。

借方		账户名称（成本类）		贷方
期初余额	×××			
本期增加额	×××	本期减少额或转出额	×××	
	×××		×××	
	×××		×××	
本期借方发生额	×××	本期贷方发生额	×××	
期末余额	×××			

图 4-3　成本类账户的结构

（四）损益类账户

为便于理解账户结构，把损益类账户分为收入类账户和费用、支出类账户。

1. 收入类账户的结构

从性质上讲，收入与所有者权益是同性质的，因此收入类账户的结构与所有者权益类账户的结构类似。收入类账户的贷方记录增加额，借方记录减少或转出额，期末结转后无余额。

收入类账户的结构如图 4-4 所示。

借方		账户名称（收入类）	贷方
本期减少额或转出额	×××	本期增加额	×××
	×××		×××
本期借方发生额	×××	本期贷方发生额	×××

图 4-4　收入类账户的结构

2. 费用、支出类账户

费用、支出类账户的借方记录增加额，贷方记录减少额或转出额，期末结转后无余额。费用、支出类账户的结构如图 4-5 所示。

借方		账户名称（费用、支出类）	贷方
本期增加额	×××	本期减少额或转出额	×××
	×××		×××
	×××		×××
本期借方发生额	×××	本期贷方发生额	×××

图 4-5　费用出类账户结构示意图

为便于学习，可将上述五类账户结构归纳为图 4-6 所示的样子。

借方	账户	贷方
资产、成本的期初余额		负债、所有者权益的期初余额
资产、成本、支出、费用的增加额		负债、所有者权益、收入的增加额
负债、所有者权益、收入的减少额		资产、成本、支出、费用的减少额
资产、成本的期末余额		负债、所有者权益的期末余额

图 4-6　账户结构的归纳

子任务四：掌握借贷记账法的记账规则

（一）记账规则

借贷记账法的记账规则可概括为"有借必有贷，借贷必相等"。其具体解释为：在借贷记账法下，对发生的每一笔经济业务在记入一个账户借方的同时，必然记入另一个（或几个）账户的贷方；反之，在记入一个账户贷方的同时，必然记入另一个（或几个）账户的借方。同时，记入借方账户的金额合计数与记入贷方账户的金额合计数必然相等。

那么如何运用借贷记账法的记账规则来记录发生的每项经济业务呢？下面按照借贷记账法下的记账符号和账户结构来举例说明。

【例 4-1】北方公司 2019 年 1 月 1 日有关账户的期初余额如表 4-1 所示。

表 4-1 有关账户期初余额

单位：元

资产类账户	期初余额	负债及所有者权益类账户	期初余额
库存现金	25 000	短期借款	300 000
银行存款	500 000	长期借款	375 000
应收账款	400 000	应付账款	250 000
原材料	350 000	实收资本	1 500 000
库存商品	650 000	资本公积	450 000
固定资产	1 100 000	盈余公积	400 000
无形资产	250 000		
资产合计	3 275 000	负债及所有者权益合计	3 275 000

北方公司 2019 年 1 月发生了下列业务。

（1）1 月 1 日，接银行通知收到原购货单位所欠货款 300 000 元。

该业务的发生使银行存款增加、应收账款减少，涉及"银行存款"和"应收账款"两个账户。其中，"银行存款"属于资产类账户，增加应记入借方；"应收账款"也属于资产类账户，减少应记入贷方。账户登记结果如图 4-7 所示。

借方	应收账款	贷方		借方	银行存款	贷方
		（1）300 000		（1）300 000		

图 4-7 账户登记结果（1）

（2）1 月 5 日，向东方工厂购进原材料 500 000 元，材料已验收入库，货款未付。

该业务的发生使原材料、应付账款增加，涉及"原材料""应付账款"两个账户。其中，"原材料"账户属于资产类账户，增加应记入借方；"应付账款"账户属于负债类账户，增加应记入贷方。账户登记结果如图 4-8 所示。

借方	应付账款	贷方		借方	原材料	贷方
		（2）500 000		（2）500 000		

图 4-8 账户登记结果（2）

（3）1 月 6 日，向 W 公司销售产品一批，取得收入 750 000 元，其中 500 000 元存入银行，剩余款项尚未收到（不考虑相关税费）。

该业务的发生使银行存款、应收账款、主营业务收入均增加，涉及"银行存款""应收账款"和"主营业务收入"三个账户。其中，"银行存款""应收账款"属于资产类账户，增加应记入借方；"主营业务收入"属于收入类账户，增加应记入贷方。账户登记结果如图 4-9 所示。

图 4-9　账户登记结果 (3)

（4）1月10日，用银行存款归还所欠供应单位货款 250 000 元。

该业务的发生使应付账款减少，银行存款也减少，涉及"银行存款"和"应付账款"两个账户。其中，"应付账款"属于负债类账户，减少应记入借方；"银行存款"属于资产类账户，减少应记入贷方。账户登记结果如图 4-10 所示：

图 4-10　账户登记结果 (4)

（5）1月15日，用银行存款归还短期借款 100 000 元。

该业务的发生使银行存款和短期借款同时减少，涉及"银行存款"和"短期借款"两个账户。其中，"银行存款"属于资产类账户，减少应记入贷方；"短期借款"属于负债类账户，减少应记入借方。账户登记结果如图 4-11 所示：

借方	银行存款	贷方		借方	短期借款	贷方
	（5）100 000			（5）100 000		

图 4-11　账户登记结果 (5)

（6）1月20日，生产产品领用原材料 600 000 元。

该业务的发生使生产成本增加、原材料减少，涉及"生产成本"和"原材料"两个账户。其中，"生产成本"属于成本类账户，增加应记入借方；"原材料"属于资产类账户，减少应记入贷方。账户登记结果如图 4-12 所示：

借方	原材料	贷方		借方	生产成本	贷方
	（6）600 000			（6）600 000		

图 4-12　账户登记结果 (6)

（7）1月25日，公司决定用盈余公积转增资本 250 000 元。

该业务的发生使盈余公积减少、实收资本增加，涉及"盈余公积"和"实收资本"两个账户。其中，"盈余公积"属于所有者权益类账户，减少应记入借方；"实收资本"也属于所有者权益类账户，增加应记入贷方。账户登记结果如图 4-13 所示：

借方	实收资本	贷方		借方	盈余公积	贷方
		（7）250 000		（7）250 000		

图 4-13　账户登记结果 (7)

（8）1月26日，用银行存款支付本月车间办公费 50 000 元，管理部门办公费 20 000 元。

该业务的发生使制造费用和管理费用增加、银行存款减少，涉及"制造费用""管理费用"和"银行存款"三个账户。其中，"制造费用"属于成本类账户，"管理费用"属于支出、费用类账户，增加均记入借方；"银行存款"属于资产类账户，减少应记入贷方。账户登记结果如图4-14所示。

图4-14　账户登记结果（8）

（9）1月30日，结转本月已销产品的实际生产成本500 000元。

该业务的发生使库存商品减少、主营业务成本增加，涉及"库存商品"和"主营业务成本"两个账户。其中，"库存商品"属于资产类账户，减少应记入贷方；"主营业务成本"属于支出、费用类账户，增加应记入借方。账户登记结果如图4-15所示。

借方	库存商品	贷方		借方	主营业务成本	贷方
		（9）500 000		（9）500 000		

图4-15　账户登记结果（9）

根据上述举例可以总结出在运用借贷记账法的记账规则登记账户时的思考程序，以便于初学者逐步熟悉账户结构和记账规则。对发生的每一笔经济业务，在采用借贷记账法登记账户时，可遵循以下思路：①分析该经济业务涉及哪些账户；②判断有关账户的性质，即账户类别；③分析有关账户是记录增加还是减少；④根据以上分析结果，确定应记入的账户方向与金额。

（二）账户对应关系和会计分录

1. 账户对应关系

采用借贷记账法对每项经济业务进行登记，都要在两个或两个以上的账户的借方和贷方相互联系地进行反映，这样就会使有关账户在客观上形成一种应借应贷的相互关系。账户间因此形成的应借应贷关系称为账户对应关系，发生应借应贷关系的账户称为对应账户。例如，开出现金支票6 000元，归还短期借款3 500元和前欠供货单位账款2 500元。这笔经济业务要在"短期借款"和"应付账款"账户的借方分别记录3 500元和2 500元；同时，在"银行存款"账户的贷方记录6 000元。这样"短期借款""应付账款"账户就同"银行存款"账户存在着应借应贷的关系，即"短期借款""应付账款"账户成为"银行存款"账户的对应账户。反之亦然。通过账户对应关系可了解经济业务的内容，判断账务处理的正确性。如该例，"银行存款"账户贷方减少6 000元，联系其对应账户"短期借款"和"应付账款"账户的借方减少额，就知道该经济业务的内容是用银行存款6 000元结算了对外债务。

2. 会计分录的编制

在实际工作中，会计人员为了保证账户记录的正确性，明确账户的对应关系，在把发生的各项经济业务记入账户之前，应先根据经济业务的内容，在记账凭证中指明应记入的账户名称、账户金额和方向，即编制会计分录。

会计分录简称分录，是指用来确定每项业务应借应贷账户的名称及其应记金额的记录。会计分录可以分为简单会计分录和复合会计分录。简单会计分录是一个账户的借方与另一个账户的贷方相对应的分录；复合会计分录是一个或几个账户的借方与另外几个或一个账户的贷方相对应的分录。但是，一般不宜编制多借多贷的会计分录。因为多借多贷的会计分录的账户间的对应关系模糊不清，无法清楚地了解有关经济业务内容。以上述北方公司 2019 年 1 月发生的经济业务为例，其应编制的会计分录如下。

(1) 借：银行存款　　　　　　　　　　　　　　300 000
　　　贷：应收账款　　　　　　　　　　　　　　300 000
(2) 借：原材料　　　　　　　　　　　　　　　　500 000
　　　贷：应付账款　　　　　　　　　　　　　　500 000
(3) 借：应收账款　　　　　　　　　　　　　　　250 000
　　　　银行存款　　　　　　　　　　　　　　　500 000
　　　贷：主营业务收入　　　　　　　　　　　　750 000
(4) 借：应付账款　　　　　　　　　　　　　　　250 000
　　　贷：银行存款　　　　　　　　　　　　　　250 000
(5) 借：短期借款　　　　　　　　　　　　　　　100 000
　　　贷：银行存款　　　　　　　　　　　　　　100 000
(6) 借：生产成本　　　　　　　　　　　　　　　600 000
　　　贷：原材料　　　　　　　　　　　　　　　600 000
(7) 借：盈余公积　　　　　　　　　　　　　　　250 000
　　　贷：实收资本　　　　　　　　　　　　　　250 000
(8) 借：制造费用　　　　　　　　　　　　　　　 50 000
　　　　管理费用　　　　　　　　　　　　　　　 20 000
　　　贷：银行存款　　　　　　　　　　　　　　 70 000
(9) 借：主营业务成本　　　　　　　　　　　　　500 000
　　　贷：库存商品　　　　　　　　　　　　　　500 000

子任务五：试算平衡

试算平衡是根据记账规则和会计恒等式来检查、验证日常账户记录是否正确、完整的一种方法。借贷记账法下的试算平衡有发生额试算平衡和余额试算平衡两种。

(一) 发生额试算平衡

发生额试算平衡是指一定时期全部账户借方发生额合计等于该时期内全部账户贷方发生

额合计。这是由"有借必有贷,借贷必相等"的记账规则决定的。因为对于某一会计期间内发生的每一项经济业务,在记入一个账户借方(或贷方)的同时必然记入另一个或几个账户的贷方(或借方),而且金额相等。所以其结果必然是各账户的借方发生额合计等于各账户的贷方发生额合计,用公式可表示为:

$$全部账户借方发生额合计=全部账户贷方发生额合计$$

(二)余额试算平衡

余额试算平衡是指任一会计期末全部账户借方余额合计等于该期末全部账户贷方余额合计。这是由会计恒等式决定的。因为资产类账户余额在借方,负债及所有者权益类账户的余额在贷方,所以,由会计恒等式可直接得到以下的余额试算平衡公式:

$$全部总分类账户借方期末余额合计=全部总分类账户贷方期末余额合计$$

在实际工作中,企业会计人员一般按下列步骤进行试算平衡:①期末把全部账户应记录的经济业务登记入账,并计算出各账户本期借方发生额、本期贷方发生额和期末余额;②编制"总分类账户本期发生额及余额表"进行试算平衡。下面根据【例4-1】资料进行试算平衡。

首先,将北方公司2019年1月发生的经济业务记入有关账户,并计算出各账户的本期借方发生额、本期贷方发生额和期末余额,如图4-16所示。

借	主营业务成本	贷	借	生产成本	贷
期初余额			期初余额		
(9) 500 000			(6) 600 000		
本期借方发生额 500 000	本期贷方发生额		本期借方发生额 600 000	本期贷方发生额	
期末余额 500 000			期末余额 600 000		

借	银行存款	贷	借	原材料	贷
期初余额 500 000			期初余额 350 000		
(1) 300 000	(4) 250 000		(2) 500 000	(6) 600 000	
(3) 500 000	(5) 100 000		本期借方发生额 500 000	本期贷方发生额 600 000	
	(8) 70 000		期末余额 250 000		
本期借方发生额 800 000	本期贷方发生额 420 000				
期末余额 880 000					

借	管理费用	贷	借	制造费用	贷
期初余额			期初余额		
(8) 20 000			(8) 50 000		
本期借方发生额 20 000	本期贷方发生额		本期借方发生额 50 000	本期贷方发生额	
期末余额 20 000			期末余额 50 000		

借	实收资本	贷	借	库存商品	贷
	期初余额 1 500 000		期初余额 650 000		
	(7) 250 000			(9) 500 000	
本期借方发生额	本期贷方发生额 250 000		本期借方发生额	本期贷方发生额 500 000	
	期末余额 1 750 000		期末余额 150 000		

图4-16 账户登记结果

借	盈余公积		贷
		期初余额	400 000
（7）250 000			
本期借方发生额 250 000		本期贷方发生额	
		期末余额	150 000

借	应付账款		贷
		期初余额	250 000
（4）250 000		（2）500 000	
本期借方发生额 250 000		本期贷方发生额 500 000	
		期末余额	500 000

借	短期借款		贷
		期初余额	300 000
（5）100 000			
本期借方发生额 100 000		本期贷方发生额	
		期末余额	200 000

借	主营业务收入		贷
		期初余额	
		（3）750 000	
本期借方发生额		本期贷方发生额 750 000	
		期末余额	750 000

借	应收账款		贷
期初余额 400 000			
（3）250 000		（1）300 000	
本期借方发生额 250 000		本期贷方发生额 300 000	
期末余额 350 000			

图 4-16 账户登记结果（续）

（2）根据图 4-16 即可编制北方公司一月份试算平衡表，如表 4-2 所示。

表 4-2 总分类账户本期发生额及余额试算平衡表

单位：元

账户名称	期初余额		本期发生额		期末余额	
	借方	贷方	借方	贷方	借方	贷方
库存现金	25 000				25 000	
银行存款	500 000		800 000	420 000	880 000	
原材料	350 000		500 000	600 000	250 000	
库存商品	650 000			500 000	150 000	
应收账款	400 000		250 000	300 000	350 000	
固定资产	1 100 000				1 100 000	
无形资产	250 000				250 000	
短期借款		300 000	100 000			200 000
应付账款		250 000	250 000	500 000		500 000
长期借款		375 000				375 000
实收资本		1 500 000		250 000		1 750 000
资本公积		450 000				450 000
盈余公积		400 000	250 000			150 000
主营业务收入				750 000		750 000
主营业务成本			500 000		500 000	

续表

账户名称	期初余额		本期发生额		期末余额	
	借方	贷方	借方	贷方	借方	贷方
生产成本			600 000		600 000	
制造费用			50 000		50 000	
管理费用			20 000		20 000	
合计	3 275 000	3275 000	3 320 000	3 320 000	4 175 000	4 175 000

应当指出，试算平衡表的平衡并不意味着日常账户记录完全正确，只能是基本正确，因为有些账户记录的错误很难在试算平衡中发现，这些错误包括：①借贷双方发生同等金额的记录错误；②全部漏记或重复记录同一经济业务；③账户记录发生借贷方向的错误；④用错有关账户名称。这些错误需用其他方法进行查找。

练习题

一、单选题

1. "有借必有贷，借贷必相等"的记账规则适用于（　　）。
   A. 单式记账法　　B. 收付记账法　　C. 借贷记账法　　D. 增减记账法

2. （　　）不是借贷记账法的优点。
   A. 操作简单易行　　　　　　　　B. 账户对应关系清楚
   C. 试算平衡简便　　　　　　　　D. 设置账户比较灵活

3. （　　）不符合借贷记账法的记账规则。
   A. 两项资产同时增加　　　　　　B. 资产、资本同时减少
   C. 资产、负债同时增加　　　　　D. 资产、负债同时减少

4. 在借贷记账法下，企业每一项经济业务的发生，都会影响（　　）账户金额发生增减变化。
   A. 一个　　　　B. 两个　　　　C. 两个或两个以上　D. 全部

5. 下列经济业务中，会引起资产与负债同时增加的业务是（　　）。
   A. 从银行提取现金　　　　　　　B. 用银行存款投资开办公司
   C. 从银行取得短期借款　　　　　D. 用银行存款偿还应付货款

6. 某公司收到某华侨捐赠的机器设备，该笔业务发生后该公司（　　）。
   A. 资产增加，所有者权益减少　　B. 资产和负债同时增加
   C. 资产增加，负债减少　　　　　D. 资产和所有者权益同时增加

7. 一项经济业务发生，不可能引起（　　）。
   A. 资产、资本同时增加　　　　　B. 资产、负债同时增加
   C. 资产、资本同时减少　　　　　D. 一项负债减少、一项资产增加

8. 借贷记账法下的发生额试算平衡是由（　　）决定的。

A. "有借必有贷，借贷必相等"的规则　　B. "资产=负债+所有者权益"等式

C. 平行登记　　　　　　　　　　　　D. 账户的结构

9. 我国《企业会计准则》规定企业一律采用（　　）

A. 银行资金收付记账法　　　　　　　B. 增减记账法

C. 现金收付记账法　　　　　　　　　D. 借贷记账法

10. 为了保证会计分录有清晰的账户对应关系，一般情况下不宜编制（　　）

A. 一借一贷分录　　B. 一借多贷分录　　C. 多借一贷分录　　D. 多借多贷分录

11. 资产类账户的余额一般在（　　）。

A. 借方　　　　　　B. 贷方　　　　　　C. 右方　　　　　　D. 借方或贷方

12. 借记"应付账款"账户，贷记"实收资本"账户的经济业务属于（　　）。

A. 资产内部变化　　　　　　　　　　B. 负债内部变化

C. 权益内部变化　　　　　　　　　　D. 所有者权益内部变化

13. 借记"银行存款"账户，贷记"应收账款"账户的业务，表明（　　）。

A. 债权增加　　　　B. 债务增加　　　　C. 收回债权　　　　D. 债务减少

14. 复式记账法对发生的每一笔业务都要在两个或两个以上的相互关联账户中（　　）。

A. 平行登记　　　　　　　　　　　　B. 补充登记

C. 连续登记　　　　　　　　　　　　D. 以相等金额进行登记

15. 按"有借必有贷，借贷必相等"的记账规则在账户记录经济业务后的结果是（　　）

A. 资产类账户发生额等于负债和所有者权益类账户的发生额

B. 所有账户的本期借方发生额合计等于所有账户的本期贷方发生额合计

C. 每个账户的借方发生额等于贷方发生额

D. 总分类账户的本期借方（或贷方）发生额等于所属明细账户借方（或贷方）发生额合计

16. 账户分为借贷两方，哪一方记增加、哪一方记减少，其决定的依据是（　　）

A. 采用哪种记账方式　　　　　　　　B. 账户所反映的经济内容

C. 借方登记增加数，贷方登记减少数　D. 贷方登记增加数，借方登记减少数

17. 在借贷记账法下，账户的基本结构一般分为（　　）

A. 左右两方　　　　　　　　　　　　B. 前后两部分

C. 发生额和余额两部分　　　　　　　D. 上下两部分

18. 资产类账户借方记录增加，贷方记录减少。就企业一个月的全部经济业务来讲，正确的是（　　）。

A. 每个资产账户的借方数额大于贷方数额

B. 每个资产账户的借方数额小于贷方数额

C. 资产类账户借方合计额大于、等于、小于贷方合计额都有可能出现

D. 资产类账户借方合计额必然大于贷方合计额

二、多选题

1. "资产=负债+所有者权益"是（　　）的理论基础或理论依据。
   A. 编制利润表   B. 编制资产负债表
   C. 编制现金流量表   D. 复式记账法

2. 下列属于复合分录的有（　　）。
   A. 两借三贷   B. 一借两贷   C. 一贷两借   D. 一借一贷

3. 下列情况中，（　　）不会影响借贷平衡关系。
   A. 漏记某项经济业务   B. 重记某项经济业务
   C. 颠倒记账方向   D. 某项经济业务记错账户

4. 符合借贷记账法记账规则的有（　　）。
   A. 一项资产增加，一项资本减少   B. 一项负债增加，另一项负债减少
   C. 一项资本增加，一项负债减少   D. 一项负债增加，一项资产减少

5. 借贷记账法的优点有（　　）。
   A. 账户对应关系清楚   B. 试算平衡简便
   C. 设置账户比较灵活   D. 不便于检查记录的正确性

6. 下列经济业务中，引起资产与负债同增同减的有（　　）。
   A. 以银行存款购买设备   B. 从银行提取现金，备发工资
   C. 购买设备已到，尚未付款   D. 以银行存款偿还前欠贷款

7. 下列事项应在相关账户贷方登记的有（　　）。
   A. 费用的增加   B. 收入的增加   C. 负债的增加   D. 收入的减少

8. 会计分录可以分为（　　）几种类型。
   A. 一借一贷   B. 一借多贷   C. 多借一贷   D. 多借多贷

9. 下列项目不属于借贷记账法特点的有（　　）。
   A. 以借或贷作为记账符号
   B. 以"有借必有贷，借贷必相等"作为记账规则
   C. 借贷记账法对账户要求固定分类
   D. 可以设置和运用单个以上性质的账户

10. 下列关于"有借必有贷"记账规律的错误理解有（　　）
    A. 记入一个账户的借方，必须同时记入该账户的贷方
    B. 记入一个账户的借方，必须同时记入另一个账户的贷方
    C. 记入一个账户的借方，必须同时记入另一个或几个账户的贷方
    D. 记入一个或几个账户的借方，必须同时记入另一个账户的贷方

11. 借贷记账法的试算平衡公式有（　　）
    A. 借方科目金额=贷方科目金额
    B. 借方期末余额=借方期初余额+本期借方发生额-本期贷方发生额
    C. 全部账户借方发生额合计=全部账户贷方发生额合计

D. 全部账户借方余额合计=全部账户贷方余额合计

12. 在借贷记账法下，账户的贷方用来登记（　　）

A. 资产增加、权益减少

B. 资产减少、权益增加

C. 费用成本的增加、收入的减少

D. 收入的增加及费用成本的减少或转销

三、判断题

1. 复式记账就是对每一项经济业务，都以相等的金额同时在总账及所属的明细账中进行登记的一种记账方法。（　　）

2. 一笔业务涉及的账户之间应借应贷的相互关系，称作账户的对应关系，存在对应关系的账户叫对应账户。（　　）

3. 编制复合会计分录，能够集中反映一项经济业务的全貌，并可以简化记账手续。（　　）

4. 复式记账法的基本理论依据是"收入−费用=利润"这一平衡原理。（　　）

5. 借贷记账法的记账规则是"有借必有贷，借贷必相等"。（　　）

6. 单式记账法有时即使登记在两个账户中，但这两个账户之间的记录也没有直接的联系。（　　）

7. 在借贷记账法下，借方登记增加额，贷方登记减少额。（　　）

8. 发生额试算平衡，是指某一个账户借方发生额等于贷方发生额。（　　）

9. 我国会计准则规定，所有的单位记账都采用借贷记账法。（　　）

10. 在借贷记账法下，如果某账户借方表示增加，贷方表示减少，余额就在借方。（　　）

11. 总分类账期末余额应与所属明细分类账户期末余额合计数相等。（　　）

12. 复式记账法可以反映每一项经济业务的来龙去脉。（　　）

13. 试算平衡能检查出账户的所有错误。（　　）

课后实训

实训一

目的：

练习借贷记账法。

资料：

北方公司2018年12月1日有关账户期初余额如表4-3所示。

表4-3 有关账户期初余额

单位：元

资产类账户	期初余额	负债所有者权益类账户	期初余额
库存现金	160	短期借款	40 000
银行存款	206 800	长期借款	160 000

续表

资产类账户	期初余额	负债所有者权益类账户	期初余额
应收账款	40 000	应付账款	62 960
原材料	220 000	实收资本	1 184 000
库存商品	130 000	资本公积	50 000
固定资产	900 000		
资产合计	1 496 960	负债及所有者权益合计	1 496 960

2018 年 12 月该公司发生了下列业务（不考虑相关税费）。

（1）用银行存款购入机器设备一台，价款 100 000 元。

（2）购买材料一批，价款 32 000 元。其中 20 000 元已用银行存款支付，余款暂欠，材料已验收入库。

（3）车间生产产品领用材料 112 000 元。

（4）用银行存款归还所欠供货单位货款 120 000 元。

（5）从银行提取现金 2 000 元备用。

（6）向银行借入生产周转用借款 20 000 元，已存入银行。

（7）收到购买单位前欠货款 15 000 元，其中 13 000 元存入银行，其余款项以现金收讫。

（8）销售产品一批取得收入 20 000 元，其中 15 000 元存入银行，余款尚未收回。

（9）收到投资者追加投资 50 000 元，已存入银行。

（10）用资本公积转增资本 25 000 元。

要求：

（1）开设有关账户，登记账户的期初余额。

（2）根据 2018 年 12 月业务编制会计分录，并据以登记有关账户。

（3）在各账户中结出本期发生额及期末余额，并编制试算平衡表进行试算平衡。

学习情境五

复式记账的应用——工业企业经济业务的核算

■\学习目标

掌握资金筹集过程、供应过程、生产过程、销售过程、利润形成及利润分配等业务的会计核算方法；掌握主要账户的设置和使用；能够对资金筹集过程、供应过程、生产过程、销售过程、利润形成及利润分配等业务进行会计处理；能够设置和使用工业企业会计系统的主要账户。

任务一：核算资金筹集过程业务；

任务二：核算供应过程业务；

任务三：核算生产过程业务；

任务四：核算销售过程业务；

任务五：核算财务成果业务。

■\情境描述

赵红波是财务管理专业的学生，在一次老乡聚会上，他又向学姐李梅道出了自己的困扰：上会计课的时候总是云里雾里，都说会计是做账，到底是做什么账呢？

学姐李梅笑答道："比如我们每个人都是消费者，要解决衣食住行等基本问题；企业也一样，要想盈利也必须走进市场。企业要先注册，得到市场的认可，然后要准备资金投入生产，生产完了要把产品卖出去，这样才能实现盈利的目的。会计做账就是对企业的这些行为进行处理，就像我们平时给自己的花销记流水账一样。"

赵红波听了似懂非懂地说："原来是这样，好像有点明白了，但还不是很清楚。"

李梅又笑着说："没关系，专业课就是这样，刚开始好像都是稀里糊涂的，学到后面好了。静下心来慢慢学，一定能学好。"

赵红波这回满意了："谢谢学姐，这下我放心了，原以为只有我一个人是这样，老担心学不好，现在我有信心学好了！"

情境分析

工业企业基本经济业务核算是以工业企业日常经济业务的基本顺序：资金筹集过程—供应过程—生产过程—销售过程—利润形成与利润分配过程开展的。在学习这部分内容时，应结合企业实际案例，按照这个顺序来理解相关业务的具体处理。

任务一 核算资金筹集过程业务

【问题引入】新成立的一家公司要开展生产经营活动，肯定需要大量资金，企业的资金从哪里来呢？会计上应如何进行核算呢？

提示：要回答上述问题，首先要掌握资金筹集业务的内容、需要设置的账户以及具体的账务处理。

子任务一：掌握资金筹集过程业务核算的内容

企业筹集资金主要有两大渠道。

(1) 向企业权益投资者（以下统称为"投资者"）筹集权益性资金。这形成企业的永久性资金，是企业资金的主要构成部分。按照《中华人民共和国公司法》规定，设立企业必须有法定的资本，这是保证企业正常经营的必要条件。投资者投入的资金可以是货币资金，也可以是实物形态或无形资产。权益性资金在企业最初的表现形式为实收资本和资本公积。实收资本是指企业实际收到投资者投入的资本金，是反映投资者在企业控制权力大小的资金。资本公积是投资者共同享受的权益资金。

(2) 向债权人筹集债务性资金。这形成企业的负债。债务性资金有明确的还本付息期限，并受法律保护。

企业的资金可通过发行股票、发行债券、取得借款等方式筹集。本节着重介绍投入资本的核算和银行借款的核算。

子任务二：掌握资金筹集过程业务核算应设置的账户

1. "实收资本"账户

(1) 账户性质：该账户属于所有者权益类账户；股份制企业应设置"股本"账户。

(2) 账户用途：设置该账户主要用于核算企业实际收到投资者投入企业注册资本份额的变动情况及其结果。企业收到投资者投入的资金，超过其在注册资本所占份额的部分，作为资本溢价或股本溢价，在"资本公积"账户核算，不在本账户核算。

(3) 账户结构：该账户的贷方登记投资人投资的增加额（股份制企业的"股本"账户

反映股票面值),借方登记投资者投资的减少额;期末余额在贷方,反映投资者投入企业注册资本的实有数。

(4) 明细账户:企业应按照投资人(国家、法人或个人)设置明细账户,进行明细分类核算。

2. "资本公积"账户

(1) 账户性质:该账户属于所有者权益类账户。

(2) 账户用途:设置该账户主要用于核算企业取得的资本公积变动情况。

(3) 账户结构:该账户的贷方登记企业投资者投入企业资本中超过注册资本的溢价,以及直接计入所有者权益的利得等增加的资本公积数额,借方登记按法定程序将资本公积转增注册资本或其他减少资本公积的数额;期末余额在贷方,表示企业资本公积的结余数。

(4) 明细账户:企业应按照资本公积项目设置明细账户,进行明细分类核算。

3. "短期借款"账户

(1) 账户性质:该账户属负债类账户。

(2) 账户用途:该账户用于核算企业向银行或非银行金融机构借入的用于企业经营活动、归还期在一年或超过一年的一个营业周期以内的各种借款的取得、归还情况。

(3) 账户结构:该账户贷方登记借入的各项短期借款的本金,借方登记归还的短期借款;期末余额在贷方,表示期末尚未归还的短期借款数额。

(4) 明细账户:企业应按照债权人名称设置明细账户,结合借款种类进行明细分类核算。

4. "长期借款"账户

(1) 账户性质:该账户属于负债类账户。

(2) 账户用途:该账户主要用于核算企业借入的归还期在一年或长于一年的一个营业周期以上的各种借款的取得、利息和偿还情况。

(3) 账户结构:该账户贷方登记企业取得的各种借款本金及应付未付的借款利息,借方登记到期已归还的长期借款本金和利息;期末余额在贷方,表示尚未归还的长期借款的本金及利息。

(4) 明细账户:企业应按照债权人名称设置明细账,结合借款种类进行明细分类核算。

5. "财务费用"账户

(1) 账户性质:该账户属于损益类账户。

(2) 账户用途:该账户用于核算企业为筹集生产经营资金等而发生的费用,包括利息支出(减利息收入)、汇兑损失(减汇兑总收益)以及相关的手续费等。

(3) 账户结构:该账户借方登记企业发生的财务费用,贷方登记发生的冲减财务费用的利息收入、汇兑收益;期末应将本账户的余额转入"本年利润"账户,结转后本账户无余额。

(4) 明细账户:企业应按费用项目设置明细账户,进行明细分类核算。

会计学基础

子任务三：学会资金筹集过程业务核算的会计处理

【例5-1】通达公司吸收 A 企业投入货币资金 200 000 元，存入银行。

该项业务一方面使企业银行存款增加 200 000 元，记入"银行存款"账户的借方；另一方面使企业的实收资本增加 200 000 元，应记入"实收资本"账户的贷方。

编制会计分录如下。

借：银行存款　　　　　　　　　　　　　　　　　　200 000
　　贷：实收资本——A 公司　　　　　　　　　　　　　　200 000

【例5-2】通达公司发行普通股 20 000 股，每股面值为 1 元，每股发行价为 10 元，收到款项并存入银行。

该项业务一方面使企业的银行存款增加 200 000 元，应记入"银行存款"账户的借方；另一方面代表投资者在企业的权益大小的资本增加了 20 000 元，应记入"实收资本"或"股本"账户的贷方。另外，发行价大于面值形成股本溢价 180 000 元，应记入"资本公积"账户。

编制会计分录如下。

借：银行存款　　　　　　　　　　　　　　　　　　200 000
　　贷：股本　　　　　　　　　　　　　　　　　　　　20 000
　　　　资本公积——股本溢价　　　　　　　　　　　　180 000

【例5-3】通达公司向银行借入短期借款 50 000 元，期限 3 个月，年利率为 6%，收到借款已存入银行。

该项业务一方面使企业银行存款增加 50 000 元，应记入"银行存款"账户的借方；同时使企业的负债增加 50 000 元，应记入"短期借款"账户的贷方。

编制会计分录如下。

借：银行存款　　　　　　　　　　　　　　　　　　50 000
　　贷：短期借款　　　　　　　　　　　　　　　　　　50 000

【例5-4】通达公司月末预提本月应负担的利息 250 元。

该项业务一方面使企业的利息费用增加 250 元，应记入"财务费用"账户的借方；另一方面使企业增加了一项利息债务，应记入"应付利息"账户的贷方。

编制会计分录如下。

借：财务费用　　　　　　　　　　　　　　　　　　250
　　贷：应付利息　　　　　　　　　　　　　　　　　　250

【例5-5】通达公司为购买一项设备，从银行取得一项长期借款 200 000 元存入银行，期限 2 年，年利率为 12%。

该项业务一方面使企业银行存款增加 200 000 元，应记入"银行存款"账户的借方；另一方面使企业的长期负债增加 200 000 元，应记入"长期借款"账户的贷方。

编制会计分录如下。

借:银行存款   200 000
　　贷:长期借款   200 000

注意:企业的筹资渠道有很多,这里只介绍了主要的两种;在实务中,通常对短期借款利息采取预提的方式;对长期借款的利息符合条件的,还可以进行资本化。

任务二　核算供应过程业务

【问题引入】企业筹集到资金后要组织生产,首先要准备生产产品所必需的设备和材料,作为会计人员,企业在外购设备和材料时,应该怎样进行账务处理?

提示:要解决上述问题,就要掌握供应过程业务核算的内容,以及外购固定资产业务和物资采购业务的账务处理。

子任务一:掌握供应过程业务核算的内容

企业为进行产品生产,在生产准备中应购建厂房和机器设备(即固定资产)和购买生产过程中需消耗的各种材料等。因此,本部分主要介绍固定资产购建业务(本书只讲外购固定资产业务)的核算和物资采购业务的核算。

子任务二:核算外购固定资产业务

固定资产是指使用期限超过一个会计年度的为生产产品、提供劳务、出租或经营管理而持有的有形资产。固定资产应按取得的历史成本(即原始价值)入账。从理论上讲,固定资产原价应包括固定资产达到预定可使用状态前企业所发生的一切合理的、必要的支出,包括买价、税金、运杂费、保险费和安装成本等。

(一)账户设置

1. "固定资产"账户

(1)账户性质:该账户属于资产类账户。

(2)账户用途:该账户用于核算企业固定资产原价的增减变动和结存情况。

(3)账户结构:该账户的借方登记增加的固定资产原始价值,贷方登记减少的固定资产原始价值;期末余额在借方,反映企业期末固定资产的账面原价。

(4)明细账户:企业应按固定资产类别、使用部门和每项固定资产设置明细账户,进行明细分类核算。

2. "在建工程"账户

(1)账户性质:该账户属于资产类账户。

(2)账户用途:该账户用于核算企业进行基建工程、安装工程、技术改造工程、大修理工程等发生的实际支出,包括需要安装设备的价值。

(3)账户结构:该账户的借方登记发生的各项工程实际支出数,贷方登记固定资产竣工、交付使用时的实际支出数;期末余额在借方,反映企业尚未完工的基建工程发生的各项实际支出。

(4) 明细账户：企业应按工程项目设置明细账户，进行明细分类核算。

(二) 账务处理

一般而言，外部购入是企业增加固定资产的主要渠道，包括购入不需要安装的固定资产和购入需要安装的固定资产。下面分别进行介绍。

1. 购入不需要安装的固定资产

购入不需要安装的固定资产，是指固定资产购入就交付使用，无须安装即达到预定可使用状态。固定资产应按实际支付的买价、运杂费、保险费等作为原价入账。如果是从国外进口的固定资产，固定资产入账价值还包括按规定支付的关税。

【例5-6】通达公司购入一台不需要安装的设备，增值税专用发票上注明价款为50 000元、增值税税额为6 500元，另支付包装费1 000元、运输费500元、保险费300元，款项均以银行存款付讫。

该项业务一方面使企业固定资产增加，应记入"固定资产"账户的借方；另一方面使企业银行存款减少，应记入"银行存款"账户的贷方。

编制会计分录如下。

借：固定资产——设备　　　　　　　　　　　　　　　　51 800
　　应缴税费——应缴增值税（进项税额）　　　　　　　6 500
　　贷：银行存款　　　　　　　　　　　　　　　　　　　58 300

2. 购入需要安装的固定资产

购入需要安装的固定资产，是指购入固定资产后需要安装才能达到预定可使用状态。购入需要安装的固定资产，从购入到交付使用有一个过程，而且在该过程中会陆续发生各种费用，即安装成本。因此，固定资产的原价应包括支付的买价、运杂费、保险费、进口关税和安装成本等。在会计核算中，企业购入需要安装的固定资产时发生的各项实际支出，应先通过"在建工程"账户归集，安装完毕交付时，再由"在建工程"账户转入"固定资产"账户。

【例5-7】通达公司购入需要安装的设备一台，增值税专用发票上注明价款为80 000元，增值税税额为10 400元，另支付运杂费1 000元、保险费400元，款项以存款付讫，设备已交付安装。

该项业务一方面使企业的银行存款减少，应记入"银行存款"账户的贷方；另一方面使企业在建工程增加，应记入"在建工程"账户的借方。

借：在建工程——设备　　　　　　　　　　　　　　　　81 400
　　应缴税费——应缴增值税（进项税额）　　　　　　　10 400
　　贷：银行存款　　　　　　　　　　　　　　　　　　　91 800

【例5-8】上述设备安装时领用材料1 000元（不考虑增值税），确认安装工人工资500元。设备安装调试完毕，交付使用。

安装设备时发生的安装成本记入固定资产原价。因此，该项业务一方面使企业在建工程增加，另一方面使原材料减少；另外，安装人员工资在发生时尚未支付，使企业的应付职工薪酬增加。

编制会计分录如下。

借：在建工程——设备　　　　　　　　　　　　　1 500
　　贷：原材料　　　　　　　　　　　　　　　　　　1 000
　　　　应付职工薪酬　　　　　　　　　　　　　　　　500

设备安装调试完毕时，应将已确定的固定资产原价从"在建工程"账户转入"固定资产"账户。

编制会计分录如下。

借：固定资产——设备　　　　　　　　　　　　　82 900
　　贷：在建工程——设备　　　　　　　　　　　　　82 900

子任务三：核算物资采购业务

材料物资是制造企业不可缺少的物质要素，是产品制造成本构成中的重要组成部分。企业在生产准备过程中，应储备生产过程所需要的各种材料。这些材料可以直接从外单位购进，也可以委托外单位加工，有些材料还可以自制，在此仅介绍外购材料的核算。在材料采购过程中，企业要核算和监督材料物资的买价和采购费用（包括运杂费、运输途中的合理损耗、入库前的挑选整理费和购入物资负担的税金等），确定采购成本以及与供货单位发生货款结算关系等。企业购进的材料在验收入库后即为可供生产领用的库存材料。

（一）账户设置

1. "在途物资"账户

（1）账户性质：该账户属于资产类账户。

（2）账户用途：该账户用于核算企业尚未验收入库的各种物资的采购成本。从理论上讲，采购人员的差旅费、专设采购机构的经费、市内运杂费等都应计入相应材料的采购成本，但因为企业一般很少专设采购机构，采购人员的差旅费、市内运杂费数额较小，计入材料成本手续烦琐。为简化核算手续，这些费用一般可不计入材料采购成本，可直接列作管理费用处理。

（3）账户结构：该账户借方登记尚未验收入库材料的买价和采购费用，贷方登记验收入库材料的实际采购成本；期末余额在借方，表示期末尚未到达或尚未验收入库的在途材料的实际采购成本。

（4）明细账户：企业应按照购入材料的供应单位结合材料的品种、规格分别设置明细账户，进行明细分类核算。

2. "原材料"账户

（1）账户性质：该账户属于资产类账户。

（2）账户用途：该账户用于核算企业库存材料的增减变动及其结存情况。

（3）账户结构：该账户借方登记已验收入库材料的实际采购成本，贷方登记发出或因其他原因减少材料的实际成本;期末余额在借方,表示期末库存材料的实际成本。

(4) 明细账户:企业应按购入材料的品种、规格分别设置明细账户,进行明细分类核算。

3."应付账款"账户

(1) 账户性质:该账户属于负债类账户。

(2) 账户用途:该账户用于核算企业因购买材料、物资和接受劳务供应等应付给供应单位的款项。

(3) 账户结构:该账户的贷方登记应付给供应单位的款项增加数,借方登记已偿还给供应单位的款项;期末余额在贷方,表示尚未偿还的应付账款。

(4) 明细账户:企业应按照供应单位设置明细账户,进行明细分类核算。

4."应付票据"账户

(1) 账户性质:该账户属于负债类账户。

(2) 账户用途:该账户用于核算企业对外发生债务时所开出承兑的商业汇票,包括银行承兑汇票和商业承兑汇票。

(3) 账户结构:该账户贷方登记企业开出、承兑汇票或以承兑汇票抵付货款的金额,借方登记已支付的到期汇票金额;期末余额在贷方,反映企业持有尚未到期的应付票据款。

(4) 明细账户:企业应按供应单位设置明细账户,进行明细分类核算。

5."预付账款"账户

(1) 账户性质:该账户属于资产类账户。

(2) 账户用途:该账户用于核算企业按照购货合同预先付给供应单位的款项。

(3) 账户结构:该账户借方登记按合同规定付给供应单位的货款和补付的货款,贷方登记收到所购货物的应付金额和收到退回多付的货款;期末借方余额反映企业实际预付的款项,期末贷方余额反映企业尚未补付的货款。

(4) 明细账户:企业应按供应单位设置明细账户,进行明细分类核算。

6."应缴税费"账户

(1) 账户性质:该账户属于负债类账户。

(2) 账户用途:该账户用于核算企业应缴纳的各种税费,包括增值税、消费税、城市维护建设税、企业所得税、教育费附加、地方教育附加等。

(3) 账户结构:该账户贷方登记企业按规定计算应缴纳的各种税费,借方登记实际缴纳的各种税费;期末贷方余额,反映企业应缴纳的各种税费。

(4) 明细账户:企业应按税费种类设置明细账户,进行明细分类核算。

(二) 账务处理

【例5-9】通达公司为增值税一般纳税人。公司向新星工厂购买甲材料,价款为5 000元,增值税税额为650元,对方代垫运杂费150元,均以银行存款付讫。

该项业务一方面发生材料买价5 000元、运杂费150元,二者均构成材料采购成本,应记入"在途物资"账户的借方;同时支付因购买材料发生的增值税进项税额650元,应记入"应缴税费"账户的借方。另一方面,有关款项均以存款支付,应记入"银行存款"账户的贷方。

编制会计分录如下。

借：在途物资——甲材料　　　　　　　　　　　　　5 150
　　应缴税费——应缴增值税（进项税额）　　　　　　650
　　贷：银行存款　　　　　　　　　　　　　　　　　　　5 800

【例5-10】通达公司向东方公司购进乙材料2 000千克,单价为10元,增值税税率为13%,对方代垫运杂费700元。取得了增值税专用发票,款项尚未支付。

该项业务一方面发生材料采购成本20 700元（其中买价20 000元,运杂费700元）,应记入"在途物资"账户的借方；同时由于采购材料发生进项税额2 600元（2 000×10×13%）,应记入"应缴税费"账户的借方。另一方面,发生的各项未付款使企业负债增加,应记入"应付账款"账户的贷方。

编制会计分录如下。

借：在途物资——乙材料　　　　　　　　　　　　　20 700
　　应缴税费——应缴增值税（进项税额）　　　　　2 600
　　贷：应付账款——东方公司　　　　　　　　　　　　23 300

假设上例中通达公司开出一张三个月到期、金额为23 300元的商业承兑汇票,则负债应记入"应付票据"账户的贷方。

编制会计分录如下。

借：在途物资——乙材料　　　　　　　　　　　　　20 700
　　应缴税费——应缴增值税（进项税额）　　　　　2 600
　　贷：应付票据——东方公司　　　　　　　　　　　　23 300

待三个月后通达公司承兑到期的商业汇票时,编制会计分录如下：

借：应付票据——东方公司　　　　　　　　　　　　23 300
　　贷：银行存款　　　　　　　　　　　　　　　　　　23 300

【例5-11】通达公司根据合同规定,以银行存款向东方公司预付购买乙材料的货款10 000元。

该项业务一方面使企业的银行存款减少,应记入"银行存款"账户的贷方；另一方面使企业预付账款增加,应记入"预付账款"账户的借方。

编制会计分录如下。

借：预付账款——东方公司　　　　　　　　　　　　10 000
　　贷：银行存款　　　　　　　　　　　　　　　　　　　10 000

【例5-12】接【例5-11】,通达公司收到东方公司运来的乙材料,增值税专用发票载明乙材料1 500千克,单价10元,价款15 000元,增值税税额1 950元。东方公司代垫运杂费350元。

该项业务一方面发生材料买价15 000元、运杂费350元,二者均构成物资采购成本,应记入"在途物资"账户的借方；同时，由于购买材料发生的进项税额 1 950 元，应记入"应缴税费"账户的借方。另一方面，由于购买乙材料采用预付货款方式，收到材料时应按实际应付金额 17 300 元（15 000+1 950+350）记入"预付账款"账户的贷方。

编制会计分录如下。

借：在途物资——乙材料　　　　　　　　　　　　　15 350
　　应缴税费——应缴增值税（进项税额）　　　　　 1 950
　　　贷：预付账款——东方公司　　　　　　　　　　17 300

【例 5-13】接【例 5-12】，通达公司以银行存款补付欠东方公司乙材料的货款。

该项业务一方面使预付账款增加 7 300 元（17 300-10 000），应记入"预付账款"账户的借方；同时，使银行存款减少，应记入"银行存款"账户的贷方。

编制会计分录如下：

借：预付账款——东方公司　　　　　　　　　　　　7 300
　　　贷：银行存款　　　　　　　　　　　　　　　　7 300

【例 5-14】通达公司开出一张转账支票，支付欠东方公司购买乙材料的货款 23 300 元。

该项业务一方面使企业欠东方公司的材料款减少，应记入"应付账款"账户的借方；另一方面，企业开出转账支票，使银行存款减少，应记入"银行存款"账户的贷方。

编制会计分录如下。

借：应付账款——东方公司　　　　　　　　　　　　23 300
　　　贷：银行存款　　　　　　　　　　　　　　　　23 300

【例 5-15】通达公司向华厦公司采购甲材料 2 000 千克、乙材料 1 000 千克，单价分别是 5 元、10 元，增值税税率为 13%，取得了增值税专用发票。款项以银行存款支付。

该项业务一方面发生甲、乙材料买价，构成材料采购成本，应记入"在途物资"账户的借方；同时购买材料发生的进项税额应记入"应缴税费"账户的借方。另一方面，企业银行存款减少，应记入"银行存款"账户的贷方。

编制会计分录如下。

借：在途物资——甲材料　　　　　　　　　　　　　10 000
　　　　　　——乙材料　　　　　　　　　　　　　10 000
　　应缴税费——应缴增值税（进项税额）　　　　　 2 600
　　　贷：银行存款　　　　　　　　　　　　　　　 22 600

当企业同时购进两种或两种以上材料时发生的采购费用，如果能分清对象，可以直接计入各种材料的物资采购成本；如果不能分清对象，应选择适当的分配标准在有关各种材料间进行分配，再分别计入各种材料的物资采购成本。计算公式如下：

材料的采购费用分配率＝材料的采购费用/分配标准合计

某种材料应负担的采购费用＝某种材料分配标准数×材料采购费用分配率

上式中的分配标准，可选择购入材料的重量、体积、买价、件数等，在实际工作中，可根据具体情况选择使用。

【例5-16】 接【例5-15】,通达公司以银行存款支付甲、乙材料的运杂费900元。

由于企业采购甲、乙两种材料,故支付的运杂费需要采用一定的分配标准在两种材料间进行分配。假设本例中按材料重量比例作为分配标准,则运杂费可按如下计算方法分配。

运杂费分配率=900/(2 000+1 000)=0.3;

甲材料应负担的运杂费=2 000×0.3=600(元);

乙材料应负担的运杂费=1 000×0.3=300(元)。

根据上述分配结果,编制会计分录如下。

借:在途物资——甲材料　　　　　　　　　　　　　　600
　　　　　——乙材料　　　　　　　　　　　　　　　300
　　贷:银行存款　　　　　　　　　　　　　　　　　　　900

【例5-17】 接【例5-16】,通达公司购入的甲、乙两种材料均已验收入库,结转其采购成本。

物资采购过程结束后,月末一般应编制入库材料的采购成本计算表,如表5-1所示。

表5-1　材料采购成本计算表

2019年4月　　　　　　　　　　　　　　　　　　　　　　　　　　　　　　　　单位:元

成本项目	甲材料(2 000千克)		乙材料(1 000千克)		成本合计
	总成本	单位成本	总成本	单位成本	
买价	10 000	5	10 000	10	20 000
采购及运杂费用	600	0.3	300	0.3	900
采购成本	10 600	5.3	10 300	10.3	20 900

甲、乙两种材料的采购成本确定后,应从"在途物资"账户的贷方转入"原材料"账户的借方。

编制会计分录如下。

借:原材料——甲材料　　　　　　　　　　　　　　10 600
　　　　——乙材料　　　　　　　　　　　　　　　10 300
　　贷:在途物资——甲材料　　　　　　　　　　　　　10 600
　　　　　　——乙材料　　　　　　　　　　　　　10 300

注意:

(1)商品流通企业在商品采购过程中发生的采购费用应当计入存货采购成本;也可以先进行归集,期末根据所购商品的存销情况进行分摊。

(2)本书只讨论存货实际成本法的核算,在今后的学习中还将讨论计划成本法,那时将会用到"材料采购"账户。

(3)企业预付款业务不多的,也可以不设置"预付账款"账户,而在"应付账款"账户的借方核算。

任务三 核算生产过程业务

【问题引入】生产产品所必需的设备和材料已经购置妥当，接下来就是开始组织生产了。对于一般的工业企业而言，产品成本具体包含什么内容？怎样进行会计核算呢？

提示：要回答上述问题，需要掌握生产过程核算的内容、需要设置的账户以及具体的账务处理。

子任务一：掌握生产过程业务核算的内容

产品制造企业经营活动的主要阶段是生产过程，这既是物化劳动和活劳动的消耗过程，又是价值的创造过程。在这一过程中，一方面，劳动者借助于劳动资料对劳动对象进行加工，制造出满足社会需要的各种产品；另一方面，在制造产品时必然发生各种耗费，如消耗各种材料，支付工资，以及厂房、机器、设备等折旧。这些耗费是在消耗商品、提供劳务等日常活动中所发生的经济利益的流出，也称费用。费用按产品进行对象化后构成生产成本或期间费用。生产成本是指企业为生产一定种类和数量的产品所发生的各种费用的总和，须按一定数量和种类的产品进行归集。另外一部分在生产过程中发生的，与制造产品没有直接关系的费用，即为期间费用，可直接计入当期损益。

生产成本按其成本构成项目分为直接材料、直接人工和制造费用。

（1）直接材料是指为生产产品并构成产品实体而耗用的原料、主要材料以及有助于产品形成的辅助材料等。

（2）直接人工是指企业直接从事产品生产工人的工资总额以及按产品生产工人工资总额一定比例计提的职工福利费。

（3）制造费用是指企业各生产车间为组织和管理生产所发生的、应计入产品成本的各项间接费用，包括生产车间管理人员的工资和福利费、生产用固定资产的折旧费、修理费、办公费、水电费等。

子任务二：掌握生产过程业务核算应设置的账户

1. "生产成本"账户

（1）账户性质：该账户属于成本类账户。

（2）账户用途：该账户用于核算企业进行工业性生产，包括生产各种产品（如产成品、自制半成品、提供劳务等）、自制材料、自制工具、自制设备等所发生的各项生产费用。

（3）账户结构：该账户借方登记企业为制造产品发生的直接费用（如直接材料、直接人工）以及应由产品成本负担的间接费用分配数，贷方登记已经生产完成并验收入库的产品以及自制半成品等实际成本；期末借方余额，反映企业尚未加工完成的各项在产品的成本。

（4）明细账户：企业应按生产产品的种类设置明细账户，进行明细分类核算。

2. "制造费用"账户

（1）账户性质：该账户属于成本类账户。

（2）账户用途：该账户用于核算生产车间为生产产品和提供劳务而发生的各项间接费用，包括工资和福利费、折旧费、管理费、办公费、水电费、机物料消耗、劳动保护费、季节性和修理期间的停工损失等。

（3）账户结构：该账户借方登记各项间接费用的发生数，贷方登记分配计入有关成本计算对象的间接费用；除季节性生产外，该账户期末无余额。

（4）明细账户：企业应按不同的车间、部门设置明细账户，进行明细分类核算。

3."管理费用"账户

（1）账户性质：该账户属于损益类账户。

（2）账户用途：该账户用于核算企业为组织和管理企业生产经营所发生的管理费用，包括企业的董事会和行政管理部门在企业的经营管理中发生的，或者由企业统一负担的公司经费（包括行政管理部门职工工资、修理费、物料消耗、低值易耗品摊销、办公费和差旅费等）、工会经费、技术转让费、董事会会费、聘请中介机构费、咨询费、诉讼费、业务招待费、研究费用、排污费等。

（3）账户结构：该账户借方登记发生的各项管理费用，贷方登记冲减和转入"本年利润"的管理费用；期末结账后该账户无余额。

（4）明细账户：企业应按费用项目设置明细账户，进行明细分类核算。

4."应付职工薪酬"账户

（1）账户性质：该账户属于负债类账户。

（2）账户用途：该账户用于核算企业应付给职工的工资总额（包括各种工资、奖金、津贴等），以及由此形成的企业与职工之间的工资结算情况。

（3）账户结构：该账户贷方登记企业应付职工工资数，借方登记实际支付给职工的工资数以及代扣款项；期末一般无余额，如有贷方余额，则表示期末应付给职工而未付的工资。

（4）明细账户：企业应按"工资""职工福利""社会保障费""住房公积金""工会经费""职工教育经费"等设置明细账户，进行明细分类核算。

5."累计折旧"账户

（1）账户性质：该账户属于资产类备抵账户。

（2）账户用途：该账户用于反映固定资产因磨损而减少的价值。

（3）账户结构：该账户性质上虽属于资产类账户，但由于其核算"固定资产"（资产类账户）减少的内容，因而账户结构与资产类账户结构登记方向相反。该账户贷方登记按月计提固定资产损耗的价值（即折旧费用数额），借方登记折旧费用的减少或转销数；期末余额在贷方，表示现有固定资产已提折旧费用的累计数。

（4）明细账户：企业应按照固定资产的类别、品种设置明细账户，进行明细核算。

6."库存商品"账户

（1）账户性质：该账户属于资产类账户。

（2）账户用途：该账户用于核算企业各种库存产成品实际成本的增减变动和结存情况。

(3) 账户结构：该账户借方登记生产完工验收入库的产成品的实际成本，贷方登记出库产品的实际成本；期末余额在借方，表示库存产成品的实际成本。

(4) 明细账户：企业可按照产成品的种类和规格设置明细账户，进行明细分类核算。

子任务三：学会生产过程业务核算的会计处理

(一) 直接费用的核算

【例5-18】通达公司生产A、B两种产品，某日领料情况如表5-2所示。

表5-2 领料单

项目	甲材料		乙材料		丙材料		合计/元
	数量/千克	金额/元	数量/千克	金额/元	数量/千克	金额/元	
生产A产品耗用	100	10 500	50	30 000			40 500
生产B产品耗用	50	5 250	10	6 000			11 250
合计	150	15 750	60	36 000			51 750

该项业务一方面使库存材料减少51 750元，应记入"原材料"账户的贷方；另一方面使A、B产品生产成本增加51 750元，应记入"生产成本"账户的借方。

编制会计分录如下。

借：生产成本——A　　　　　　　　　　　　　　　　　40 500
　　　　　　——B　　　　　　　　　　　　　　　　　11 250
　　贷：原材料——甲材料　　　　　　　　　　　　　　15 750
　　　　　　——乙材料　　　　　　　　　　　　　　　36 000

【例5-19】通达公司15日根据工资分配表分配上月工资费用，相关计算、分配资料如下：生产A产品工人工资为8 000元；生产B产品工人工资为4 000元；行政管理部门人员工资为1 000元。生产A、B产品工人的工资属于直接生产费用，应记入"生产成本"账户的借方；行政管理部门人员的工资记入"管理费用"账户的借方。将工资记入生产费用的同时，形成了企业对职工的工资负债，应记入"应付职工薪酬"账户的贷方。

编制会计分录如下。

借：生产成本——A　　　　　　　　　　　　　　　　　8 000
　　　　　　——B　　　　　　　　　　　　　　　　　4 000
　　管理费用　　　　　　　　　　　　　　　　　　　　1 000
　　贷：应付职工薪酬　　　　　　　　　　　　　　　　13 000

【例5-20】接【例5-19】，通达公司根据历史经验，按工资总额的14%计提职工福利费。

按生产工人的工资总额计算的职工福利费一方面形成生产费用1 680元（8 000×14% + 4 000×14%），应记入"生产成本"账户的借方；另一方面使企业的应付职工薪酬增加1 680元，应记入"应付职工薪酬"账户的贷方。

借：生产成本——A   1 120
       ——B   560
  管理费用   140
  贷：应付职工薪酬   1 820

（二）制造费用的归集与分配

制造费用是企业产品制造过程中发生在车间的、为组织管理生产和为生产服务而发生的共同间接生产费用。制造费用主要包括用于车间一般消耗的原材料、燃料、动力费以及车间技术管理人员工资和发生在车间范围内的办公费、水电费、劳动保护费、固定资产折旧费等。如果企业只生产一种产品，则一切生产费用均属直接费用，通过"生产成本"账户核算；如果企业生产两种以上产品，则应对直接、间接发生费用分别进行归集和分配，以便正确计算各种产品的生产成本。

【例5-21】通达公司车间领用丙材料10吨，单价为110元，共计1 100元，用于一般耗费。会计部门根据仓库、车间转来的"领料单"审核无误，予以核算。

车间一般耗费的丙材料属于车间间接生产费用，反映本月制造费用的增加，应记入"制造费用"账户的借方；同时，领取材料使得仓库材料减少，应记入"原材料"账户的贷方。

编制会计分录如下。

借：制造费用   1 100
  贷：原材料   1 100

【例5-22】通达公司车间本月发生办公费1 000元，用银行存款支付。

车间发生的办公费1 000元属车间间接生产费用，反映本月制造费用的增加，应记入"制造费用"账户的借方；同时支付费用使银行存款减少1 000元，应记入"银行存款"账户的贷方。

编制会计分录如下。

借：制造费用   1 000
  贷：银行存款   1 000

【例5-23】通达公司根据"工资分配表"分配本月车间技术及管理人员工资5 000元。

车间技术及管理人员的工资5 000元属于间接生产费用，反映本月制造费用的增加，应记入"制造费用"账户的借方；将工资计入生产费用的同时，形成了企业对职工的工资负债，应反映应付职工薪酬增加5 000元，记入"应付职工薪酬"账户的贷方。

编制会计分录如下。

借：制造费用   5 000
  贷：应付职工薪酬   5 000

【例5-24】接【例5-23】，通达公司计提本月车间技术及管理人员的职工福利费（福利费计提比例为14%）。

按照车间技术及管理人员的工资计提的职工福利费700（5 000×14%）元属间接生产

费用，反映本月制造费用的增加，应记入"制造费用"账户的借方；将职工福利费计入生产费用的同时，形成了企业对职工的负债，应记入"应付职工薪酬"账户的贷方。

编制会计分录如下：

借：制造费用　　　　　　　　　　　　　　　　　　　　700
　　贷：应付职工薪酬　　　　　　　　　　　　　　　　　　700

【例5-25】通达公司计提本月车间用固定资产折旧800元。

计提的车间用固定资产折旧费属于间接生产费用，反映本月制造费用的增加，应记入"制造费用"账户的借方；同时，计提折旧说明固定资产价值发生了磨损，应反映固定资产价值的减少，记入"累计折旧"账户的贷方。

编制会计分录如下：

借：制造费用　　　　　　　　　　　　　　　　　　　　800
　　贷：累计折旧　　　　　　　　　　　　　　　　　　　　800

【例5-26】通达公司下设一职工食堂，每月根据在岗职工数量和岗位分布情况、相关历史经验数据等计算需要补贴食堂的金额，从而确定企业每期因职工食堂而需要承担的福利费金额。公司生产车间共10人，每个职工每月需补贴食堂100元。

因生产车间工人发生的食堂补贴，反映为本月制造费用的增加，应记入"制造费用"账户的借方；同时该笔支出属于工人的福利费支出，应记入"应付职工薪酬"账户的贷方。

编制会计分录如下：

借：制造费用　　　　　　　　　　　　　　　　　　　　1 000
　　贷：应付职工薪酬　　　　　　　　　　　　　　　　　　1 000

在实际工作中，间接生产费用是在"制造费用"账户中进行归集的。间接生产费用的分配就是对制造费用的分配，其分配原理与原材料采购中间接采购费用的分配原理相似，其分配涉及以下三个步骤。

（1）确定分配标准。

在生产过程中发生的间接费用（即制造费用）一般采用生产工人工时或生产工人工资标准进行分配。企业在选择费用分配标准时必须慎重，为了保证产品成本计算的可比性，间接费用分配标准一经确定，不宜经常变动。

（2）计算间接费用分配率。

间接费用分配率的计算公式如下：

$$制造费用分配率 = 制造费用总额 / 确定的分配标准总额$$

（3）按产品计算对象分配间接费用。

某种产品应分配的制造费用的计算公式如下：

$$某种产品应分配的制造费用 = 某种产品的分配标准数 \times 制造费用分配率$$

将制造费用分配到各产品对象后，会计上应将"制造费用"账户的借方本期发生净额，全部转入各成本计算对象（产品）的"生产成本"账户，以便确定该成本计算对象本期的生产总成本。

【例5-27】通达公司本月A产品的生产工时为12 000小时,B产品的生产工时为8 000小时,本月制造费用总额为9 600元。该公司按生产工时标准对制造费用进行分配,计算A产品和B产品应负担的制造费用。

制造费用分配率=制造费用总额/生产工人工时总额=9 600/(12 000+8 000)=0.48;
A产品应负担的制造费用=12 000×0.48=5 760(元);
B产品应负担的制造费用=8 000×0.48=3 840(元)。
编制会计分录如下。

借:生产成本——A　　　　　　　　　　　　　　　　　　　5 760
　　　　　　——B　　　　　　　　　　　　　　　　　　　3 840
　　贷:制造费用　　　　　　　　　　　　　　　　　　　　9 600

【例5-28】月终,通达公司本月生产的A、B产品全部完工,验收入库。已知归集的A产品成本为55 380元,归集的B产品成本为19 650元。

结转完工产品成本,使企业库存商品增加,应记入"库存商品"账户的借方;同时,完工验收入库,使企业生产成本减少,应记入"生产成本"账户的贷方。

编制会计分录如下。

借:库存商品——A　　　　　　　　　　　　　　　　　　　55 380
　　　　　　——B　　　　　　　　　　　　　　　　　　　19 650
　　贷:生产成本——A　　　　　　　　　　　　　　　　　　55 380
　　　　　　　——B　　　　　　　　　　　　　　　　　　19 650

注意:
(1)"生产成本"账户如果期末有借方余额,表示期末未完工产品的实际生产成本;
(2)"累计折旧"账户是"固定资产"账户的备抵账户,二者的账户结构相反。

任务四　核算销售过程业务

【问题引入】作为企业,只有将生产的产品销售出去才能取得收入,进而赚取利润。作为会计,怎样进行销售过程业务的账务处理呢?

提示:要回答上述问题,需要掌握销售过程业务核算的具体内容,掌握销售收入、成本及费用的具体账务处理。

子任务一:掌握销售过程业务核算的内容

产品销售过程既是产品价值的实现过程,也是企业再生产过程的最后阶段。在这个过程中,企业主要的经济业务有:①企业将库存商品销售给购买单位,并按销售价格向购买单位收取货款。企业通过产品销售收回销售货款,形成企业的主营业务收入。②企业应结转已销售产品的成本。③企业应按国家的有关税法规定,计算并缴纳各种税费,如增值税、城市维护建设税、教育费附加等。④企业应确认因销售业务而发生的各项费用,如广告费、展览费等。

子任务二：核算销售收入

(一) 账户设置

1. "主营业务收入"账户

(1) 账户性质：该账户属于损益类账户。

(2) 账户用途：该账户用于核算企业销售产品，包括销售产成品、自制半成品、工业性劳务等所实现的收入。

(3) 账户结构：该账户贷方登记本期实现的主营业务收入，借方登记本期因销售退回、销售折让冲减的主营业务收入和各月末结转到"本年利润"的主营业务收入净额；期末结转后该账户无余额。

(4) 明细账户：企业应按照产品类别（或劳务类别）设置明细账户，进行明细分类核算。

2. "其他业务收入"账户

(1) 账户性质：该账户属于损益类账户。

(2) 账户用途：该账户用于核算企业从事主营业务以外的其他业务所发生的收入，如零星调剂让售材料、出租固定资产和包装物、转让技术、提供运输等非工业性劳务作业等所得的收入等。

(3) 账户结构：该账户贷方登记本期实现的其他业务收入，借方登记其他业务收入的减少；期末结转后该账户无余额。

(4) 明细账户：企业应按照收入的取得来源设置明细账户，进行明细分类核算。

3. "应收账款"账户

(1) 账户性质：该账户属于资产类账户。

(2) 账户用途：该账户用于核算企业因销售产品、材料、提供劳务等业务向购货单位或接受劳务单位收取的款项，包括销售货款、应收的增值税税款及代垫费用等。

(3) 账户结构：该账户借方登记企业由于赊销产品而发生的应收款项，贷方登记已收回或转销的应收账款；期末余额在借方，表示尚未收回的应收账款余额。

(4) 明细账户：企业应按照不同的购货单位设置明细账户，进行明细分类核算。

4. "应缴税费——应缴增值税"账户

在实际工作中，该账户的核算内容比较复杂，在专业会计中有详细介绍，本章只介绍其基本核算内容。

(1) 账户性质：该账户属于负债类账户。

(2) 账户用途：该账户用于核算企业增值税的计算、抵扣和上缴情况。

(3) 账户结构：该账户借方登记应由增值税销项税额抵扣的增值税进项税和已上缴的增值税税额，贷方登记本期销售货物形成的增值税销项税额；期末余额若在贷方，表示企业应向国家上缴而未缴的增值税，期末余额若在借方，表示本期应结转下期由下期增值税销项税额抵扣的增值税进项税额结余数。

另外，企业在销售产品时，有时会发生预收货款业务。预收的货款在企业销售成立之前，表现为一项负债，应设置"预收账款"账户单独核算。如果企业预收货款业务不多，可将预收的账款反映在"应收账款"账户中。这样会使"应收账款"账户核算内容的性质发生变化，因此在这种情况下，企业应加强对应收账款各明细账户的管理与核算。

(二) 账务处理

【例5-29】通达公司8日出售300件A产品给飞达公司，每件售价700元，开出增值税专用发票，增值税税率为13%，货款及增值税已收到存入银行。

该项业务一方面使企业银行存款增加237 300元（其中产品销售收入210 000元，应缴增值税销项税额27 300元），应记入"银行存款"账户的借方；另一方面，增加产品销售收入210 000元，应记入"主营业务收入"账户的贷方，应缴增值税销项税额27 300元，应记入"应缴税费"账户的贷方。

编制会计分录如下。

借：银行存款　　　　　　　　　　　　　　　　237 300
　　贷：主营业务收入——A产品　　　　　　　　　210 000
　　　　应缴税费——应缴增值税（销项税额）　　　27 300

【例5-30】通达公司10日出售200件B产品给通业公司，每件售价1 000元，开出增值税专用发票，增值税税率为13%，货已发出，用支票支付代垫运杂费1 000元。已办妥托收手续，货款尚未收到。

该项经济业务一方面由于货款未收到，所以应收账款增加227 000元（其中产品销售收入200 000元，应缴增值税销项税额26 000元，应收代垫运费1 000元），应记入"应收账款"账户的借方；另一方面，企业增加产品销售收入200 000元，应记入"主营业务收入"账户的贷方，应缴增值税销项税额26 000元，应记入"应缴税费"账户的贷方，支付代垫运费1 000元，应记入"银行存款"账户的贷方。

编制会计分录如下。

借：应收账款——通业公司　　　　　　　　　　227 000
　　贷：主营业务收入——B产品　　　　　　　　　200 000
　　　　应缴税费——应缴增值税（销项税额）　　　26 000
　　　　银行存款　　　　　　　　　　　　　　　　1 000

【例5-31】通达公司销售材料500千克，单价为20元，增值税为1 300元，款项已通过银行收回。

该项业务一方面由于公司销售材料获得收入，应记入"其他业务收入"账户的贷方；同时，由于销售材料而发生的增值税销项税额，应记入"应缴税费"账户的贷方。另一方面，货款已收到，应记入"银行存款"的借方。

编制会计分录如下。

借：银行存款　　　　　　　　　　　　　　　　11 300

  贷：其他业务收入   10 000
    应缴税费——应缴增值税（销项税额）   1 300

子任务三：核算销售成本、费用

  根据会计核算的配比原则，与一个会计期间收入相关的成本、费用，应当在同一会计期间内确认、计量、记录，以计算本期损益。以下介绍在销售过程中发生的成本、费用的核算。

（一）账户设置

  1. "主营业务成本"账户

  （1）账户性质：该账户属于损益类账户。

  （2）账户用途：该账户用于核算企业因销售商品、提供劳务等日常活动而发生的实际成本。

  （3）账户结构：该账户借方登记已销售商品的成本，贷方登记本期因发生销售退回而冲减的主营业务成本和期末转入"本年利润"的当期销售商品成本；期末结转后该账户无余额。

  （4）明细账户：企业应按照主营业务的种类设置明细账户，进行明细分类核算。

  2. "税金及附加"账户

  （1）账户性质：该账户属于损益类账户。

  （2）账户用途：该账户用于核算企业经营活动应负担的税金及附加，包括消费税、城市维护建设税、资源税和教育费附加等。

  （3）账户结构：该账户借方登记企业按照规定计算应负担的税金及附加，贷方登记减免退回的税金及附加；期末结转后该账户无余额。

  3. "其他业务成本"账户

  （1）账户性质：该账户属于损益类账户。

  （2）账户用途：该账户用于核算企业除主营业务成本以外的其他业务所发生的支出，包括销售材料、提供劳务等而发生的相关成本、费用，以及相关税金及附加等。

  （3）账户结构：该账户借方登记企业发生的其他业务成本，贷方登记其他业务成本转入"本年利润"的数额；期末结转后该账户无余额。

  （4）明细账户：企业应按其他业务的种类设置明细账户，进行明细分类核算。

  4. "销售费用"账户

  （1）账户性质：该账户属于损益类账户。

  （2）账户用途：该账户用于核算企业在销售商品过程中发生的费用，包括运输费、装卸费、包装费、保险费、展览费、广告费，以及为销售本企业商品而专设的销售机构的职工工资及福利费、业务费等经营费用。

  （3）账户结构：该账户借方登记企业发生的各种销售费用，贷方登记企业转入"本年利润"账户的销售费用；期末结转后该账户无余额。

  （4）明细账户：企业应按费用项目设置明细账户，进行明细分类核算。

5. "应缴税费"账户

(1) 账户性质：该账户属于负债类账户。

(2) 账户用途：该账户用于核算企业在经营过程中发生的税费，包括增值税、消费税、城市维护建设税、教育费附加和地方教育附加等。

(3) 账户结构：该账户贷方登记应缴纳的各项税费，借方登记已缴纳的各项税费；期末贷方余额，表示企业应缴未缴的各项税费。

(4) 明细账户：企业应根据不同税种设置明细账户，进行明细分类核算。

(二) 账务处理

【例5-32】通达公司汇总本月已销售A产品300件，单位成本为400元；销售B产品200件，单位成本为700元。月末结转已销售产品成本。

该项业务一方面使主营业务成本增加，应记入"主营业务成本"账户的借方，另一方面使库存商品减少，应记入"库存商品"账户的贷方。

编制会计分录如下。

借：主营业务成本——A　　　　　　　　　　　　　　120 000
　　　　　　　　——B　　　　　　　　　　　　　　140 000
　　贷：库存商品——A　　　　　　　　　　　　　　120 000
　　　　　　　　——B　　　　　　　　　　　　　　140 000

【例5-33】通达公司月末计算应缴纳消费税20 000元，教育费附加5 000元。

该项业务一方面使企业税金及附加增加，应记入"税金及附加"账户的借方；另一方面使企业的应缴税费也增加，应记入"应缴税费"账户的贷方。

编制会计分录如下。

借：税金及附加　　　　　　　　　　　　　　　　　25 000
　　贷：应缴税费——应缴消费税　　　　　　　　　20 000
　　　　　　　　——应缴教育费附加　　　　　　　5 000

【例5-34】通达公司本月应付销售人员工资5 000元，并根据历史经验按照工资的14%计提福利费。

该项业务一方面使企业的销售费用增加5 700元（5 000+5 000×14%），应记入"销售费用"账户的借方；另一方面使公司的应付职工薪酬增加，应记入"应付职工薪酬"的贷方。

编制会计分录如下。

借：销售费用　　　　　　　　　　　　　　　　　　5 700
　　贷：应付职工薪酬　　　　　　　　　　　　　　5 700

【例5-35】通达公司以银行存款支付应由本单位负担的销售产品运输费1 300元。

该项经济业务一方面使销售费用增加，应记入"销售费用"账户的借方；另一方面使银行存款减少，应记入"银行存款"账户的贷方。

编制会计分录如下。

借：销售费用　　　　　　　　　　　　　　　　　　1 300

　　　　贷：银行存款　　　　　　　　　　　　　　　　　　　　　　1 300

【例5-36】 月末结转已售材料成本9 000元，应缴消费税500元。

　　该项业务一方面使其他业务成本增加9 500元，应记入"其他业务成本"账户的借方，另一方面使库存材料减少9 000元、应缴税费增加500元，应记入"原材料""应缴税费"账户的贷方。

　　编制会计分录如下。

　　借：其他业务成本　　　　　　　　　　　　　　　　　　9 500
　　　　贷：原材料　　　　　　　　　　　　　　　　　　　　　　9 000
　　　　　　应缴税费——应缴消费税　　　　　　　　　　　　　　500

任务五　核算财务成果业务

　　【问题引入】 企业将生产的产品销售出去，赚取了利润。作为会计人员，怎样计算企业一定时期的净利润？对于净利润应该如何分配？

　　提示：要回答上述问题，需要掌握财务成果业务核算的具体内容，以及利润形成、利润分配业务的具体账务处理。

子任务一：掌握财务成果业务的核算内容

　　财务成果是指企业在一定时期内进行生产经营活动最终在财务上所实现的结果，即利润总额或净利润，是将一定期间的各项收入与各项费用支出相抵后形成的最终经营成果。当收入大于费用时为盈利，当费用大于收入时为亏损。净利润是指企业一定期间的利润总额扣除企业所得税后的财务成果。

　　利润总额由营业利润、营业外收支净额两部分组成。按其构成的不同层次可将其分解为以下各项指标：

$$利润总额 = 营业利润 + 营业外收入 - 营业外支出$$

其中：

$$营业利润 = 营业收入 - 营业成本 - 税金及附加 - 销售费用 - 管理费用 - 财务费用 - 资产减值损失 + 公允价值变动收益 + 投资收益$$

$$营业收入 = 主营业务收入 + 其他业务收入$$

$$营业成本 = 主营业务成本 + 其他业务成本$$

$$投资收益 = 投资收入 - 投资损失$$

　　企业实现的利润，首先应按规定的税率计算并缴纳企业所得税。利润总额扣除企业所得税后为净利润或税后利润。税后利润留归投资者，按照有关法律或公司章程的规定进行分配，其分配程序一般为：弥补以前年度亏损、提取法定盈余公积和任意盈余公积、向投资者分配利润等。

　　因此，确定企业利润的形成和对利润的分配就构成了企业财务成果核算的主要内容。

子任务二：核算利润形成业务

（一）账户设置

1. "本年利润"账户

（1）账户性质：该账户属于所有者权益类账户。

（2）账户用途：该账户用于核算企业在年度内实现的净利润（或发生的净亏损）。

（3）账户结构：该账户贷方登记期末从各收入类账户转入的本期各项收入，借方登记期末从各费用类账户转入的本期各项费用。将收入与费用相抵后，如果收入大于费用即为贷方余额，表示本期实现的净利润；如果费用大于收入即为借方余额，表示本期实现的净亏损。年度结转后该账户无余额。

2. "营业外收入"账户

（1）账户性质：该账户属于损益类账户。

（2）账户用途：该账户用于核算企业发生的与其生产经营活动无直接关系的各项收入，如现金盘盈净收入、处置固定资产净收益、罚没净收入等。

（3）账户结构：该账户贷方登记企业发生的各项营业外收入，借方登记企业期末转入"本年利润"账户的金额；期末结转后该账户无余额。

（4）明细账户：企业可以按收入项目设置明细分类账户，进行明细分类核算。

3. "营业外支出"账户

（1）账户性质：该账户属于损益类账户。

（2）账户用途：该账户用于核算企业发生的与其生产经营活动无直接关系的各项支出，如固定资产盘亏净损失、处置固定资产净损失、对外捐赠支出、罚款支出、非常损失等。

（3）账户结构：该账户借方登记企业发生的各项营业外支出，贷方登记企业期末转入"本年利润"账户的金额；期末结转后该账户无余额。

（4）明细账户：企业可以按支出项目设置明细分类账户，进行明细分类核算。

4. "所得税费用"账户

（1）账户性质：该账户属于损益类账户。

（2）账户用途：该账户用于核算企业按规定从本期损益中减去的所得税费用。

（3）账户结构：该账户借方登记企业当期确认的企业所得税，贷方登记企业期末转入"本年利润"账户的金额；期末结转后该账户无余额。

（二）账务处理

【例5-37】由于对方单位违约，通达公司通过银行收取违约金3 000元。

该项业务一方面使企业增加3 000元的营业外收入，记入"营业外收入"账户的贷方，另一方面增加3 000元银行存款，记入"银行存款"账户的借方。

编制会计分录如下。

借：银行存款　　　　　　　　　　　　　　　　　　　　　3 000

  贷：营业外收入   3 000

【例5-38】通达公司以银行存款向慈善机构捐赠5 000元。

  该项业务一方面使企业营业外支出增加5 000元，应记入"营业外支出"账户的借方，另一方面使企业银行存款减少5 000元，应记入"银行存款"账户的贷方。

  编制会计分录如下。

  借：营业外支出   5 000
    贷：银行存款   5 000

【例5-39】通达公司月末将本期各项收入结转到本年利润。根据销售业务资料，涉及企业收入的有关账户及余额如下："主营业务收入"账户贷方余额为410 000元；"其他业务收入"账户贷方余额为10 000元；"营业外收入"账户贷方余额为3 000元。

  该项业务一方面由于收入发生都是在账户的贷方登记，当期末结转时，应从相反方向即借方结转，应借记各收入账户；另一方面，当收入结转到本年利润时，应贷记"本年利润"账户。

  编制会计分录如下。

  借：主营业务收入   410 000
    其他业务收入   10 000
    营业外收入   3 000
    贷：本年利润   423 000

【例5-40】通达公司月末将本期各项成本费用结转到本年利润。根据销售业务资料，涉及企业成本费用的有关账户及余额如下："主营业务成本"账户借方余额为260 000元；"税金及附加"账户借方余额为25 000元；"其他业务成本"账户借方余额为9 500元；"营业外支出"账户借方余额为5 000元；"管理费用"账户借方余额为1 140元；"销售费用"账户借方余额为7 000元；"财务费用"账户借方余额为250元。

  该项业务一方面由于费用成本等的发生都在其账户的借方登记，当结转这些费用账户时，应从相反方向即贷方结转，应贷记各费用账户；另一方面，当成本费用结转到本年利润时，应借记"本年利润"账户。

  编制会计分录如下。

  借：本年利润   307 890
    贷：主营业务成本   260 000
      税金及附加   25 000
      其他业务成本   9 500
      营业外支出   5 000
      管理费用   1 140
      销售费用   7 000
      财务费用   250

  结合【例5-39】和【例5-40】，比较"本年利润"账户借方发生额与贷方发生额，即可得出本期的利润总额：通达公司当月利润总额＝423 000－307 890＝115 110（元）。

因此，【例5-39】与【5-40】中的两笔分录可合写成一笔，即同时结转本期收入及费用，分录如下。

  借：主营业务收入   410 000
    其他业务收入   10 000
    营业外收入   3 000
    贷：主营业务成本   260 000
      税金及附加   25 000
      其他业务成本   9 500
      营业外支出   5 000
      管理费用   1 140
      销售费用   7 000
      财务费用   250
      本年利润   115 110

【例5-41】通达公司当月按税法规定计算的应纳税所得额与会计利润总额是一致的，期末按25％的税率计算本期所得税费用。企业应缴的所得税为28 777.5元。按此金额确认当期所得税费用。

该项业务一方面使企业所得税费用增加28 777.5元，应记入"所得税费用"账户的借方；另一方面，使企业应缴税费增加28 777.5元，应记入"应缴税费"账户的贷方。

编制会计分录如下。

  借：所得税费用   28 777.5
    贷：应缴税费——应缴所得税   28 777.5

【例5-42】接【例5-41】，将上述所得税费用结转到本年利润。

该项业务由于企业所得税费用的增加使本年利润减少28 777.5元，应形成对本年利润的冲减。

编制会计分录如下。

  借：本年利润   28 777.5
    贷：所得税费用   28 777.5

因此，通达公司当月实现的净利润＝115 110－28 777.5＝86 332.5（元）。

子任务三：核算利润分配业务

（一）利润分配的原则

企业当期实现的净利润，并不是全部分配给投资者，企业还要考虑今后生产发展的需要和有可能遇到的风险。因此，企业应将实现的净利润按照国家规定进行合理分配。企业可供分配利润（指企业当期实现的净利润，加上年初未分配利润或减去年年初未弥补亏损等的余额），按下列顺序分配：

(1) 按当期实现净利润的10%计提法定盈余公积；

(2) 按规定根据净利润的一定比例提取任意盈余公积；

(3) 向投资者分配利润。

(二) 账户设置

1. "利润分配"账户

(1) 账户性质：该账户属于所有者权益类账户。

(2) 账户用途：该账户用于核算企业利润的分配（或亏损的弥补）和历年分配（或弥补）后的积存余额。

(3) 账户结构：该账户贷方登记年终时从"本年利润"账户借方转来的全年实现的净利润总额和用盈余公积弥补以前年度亏损数，借方登记按规定实际分配的利润数或年终时从"本年利润"的贷方转来的全年亏损数；年终余额在贷方，表示企业历年结存的未分配利润。

(4) 明细账户：企业应按"未分配利润""提取法定盈余公积""提取任意盈余公积""应付现金股利"设置明细账户，进行明细分类核算。

2. "盈余公积"账户

(1) 账户性质：该账户属于所有者权益类账户。

(2) 账户用途：该账户用于核算企业从净利润中提取的盈余公积。

(3) 账户结构：该账户贷方登记提取的盈余公积数，借方登记盈余公积的支出数，包括弥补亏损、转增资本、分配股利等；期末贷方余额反映企业提取的盈余公积余额。

(4) 明细账户：企业应按"法定盈余公积""任意盈余公积"等设置明细账户，进行明细分类核算。

3. "应付股利"账户

(1) 账户性质：该账户属于负债类账户。

(2) 账户用途：该账户用于核算企业确定应分配给投资者的利润或现金股利。企业分配股票股利，不通过该账户核算。

(3) 账户结构：该账户贷方登记企业确定应付给投资者的股利或利润，借方登记实际支付的股利或利润；期末余额在贷方，反映企业尚未支付的股利或利润。

(三) 账务处理

【例5-43】接【例5-42】结转通达公司当期实现的净利润。

该项业务一方面将实现的净利润86 332.5元转出，应记入"本年利润"账户的借方；另一方面转入本期的净利润用于分配，应记入"利润分配——未分配利润"账户的贷方。

编制会计分录如下。

借：本年利润　　　　　　　　　　　　　　　　　　　　　　86 332.5

　　贷：利润分配——未分配利润　　　　　　　　　　　　　　　86 332.5

【例5-44】接【例5-43】，通达公司按净利润的10%提取法定盈余公积。

该项业务一方面使企业利润分配数增加，导致所有者权益减少，应记入"利润分配"账户的借方；另一方面使盈余公积增加，应记入"盈余公积"账户的贷方。

编制会计分录如下。

借：利润分配——提取法定盈余公积　　　　　　　8 633.25
　　贷：盈余公积——法定盈余公积　　　　　　　　　　8 633.25

【例5-45】通达公司宣告发放现金股利5 000元。

该项业务一方面使利润分配减少5 000元，应记入"利润分配"账户的借方；另一方面使企业应付给投资者的利润增加5 000元，应记入"应付股利"账户的贷方。

编制会计分录如下。

借：利润分配——应付现金股利　　　　　　　　　5 000
　　贷：应付股利　　　　　　　　　　　　　　　　　　5 000

【例5-46】接【例5-42】~【例5-45】，年终，将"利润分配"的有关明细账户结转到"利润分配——未分配利润"账户中。

该项业务是"利润分配"有关明细账户之间的结转。应将"利润分配"账户所属有关明细账户的余额结转到"利润分配——未分配利润"明细账户的借方。

编制会计分录如下。

借：利润分配——未分配利润　　　　　　　　　　13 633.25
　　贷：利润分配——提取法定盈余公积　　　　　　　　8 633.25
　　　　　　　　——应付现金股利　　　　　　　　　　5 000

年终，企业未分配利润=86 332.5-13 633.25=72 699.25（元）。

练习题

一、单选题

1. 下列各项中，属于归集制造产品而发生费用的科目是（　　）。
   A. 库存商品　　　B. 生产成本　　　C. 管理费用　　　D. 主营业务成本

2. 下列各项中，体现"管理费用"账户特点的是（　　）。
   A. 期末无余额　　　　　　　　　　B. 期末有借方余额
   C. 期末有贷方余额　　　　　　　　D. 期末同时有借方、贷方余额

3. 企业销售无形资产取得的收入应计入（　　）。
   A. 营业外收入　　B. 主营业务收入　　C. 其他业务收入　　D. 投资收益

4. 经年终利润结转后，可能有余额的账户是（　　）。
   A. 本年利润　　　　　　　　　　　B. 利润分配——未分配利润
   C. 利润分配——提取盈余公积　　　D. 利润分配——盈余公积补亏

5. 企业生产的产品完工后，应将其生产成本转入（　　）。
   A. 营业外支出　　B. 库存商品　　　C. 本年利润　　　D. 主营业务成本

6. 下列各项中，属于"生产成本"账户期末借方余额反映的内容是（　　）。

A. 完工产品成本　　　　　　　　　B. 期末在产品成本

C. 本月生产费用合计　　　　　　　D. 库存产成品成本

7. "税金及附加"账户核算的内容不包括（　　）。

A. 资源税　　　B. 消费税　　　C. 教育费附加　　　D. 增值税

8. 购入材料的市内运杂费，一般应计入（　　）。

A. 物资采购成本　　B. 产品成本　　C. 制造费用　　D. 管理费用

9. 下列各项中，反映营业外支出特点的是（　　）。

A. 与企业经营收入相联系的耗费

B. 与企业生产经营活动没有直接联系的耗费

C. 为实现营业收入而产生的耗费

D. 为进行产品制造而产生的耗费

10. 支付长期借款利息时，应借记（　　）账户。

A. 长期借款　　B. 银行存款　　C. 库存现金　　D. 财务费用

11. 到期一次还本付息的短期借款，其利息费用应记入（　　）账户。

A. 短期借款　　B. 银行存款　　C. 财务费用　　D. 管理费用

12. 漏提固定资产折旧，会使当月（　　）。

A. 费用减少　　　　　　　　　B. 费用和固定资产净值减少

C. 费用减少，利润也减少　　　D. 费用和固定资产净值增加

13. 下列各项中，"本年利润"账户贷方余额表示（　　）。

A. 利润分配额　　B. 未分配利润额　　C. 净利润额　　D. 亏损总额

14. 与"物资采购"账户的借方有对应关系的账户有（　　）账户。

A. 应缴税费——应缴增值税（进项税额）　　B. 原材料

C. 银行存款　　　　　　　　　　　　　　　D. 管理费用

15. 所得税费用期末应转入（　　）账户的借方。

A. 主营业务收入　　B. 本年利润　　C. 利润分配　　D. 营业外收入

16. 下列不属于制造费用分配标准的有（　　）。

A. 生产工时　　B. 生产工人工资　　C. 机器工时　　C. 管理人员工资

17. 购进材料未付款时，这笔未结算的款项作为一项（　　）加以确认。

A. 资产　　　B. 负债　　　C. 费用　　　D. 收入

18. 企业从净利润中提取法定盈余公积和任意盈余公积时，应通过（　　）账户核算。

A. 公积金　　B. 公益金　　C. 盈余公积　　D. 应付股利

19. 企业要进行经营必须要有一定的"本钱"，这实际上是指（　　）。

A. 资本公积　　B. 盈余公积　　C. 实收资本　　D. 各种债务

20. 下列属于主营业务收入的是（　　）。

A. 产品销售收入　　　　　　　　B. 非工业性劳务收入

C. 出售包装物及出租业务收入　　D. 销售企业多余材料

21. 下列各项中,属于企业预付材料款时应借记的账户是（   ）。
   A. 物资采购   B. 原材料   C. 预付账款   D. 应收账款
22. 下列各项中,属于期末结算工资时应贷记的账户是（   ）。
   A. 应付职工薪酬   B. 库存现金   C. 制造费用   D. 管理费用
23. 下列项目中,不属于销售费用的是（   ）。
   A. 产品包装费   B. 材料运杂费   C. 销售产品运杂费 D. 广告费
24. 下列项目中,不属于利润分配形式的是（   ）。
   A. 应付现金股利   B. 提取公积金   C. 所得税   D. 未分配利润
25. 下列各项中,属于"累计折旧"账户对之调整的账户是（   ）。
   A. 制造费用   B. 管理费用   C. 固定资产   D. 实收资本
26. 借：银行存款   20 000
        贷：短期借款   20 000
    该会计分录体现的经济业务内容是（   ）。
    A. 以银行存款20 000元偿还短期借款   B. 收到某企业前欠货款20 000元
    C. 向银行取得短期借款20 000元   D. 收到某企业投入货币资金20 000元
27. 某企业接受外商投资,投入机器设备计500 000元,应编制的会计分录为（   ）。
    A. 借：固定资产   500 000
           贷：长期借款   500 000
    B. 借：原材料   500 000
           贷：实收资本   500 000
    C. 借：固定资产   500 000
           贷：资本公积   500 000
    D. 借：固定资产   500 000
           贷：实收资本   500 000

二、多选题

1. 产品成本项目包括（   ）。
   A. 制造费用   B. 期间费用   C. 直接人工   D. 直接材料
2. 企业从一般纳税人企业购进材料一批,款已付,涉及的账户有（   ）。
   A. 应缴税费——应缴增值税（进项税额）
   B. 银行存款
   C. 应缴税费——应缴增值税（销项税额）
   D. 物资采购
3. 下列各项中,能同时引起资产和所有者权益发生增减变化的有（   ）。
   A. 投资者投入资本   B. 投资者抽回资本
   C. 接受捐赠   D. 用资本公积转增资本
4. 下列各项中,构成工业企业主要经济业务的有（   ）。

A. 购进业务 B. 生产业务
C. 销售业务 D. 利润形成及其分配业务

5. 下列各项中,属于"应付职工薪酬"账户期末余额出现的情况有（　　）。

A. 无余额 B. 借方余额
C. 贷方余额 D. 应支付给职工的工资

6. 制造企业材料采购成本一般包含（　　）。

A. 采购人员差旅费 B. 装卸费
C. 专设采购机构经费 D. 买价

7. （　　）账户是企业销售过程中所使用的账户。

A. 应收账款 B. 主营业务成本
C. 应收票据 D. 税金及附加

8. 下列各项中,构成管理费用核算内容的有（　　）。

A. 厂部使用固定资产折旧费 B. 厂部管理人员工资
C. 材料采购费用 D. 销售费用

9. 下列各项中,属于期末应结转到"本年利润"账户贷方的有（　　）。

A. 主营业务收入 B. 管理费用 C. 其他业务收入 D. 营业外收入

10. 销售产品时,与"主营业务收入"账户有对应关系的账户有（　　）。

A. 银行存款 B. 应收账款 C. 预收账款 D. 库存现金

11. 在会计期末结账后,余额应为零的账户有（　　）。

A. 财务费用 B. 制造费用 C. 生产成本 D. 管理费用

12. （　　）应直接计入当期损益。

A. 制造费用 B. 管理费用 C. 采购费用 D. 财务费用

13. 企业领用原材料的核算,经常要借助于（　　）账户。

A. 管理费用 B. 制造费用 C. 原材料 D. 生产成本

14. 企业法定盈余公积的用途主要有（　　）。

A. 弥补亏损 B. 增加资本
C. 向投资者分配利润 D. 缴纳所得税

15. 下列各项中,属于期末应结转到"本年利润"账户借方的有（　　）。

A. 主营业务收入 B. 销售费用 C. 管理费用 D. 营业外支出

16. 企业的利润总额由（　　）构成。

A. 营业利润 B. 营业外收入 C. 营业外支出 D. 所得税费用

17. "销售费用"账户的核算内容包括（　　）。

A. 销售广告费

B. 销售网点人员的工资和福利费

C. 销售过程中的保险费

D. 专设销售机构的折旧费

18. （　　）属于"利润分配"账户核算的内容。
    A. 提取法定盈余公积　　　　　　B. 提取法定公益金
    C. 分配给投资者利润　　　　　　D. 计提所得税

19. 营业利润由（　　）构成。
    A. 营业收入　　B. 税金及附加　　C. 投资收益　　D. 营业成本

20. （　　）属于企业经营的资金来源。
    A. 所有者的投资　　　　　　　　B. 从银行借款
    C. 从效益好的企业借款　　　　　D. 企业发行债券

21. 下列不属于产品成本项目的有（　　）。
    A. 直接材料　　B. 销售费用　　C. 管理费用　　D. 财务费用

22. 以下可能成为"原材料"账户对应账户的有（　　）。
    A. 其他业务成本　　B. 本年利润　　C. 在建工程　　D. 主营业务成本

23. 以下各项中，须通过"应缴税费"账户进行核算的有（　　）。
    A. 城市维护建设税　　　　　　　B. 消费税
    C. 企业所得税　　　　　　　　　D. 印花税

24. 下列费用中，属于生产过程发生的费用有（　　）。
    A. 车间机器设备维修费　　　　　B. 材料采购费用
    C. 生产工人工资　　　　　　　　D. 产品广告费

25. 下列各项中，按规定可以转增资本的有（　　）。
    A. 其他资本公积　　B. 法定盈余公积　　C. 任意盈余公积　　D. 未分配利润

26. 下列各项中，影响年末未分配利润的有（　　）。
    A. 年初未分配利润　　B. 净利润　　C. 提取盈余公积　　D. 盈余公积弥补亏损

27. 企业接受投资者作为资本投入的资产，可以是（　　）。
    A. 长期待摊费用　　B. 固定资产　　C. 专利权　　D. 货币资金

28. 购进材料时，与借记"物资采购"账户相对应的贷记账户有（　　）。
    A. 银行存款　　B. 库存现金　　C. 应付账款　　D. 预付账款

三、判断题

1. 在月末没有在产品的情况下，生产成本明细账内归集的费用总额，就是完工产品成本。（　　）

2. "管理费用"账户的借方发生额应于期末时采用一定的方法分配计入产品成本。（　　）

3. 制造企业的产品销售成本是企业已销产品的实际生产成本。（　　）

4. 企业的经营成果可能表现为亏损。（　　）

5. 在供应过程中支付的各项采购费用，不构成材料的采购成本，故将其计入管理费用。（　　）

6. "材料采购"账户期末一定没有余额。（　　）

7. 企业若没有设置"预付账款"账户，当发生预付账款业务时，应通过"应付账款"

账户进行核算。（　　）

8. 销售费用依据期间配比方式，将一定期间发生的费用与该期间的收入相配比。（　　）

9. 直接材料、直接人工、制造费用以及管理费用共同构成产品的生产成本。（　　）

10. "累计折旧"账户通常有贷方余额，因此它属于负债类账户。（　　）

11. 行政管理部门为管理企业的生产经营活动发生的工资、材料消耗、固定资产的损耗等支出，也应记入"生产成本"账户，由产品成本负担。（　　）

12. 某企业外购 A、B 两种材料，其中 A 材料的买价为 100 000 元，B 材料的买价为 300 000 元，运杂费为 5 000 元。如果按材料买价分摊运杂费，则 A 材料的取得成本为 102 500 元。（　　）

13. 如果本期生产的产品已全部销售，可直接结转产品的生产成本，借记"主营业务成本"账户，贷记"生产成本"账户。（　　）

14. 只要是为购进固定资产发生的支出，不论其金额大小，应全部计入固定资产的取得成本。（　　）

15. "生产成本"账户属于成本费用类，故期末必定没有余额。（　　）

16. 某企业购进一项设备，其买价为 60 000 元，运输费为 2 000 元，保险费为 500 元，安装费为 1 000 元，则该固定资产的成本为 62 500 元。（　　）

17. 生产车间计提折旧时，应借记"生产成本"账户，贷记"固定资产"账户。（　　）

18. 产品制造成本中的直接材料和直接人工属于直接费用，制造费用属于间接费用。（　　）

19. 生产过程中发生的直接费用计入产品的制造成本，间接费用计入管理费用。（　　）

20. 产品制造企业在供应过程中支付的各项采购费用，应计入期间费用进行核算。（　　）

21. 所得税费用是一种费用。（　　）

22. "应缴税费"账户的借方余额表示尚未缴纳的税费，贷方余额表示多缴的税费。（　　）

23. "应付账款"账户只用于核算企业因购买材料、物资和接受劳务供应等而应付给供应单位的款项，而不包括企业应付、暂收其他单位或个人的款项。（　　）

24. 盈余公积实质上是企业实现利润在企业内部的一种转让。（　　）

25. 盈余公积是从销售收入中提取的公积金。（　　）

26. 能与"本年利润"账户发生对应关系的账户有"主营业务收入""盈余公积"和"所得税费用"。（　　）

27. 企业的应付和预收款项均应按债权人设置明细账户，进行明细核算。（　　）

28. 短期借款是企业向银行或其他金融机构借入的、本年度应偿还的各种借款。（　　）

课后实训

实训一

目的：

练习材料采购过程的核算。

资料：

东方公司2019年5月材料采购业务如下。

（1）5日，向中亚公司购买材料，收到的增值税专用发票中列明：采购甲材料120吨，单价为1 000元，计120 000元，增值税税额为15 600元；采购乙材料150吨，单价为900元，计135 000元，增值税税额为17 550元。另外，对方代垫运杂费2 700元，由甲、乙材料共同负担（按二者重量进行分配）。以上款项用银行存款支付，材料已验收入库。

（2）7日，向宏远公司购入甲材料，增值税专用发票中列明：采购甲材料300吨，单价为850元，计255 000元，增值税税额为33 150元，材料已验收入库，款项尚未支付。

（3）7日，以现金支付上述甲材料装卸费1 000元、运输费2 300元。

（4）12日，向中达公司购入乙材料，增值税专用发票中列明：采购乙材料100吨，单价950元，计95 000元，增值税税额为12 350元，材料尚在运输途中，以上款项均以银行存款支付。

（5）15日，归还12月7日所欠宏运公司的购料款项。

（6）20日，本月12日向中达公司所购材料已验收入库，并以现金支付运杂费等1 350元。

（7）31日，结转本月已验收入库甲、乙材料的采购成本。

要求：

根据上述经济业务，编制会计分录，计算材料采购成本。

实训二

目的：

练习产品生产过程的核算。

资料：

东方公司2019年5月有关生产费用的经济业务如下。

（1）5日，车间报销购买办公用品费500元，以现金付讫。

（2）31日，本月材料领用情况为：A产品生产领用甲材料80吨，成本为80 000元；B产品生产领用乙材料110吨，成本为99 000元；车间组织管理生产领用乙材料1吨，成本为900元，厂部组织管理领用甲材料0.8吨，成本为800元。

（3）31日，计算应付职工工资170 000元。其中，A产品生产工人工资50 000元，B产品生产工人工资70 000元，车间管理人员工资20 000元，厂部管理人员工资30 000元。

（4）31日，按上述工资费用的14%计提职工福利费。

（5）31日，计提固定资产折旧4 500元。其中：车间固定资产折旧3 000元，厂部固定资产折旧1 500元。

（6）31日，本月电费消耗情况汇总如下：A产品消耗5 000元，B产品消耗5 300元，车间组织管理消耗2 540元，厂部组织管理消耗3 100元。以上电费及增值税进项税额2 072.2元用银行存款支付。

（7）31日，汇总本月发生的制造费用并按A、B产品生产工人工资比例进行分配。

（8）31日，本月生产的A、B产品已全部完工。其中，完工A产品983件，完工B产品750件，结转其完工成本。

要求：

根据上述资料，编制会计分录，并汇总计算产品成本。

实训三

目的：

练习成本和费用的核算。

资料：

某企业2019年5月份发生的经济业务如下。

（1）生产A产品领用甲材料15 000元，领用乙材料6 000元，生产B产品领用甲材料26 000元，领用乙材料4 000元，车间一般耗用甲材料500元，行政部门耗用甲材料300元。

（2）从银行提现金36 000元，备发工资。

（3）用现金发放工资36 000元。

（4）月末分配结转本月工资。其中A产品生产工人工资20 000元，B产品生产工人工资10 000元，车间技术人员工资2 000元，行政管理人员工资4 000元。

（5）按工资总额的14%计提福利费。

（6）企业本月用电情况如下：生产A产品用电2 500元，生产B产品用电1 000元，车间照明用电500元，行政部门用电1 000元，增值税税率为13%。款项以银行存款支付。

（7）计提本月车间用固定资产折旧1 200元，行政部门用固定资产折旧900元。

（8）用银行存款支付本季度短期借款利息910元。

（9）结转本月制造费用，按生产工人工资比例在A、B两种产品间分摊。

（10）本月生产的A、B两种产品均已完工，并验收入库，结转其实际生产成本。

（11）用现金支付退休人员工资2 000元。

（12）企业职工张三出差归来，报销差旅费800元，原来预借差旅费1 000元。

要求：

根据上述业务编制会计分录。

实训四

目的：

练习产品销售过程的核算。

资料：

兴源工厂2019年5月发生的经济业务如下。

（1）企业销售A、B产品。其中，销售A产品500件，单位售价为250元，计125 000

元,增值税税率为13%;销售B产品1 000件,单位售价为350元,计350 000元,增值税税率为13%。以上款项均已收存银行。

(2) 结转已售产品的实际生产成本,A产品每台为105元,B产品每台为80元。

(3) 根据国家税收制度,按10%的税率计算本期应缴消费税,按消费税的5%计算城市维护建设税,按消费税的3%计算教育费附加。

要求:

根据上述资料,编制会计分录。

实训五

目的:

练习利润形成和分配的核算。

资料:

兴源工厂2019年5月有关收入、利润形成的业务如下。

(1) 10日,企业将多余的一批甲材料出售,取得收入5 000元,该批材料的成本为4 600元。

(2) 15日,被投资企业宣告分派现金股利,根据持股比例企业应得投资收益5 300元。

(3) 12日,转让材料取得收入30 000元,款项已存入银行。该材料账面成本为25 000元。

(4) 15日,取得现金罚款收入12 300元。

(5) 17日,企业因迟缴税款,按规定以现金缴纳滞纳金500元。

(6) 17日,企业职工刘六因违反公司制度,收到现金罚款200元。

(7) 18日,企业销售A、B产品。其中,销售A产品500件,单位售价为600元;销售B产品1 000件,单位售价为500元。增值税税率为13%,款项均已收存银行。

(8) 20日,用银行存款支付产品销售费用15 000元。

(9) 22日,将无法支付的应付款68 000元转作营业外收入。

(10) 31日,结转本月已销A产品500件、B产品1 000件的生产成本。A产品单位生产成本为150元,B产品单位生产成本为200元。

(11) 31日,将相关损益类账户的发生额结转至"本年利润"账户。

(12) 31日,按利润总额的25%计算应缴纳的企业所得税。

(13) 31日,按净利润的10%提取法定盈余公积、5%提取任意盈余公积、30%计算应付利润。

(14) 年末进行利润结转。

要求:

根据上述资料,编制会计分录。

学习情境六

会计凭证

■\学习目标

理解会计凭证的概念；清楚会计凭证的分类；能够识别会计凭证；能够填制会计凭证；学会审核会计凭证。

任务一：会计凭证的意义和种类认知；

任务二：填制与审核原始凭证；

任务三：填制与审核记账凭证；

任务四：传递和保管会计凭证。

■\情境描述

重庆翔宇集团公司职工小肖出差回来到财务科报销差旅费，拿来各种出差期间的票据，有火车票、公交车票、出租车票、餐饮发票、会务费票等共 10 张，共计 3 567 元。财务科按照有关制度规定对其出差费用进行报销，金额为 3 460 元。为什么小肖出差的票据没有全部报销呢？难道这些票据涂改过？还是手续不全？或有其他原因？若你是会计人员，你会怎样回答？

■\情境分析

任何经济业务的发生都有一定的载体，票据只有符合相关规定，才能作为会计记账的依据。要回答有关小肖报销差旅费的问题，必须能够辨认会计凭证的真实性和合法性，弄清楚会计凭证在会计核算中所处的地位和作用，搞明白哪些会计凭证可以作为会计记账的依据。

任务一　会计凭证的意义和种类认知

【问题引入】会计凭证是什么？怎样填写会计凭证？会计凭证在会计核算中的作用是什么？对于上述问题应该怎样回答？为了正确回答这些问题，需要认真学习本部分内容。

提示：要解决上述问题需要掌握会计凭证的概念和种类。

子任务一：理解会计凭证的概念和意义

（一）会计凭证的概念

会计凭证是记录经济业务的发生、明确经济责任的书面证明，是登记账簿的依据。

企业每天都要发生很多经济业务，如材料的采购和领用、现金的收入与付出、产品的入库与出售、费用的发生等。会计主体发生的每一项经济业务都要在有关的账户中进行反映，以便提供系统、完整、全面的会计信息。为了保证账户记录的正确性、真实性，并明确经济责任，会计人员在加工处理每一笔经济业务时，应有证明经济业务已经发生的书面证明，办理会计凭证手续。办理会计凭证手续的一般步骤为：首先，由经办人将所经手的经济业务的内容和金额在凭证上登记，证明这项经济业务已经完成，并由经办人签章，以对经济业务的真实性负责；其次，由会计人员根据凭证审核经济业务的合法性、合理性和合规性；必要时还应经有关负责人审批。只有审核无误的凭证，才能据以登记入账。例如，车间领用材料要填写领料单，写明申请领用材料的名称、数量、金额和实发的数量、金额及领料车间等，然后由领料人和发料人签章，证明车间确实领到了材料。领料单经过审核无误后，作为登记材料总账和明细账的依据。所以，填制和审核会计凭证作为会计工作的第一步，是会计核算的基本环节，对于保证会计信息的有用性具有非常重要的作用。

（二）会计凭证的意义

填制和审核会计凭证，在保证会计核算工作的质量、有效地进行会计监督、提供真实可靠的经济管理信息、发挥会计的监督和管理作用等方面，都具有重要意义。会计凭证的意义具体体现在三个方面。

(1) 填制和审核会计凭证，可以及时、正确地反映经济业务的发生或完成情况，为记账、算账提供原始证据。

会计主体发生的每一笔经济业务，都要按发生的时间、地点、内容和完成的情况，正确、及时地填制会计凭证，记录经济业务发生、完成的实际情况。在此基础上，对会计凭证进行严格审核。没有经过审核的会计凭证，不能作为登记账簿的依据，以防止弄虚作假、营私舞弊，确保会计记录的真实性和正确性。

(2) 填制和审核凭证，可以发挥会计监督的作用，检查经济业务的合规性和合法性，确保会计主体财产的安全、合理使用。

为了解每一会计主体发生的各项经济业务是否合规、合法和合理，会计人员在记账前必须对会计凭证进行逐笔审查。通过对会计凭证的审查，可以查明各项经济业务是否符合国家有关财经政策、法令、准则和制度的规定，是否符合计划和预算管理的要求，是否贯彻了节约的原则、有无铺张浪费和侵害股东权益的行为，从而严肃财经纪律，防止违法乱纪行为的出现，发挥会计的监督作用。

（3）填制和审核凭证，可以明确经济责任，加强经营管理上的责任制。

由于每项经济业务的发生，都要填制或取得会计凭证，在凭证中记录了完成经济业务的单位、具体内容以及有关单位和经办人员的签章，所以这样就有利于明确有关单位和经办人员的经济责任，促使经办人员和相关部门对经济业务的合法性、真实性负责。通过会计凭证，可以加强企业内部管理的岗位责任制；而且，通过会计凭证的传递，经办单位和人员之间可以互相监督和牵制，便于检查、发现问题和分清责任。利用会计凭证，还可以及时发现经营管理上的问题和各项管理制度上的漏洞，以便采取措施、改进工作。会计凭证作为具有法律效力的重要经济档案，具有较强的可验证性，要长期保存，以促使各方面增强责任心。

子任务二：理解会计凭证的种类

每一会计主体的经济业务纷繁复杂，而每一项经济业务都必须取得或填制会计凭证，不同类型的经济业务所取得和填制的凭证各不相同、多种多样。会计凭证按其填制程序和用途不同可分为原始凭证和记账凭证两大类。原始凭证是业务部门在经济业务发生或者完成时填制或者取得的，用以证明经济业务的真实性；记账凭证是在业务发生或者完成后由会计人员根据审核无误的原始凭证对会计事项进行的初步确认和计量，用以登记账簿。

任务二 填制与审核原始凭证

【问题引入】任何经济业务的发生都有一定的载体。例如，乘坐火车会有火车票，出去吃饭会取得餐饮发票，买衣服会有购物发票，出差归来的员工报销差旅费时会填制一张差旅费报销单；等等。这些票据详细地记录着所发生过的经济业务，会计做账时怎么处理这些票据呢？

提示：要解决上述问题需要掌握原始凭证的概念及种类。

子任务一：掌握原始凭证的概念

原始凭证是在经济业务发生时取得或填制的、用来证明经济业务实际发生或完成情况的原始证据，是会计主体发生的多种多样经济业务的载体。经济业务发生时，一般将能用货币计量的内容用原始凭证记录下来。真实、正确的原始凭证提供了会计核算的原始资料，是记账的原始依据。发货票、提货单、领料单、收料单、产品入库单、银行结算凭证以及各种报销单据等，都属于原始凭证。凡不能证明经济业务发生或完成情况的各种业务单据都不能作为原始凭证据，如购料申请单、银行对账单和购销合同等。

子任务二：掌握原始凭证的种类

各种各样的原始凭证按不同的标准可以分为不同的类别。

（一）原始凭证按其来源分类

原始凭证按其来源不同，分为外来原始凭证和自制原始凭证。

外来原始凭证是在同外单位发生经济往来关系时，从外单位或个人取得的原始凭证。购货时供货方开具的发票、银行的收款通知单、各种收款收据等都属于外来原始凭证。增值税专用发票的格式如表6-1所示。

表6-1 增值税专用发票

No：
开票日期： 年 月 日

购货单位	名称：							
	纳税人识别号：			密码区				
	地址、电话：							
	开户行及账号：							
货物或劳务名称		规格型号	单位	数量	单价	金额	税率（％）	税额
合计								
价税合计（大写）				（小写）				
销售单位	名称：			备注				
	纳税人识别号：							
	地址、电话：							
	开户行及账号：							

收款人： 复核： 开票人： 销货单位：（章）

自制原始凭证是在经济业务发生或完成时，由本单位经办业务的部门和人员自行填制的原始凭证。仓库收入材料时填制的收料单、车间班组领用材料时填制的领料单、销售产品时业务部门开出的发货票、发放工资时财会部门编制的工资结算单等都属于自制原始凭证。

（二）原始凭证按其填制手续分类

原始凭证按其填制手续不同，分为一次凭证和累计凭证。

一次凭证是只反映一项经济业务或同时反映若干项同类性质经济业务的原始凭证，如外来原始凭证和自制原始凭证中的借款单、收料单、领料单、现金收据、银行结算单等。由于这些凭证的填制手续是一次完成的，所以称为一次凭证。领料单的格式如表6-2所示。

表 6-2　领料单

领料单位：　　　　　　　　　　　　　　　　　　　　　　　　　　　编号：
用　途：　　　　　　　　　　年　月　日　　　　　　　　　　　　　仓库：

材料类别	材料编号	材料名称	规格	计量单位	数量		单价	金额
					请领	实发		

记账：　　　　发料：　　　　领料单位负责人：　　　　领料：

在会计实践中，为了减少原始凭证的数量，简化核算手续，并能随时将累计发生额与定额、计划数进行比较，以达到控制费用、节约支出的目的，会计人员设计了累计凭证。累计凭证是在一定时期内连续记录若干项同类经济业务，填制手续在期末才能完成的原始凭证。工业企业自制原始凭证中的限额领料单就是一种典型的累计凭证。限额领料单的格式如表6-3所示。

表 6-3　限额领料单

仓　库：1号　　　　　　　　　　　　　　　　　　　　　　　　　编　号：×××
领料单位：一车间　　　　　　　　　　　　　　　　　　　　　　　计划产量：1 000 台
用　途：生产 A 产品　　　　　　　　　　　　　　　　　　　　　单位消耗定额：1千克/台

材料类别	材料编号	材料名称	规　格	计量单位	单价/元	领料限额	全月实领	
							数量	金额/元
黑色金属	120301	圆钢	φ2 毫米	千克	1	1 000	990	990

日期	请　领			实　发		代用材料			限额节余
	数量	领料单位负责人签章	领料人签章	数量	发料人签章	数量	单价	金额	
5	500	王二	张三	500	李四				500
15	400	王二	张三	400	李四				100
25	90	王二	张三	90	李四				10

仓库负责人：丁五　　　　　　　　　　　生产计划部门负责人：赵六

（三）原始凭证按其格式分类

原始凭证按其格式不同，分为通用凭证和专用凭证。

通用凭证是在全国或某一地区统一使用的具有相同格式的原始凭证。银行统一制定的银行结算凭证、税务部门统一制定的发货票等属于通用凭证。

专用凭证是指具有专门用途的原始凭证，如差旅费报销单、领料单等。

（四）原始凭证按其反映的经济业务的类别分类

原始凭证按其反映的经济业务的类别不同，可分为以下几类。

（1）款项和有价证券收付业务原始凭证。这类凭证既有外来的，也有自制的，且多为一次凭证，如现金借据、现金收据、领款单、银行支票等。

（2）财物的收发、增减和使用业务原始凭证。这类凭证可以为一次凭证，也可以为累计凭证，如记录材料、产成品出入库的入库单、领料单、提货单等。

（3）债权债务的发生和结算业务原始凭证。

（4）资本、基金的增减业务原始凭证。

（5）收入、支出、费用、成本计算的原始凭证。记录产品生产费用的发生和分配的凭证，大都是内部自制凭证，如工资单、领料单汇总表、折旧费用分配表、制造费用分配表、产品成本计算单等。

（6）财务成果的计算、处理的原始凭证。这类凭证是在会计期末计算并结转成本、利润等，由会计人员根据账簿记录整理制作的凭证，一般不规定固定格式，但需注明制证人和主管会计的签章。

（7）其他会计事项的原始凭证。

上述原始凭证大都是业务人员在经济业务发生或完成时取得的，证明经济业务的真实性。它们是执行凭证，也是具有法律效力的书面证明材料，如前面所提到的银行结算凭证、收料单、领料单、收据等都属于证明凭证。

证明凭证往往只记录一项经济业务，被称为单项凭证。外来原始凭证和自制原始凭证中的大多数，如收料单、领料单、现金收付单据和发货票等都属于单项凭证。在会计实践中，为了提高工作效率，会计人员在会计期末会把反映会计期间内发生的若干项同类经济业务的原始凭证进行汇总，编制为汇总凭证，并根据编制成的汇总凭证登记账簿。汇总凭证的格式可以由会计人员根据需要设计，常用格式如表6-4和表6-5所示。

表6-4 领料单汇总表（1）

年 月

用途（借方科目）	上 旬	中 旬	下 旬	月 计
生产成本				
甲产品				
乙产品				
制造费用				
管理费用				
在建工程				
本月领料合计				

主管：（印）　　审核：（印）　　材料：（印）　　保管：（印）

表 6-5　领料单汇总表（2）

年　月

单位	领料用途		材料类别			
			甲材料/元	乙材料/元	丙材料/元	合计
一车间	生产成本	直接材料	1 000			1 000
	制造费用	一般耗用		200	30	230
	小计		1 000	200	30	1 230
二车间	生产成本	直接材料	3 000			3 000
	制造费用	一般耗用			10	10
	小计		3 000		10	3 010
厂部	管理费用	一般耗用		500		500
		一般耗用			90	90
	小计			500	90	590
合计			4 000	700	130	4 830

主管：（印）　　审核：（印）　　材料：（印）　　保管：（印）

除了汇总凭证之外，在会计核算中会计人员还时常运用计算凭证。

计算凭证是会计人员根据证明凭证或会计核算资料经过一定的计算而编制的原始凭证。制造费用分配表（见表6-6）就是根据当期发生的制造费用汇总数，以及选定的分配标准和分配方法编制的计算凭证。计算凭证用以计算收入、费用、成本和利润，其也是填制记账凭证的依据。

表 6-6　制造费用分配表

年　月

成本对象	分配标准（产品生产工时）/小时	分配率/（元·小时$^{-1}$）	分配额/元
A 产品	2 000	72 000/3 600 = 20	40 000
B 产品	1 600		32 000
合计	3 600		72 000

制证：（印）　　审核：（印）　　记账：（印）　　会计主管：（印）

原始凭证的分类可归纳为图 6-1 所示的样子。

原始凭证
- 按其来源分类
  - 外来原始凭证
  - 自制原始凭证
- 按其填制手续分类
  - 一次凭证
  - 累计凭证
- 按其格式分类
  - 通用凭证
  - 专用凭证
- 按其反映的经济业务的类别分类
- 按其记录业务数量分类
  - 单项凭证
  - 汇总凭证
- 按其用途分类
  - 证明凭证
  - 计算凭证

图 6-1　原始凭证的分类

子任务三：掌握原始凭证的基本内容

企业所发生的经济业务是复杂多样的，不同经济业务所取得或填制的原始凭证的内容和格式也不尽相同。但无论什么样的原始凭证，都必须具备六项基本内容。

（1）凭证的名称。
（2）填制凭证的日期。
（3）填制凭证单位名称或者填制人姓名。
（4）经办人员的签名或者盖章。
（5）接受凭证单位名称。
（6）经济业务内容、数量、单价和金额。

除了以上基本内容外，原始凭证填制的内容还有以下具体要求。

（1）从外单位取得的原始凭证，必须盖有填制单位的公章；从个人处取得的原始凭证，必须有填制人员的签名或者盖章。自制原始凭证必须有经办单位领导人或者其指定的人员签名或者盖章。对外开出的原始凭证，必须加盖本单位公章。

（2）凡填有大写和小写金额的原始凭证，大写与小写金额必须相符。购买实物的原始凭证，必须有验收证明。支付款项的原始凭证，必须有收款单位和收款人的收款证明。

（3）一式几联的原始凭证，应当注明各联的用途，只能以一联作为报销凭证。一式几联的发票和收据，必须用双面复写纸（发票和收据本身具备复写纸功能的除外）套写，并连续编号。原始凭证作废时应当加盖"作废"戳记，连同存根一起保存，不得撕毁。

（4）发生销货退回的，除填制退货发票外，还必须有退货验收证明；退款时，必须取得对方的收款收据或者汇款银行的凭证，不得以退货发票代替收据。

（5）经上级有关部门批准的经济业务，应当将批准文件作为原始凭证附件。如果批准文件需要单独归档，应当在凭证上注明批准机关名称、日期和文件字号。

（6）从外单位取得的原始凭证如有遗失，应当取得原开出单位盖有公章的证明，并注明原来凭证的号码、金额和内容等，由经办单位会计机构负责人、会计主管人员和单位领导人批准后，才能代作原始凭证。如果确实无法取得证明，如火车、轮船、飞机票等凭证，由当事人写明详细情况，由经办单位会计机构负责人、会计主管人员和单位领导人批准后，代作原始凭证。

（7）会计主体自行设计的原始凭证在满足基本要求的基础上，要结合自身的业务特点和管理要求，增加适当的项目和内容。

子任务四：填制原始凭证

（一）原始凭证的填制要求

原始凭证是会计核算的原始依据。为了保证整个会计核算资料的真实、正确、完整、及时、清楚，提高会计工作质量，原始凭证的填制必须符合一定的要求。

1. 真实性要求

真实性要求是原始凭证填制最重要的要求。原始凭证上所填制的日期、经济业务的内容、实物数量、单价和金额都必须符合经济业务发生的实际情况，不得歪曲事实、弄虚作假；一般不得匡算或估算数字，应由经办人员盖章，对凭证填制的真实性负责。

2. 完整性要求

完整性要求是对原始凭证中规定的项目，必须逐项填写齐全，不可遗漏和简略，票证接受单位名称不可用简称。特别要注意填列业务发生日期、必须有开票单位签章以及有关责任人签字或盖章。外来和对外的原始凭证必须加盖公章。项目填写不齐全的原始凭证，不能作为证明经济业务发生或完成的合法有效凭证。

3. 正确性要求

正确性要求是指原始凭证各项目填写应该正确无误，所记录的经济业务数量、单价和金额计算正确，大小写金额必须一致。对企业自行编制的原始凭证或原始凭证汇总表如填写错误，应将错误的文字或数字划一条红线更正，并在其上面填写正确的文字或数字，然后加盖更正人印章。对涉及现金、银行存款收付的原始凭证，如支票、收据等，应事先编号；如发生填写错误，应采取作废注销的方法，在原始凭证上加盖"作废"戳记，并黏附在存根后面保存，不得撕毁。

4. 及时性要求

及时性要求是指每项经济业务发生或完成时应按规定由经办人员及时填制或取得原始凭证，并按规定的程序及时传送到会计部门。会计部门接到原始凭证后应及时审核，及时编制记账凭证，并登记入账。如果不及时取得凭证，会影响经济业务的及时反映，使会计信息使用者不能及时取得其所需要的信息，从而使会计核算起不到应有的作用，而且也容易出现差错和舞弊。

5. 顺序使用

顺序使用即涉及收付款项或实物的凭证要按顺序或分类编号，在填制时按照编号的次序使用；跳号的凭证应加盖"作废"戳记，不得撕毁。

6. 明晰性要求

明晰性要求是指原始凭证中的数字和文字填写必须工整、清晰，说明必须清楚，书写必须用蓝黑墨水，文字要简洁，大小写金额符合规范；若填写错误，不许刮擦、挖补和用退字灵，应按规定办法更正。

具体来讲，原始凭证中的内容填写要符合下列要求：①阿拉伯数字应当一个一个地写，不得连笔写。阿拉伯金额数字前面应当书写货币币种符号或者货币名称简写和币种符号。币种符号与阿拉伯金额数字之间不得留有空白。凡阿拉伯数字前写有币种符号的，数字后面不再写货币单位。②所有以元为单位（其他货币种类为货币基本单位，下同）的阿拉伯数字，除表示单价等情况外，一律填写到角分；无角分的，角位和分位可写"00"，或者符号"—"；有角无分的，分位应当写"0"，不得用符号"—"代替。③汉字大写数字金额，如零、壹、贰、叁、肆、伍、陆、柒、捌、玖、拾、佰、仟、万、亿等，一律用正楷或者行书体书写，不得用0、一、二、三、四、五、六、七、八、九、十等简化字代替，不得任意自造简化字。大写金额数字到元或者角为止的，在"元"或者"角"字之后应当写"整"字或者"正"字；大写金额数字有分的，"分"字后面不写"整"或者"正"字。④大写金额数字前未印有货币名称的，应当加填货币名称，货币名称与金额数字之间不得留有空白。⑤阿拉伯金额数字中间有"0"时，汉字大写金额要写"零"字；阿拉伯金额数字中间连续有几个"0"时，汉字大写金额中可以只写一个"零"字；阿拉伯金额数字元位是"0"，或者数字中间连续有几个"0"、元位也是"0"但角位不是"0"时，汉字大写金额可以只写一个"零"字，也可以不写"零"字。

（二）原始凭证的填制方法

原始凭证应由填制人员根据经济业务发生或完成的实际情况，按照填制要求，在规定的凭证中填制。不同类型的经济业务，所需原始凭证不同，填制方法也不一样。有些原始凭证由经办人直接填写，有些原始凭证则由财会人员根据账簿记录、结合管理需要计算或汇总填写。

自制原始凭证主要根据有关经济业务的发生和完成的实际情况填制。自制原始凭证按填制手续不同可分为一次凭证和累计凭证。借款单、发货票都是一次凭证，其填制手续是一次完成的，所有应填列的项目在经济业务发生时一次填入。

限制领料单是累计凭证。企业根据生产任务和材料耗用数量计算出一个领用限额，填在限额领料单内。在限额领料单上的限额内，车间可陆续向仓库领用这一材料，每次领用时在限额领料单上填写领用日期、领用数量、仓库实发数量和累计实发数量，并结出尚可领用的余额。规定领用期限结束后，在领料单上结出实际领用材料总数，作为仓库和会计部门记账的依据。限额领料单的填制方法如表6-3所示。

若同一类型的原始凭证比较多，会计部门可以按照汇总期间将它们归类汇总，编制原始凭证汇总表，如前述的领料单汇总表。领料单汇总表的具体格式和填制方法参见表6-4和表6-5所示。

计算凭证的填制要根据实际情况进行，如产成品成本计算单的格式、填制方法和制造费用分配表就不同，填制时按照所设计的项目一一填列。

子任务五：审核原始凭证

为了保证原始凭证所反映的经济业务真实、正确、完整、合法，就要充分发挥会计的监督作用，对取得和自制的原始凭证进行严格审核。只有经过审核的原始凭证，才能据以编制记账凭证，作为登记账簿的依据。原始凭证审核的主要内容包括合法性和合理性审核、完整性审核、正确性审核。

（一）合法性和合理性审核

审核原始凭证时，首先应该审核其记录的经济业务的内容是否符合国家的方针、政策、法令、准则、制度和其他规定，即审核原始凭证合法性。例如，审核固定资产折旧计算方法是否符合规定，前后各期是否一致；审核成本费用的开支标准是否符合规定等。其次，要审核原始凭证反映的经济业务内容是否符合计划、定额和合同规定，是否符合审批权限和手续，是否贯彻增产节约、增收节支的原则，即审核原始凭证的合理性。例如，审核费用开支是否按计划预算办理，有无巧立名目滥发奖金、加班费、补助费或随意挥霍浪费等现象。对于违反法令制度和不符合规定的原始凭证，以及贪污盗窃、虚报冒领、伪造涂改的原始凭证，会计部门应拒绝受理，并及时报告领导和上级部门，严肃处理。

（二）完整性审核

完整性审核是对原始凭证所记录的经济业务内容是否完整、手续是否齐全等进行审核。例如，审核经济业务的摘要、数量、单价、金额、日期是否填写齐全，经办人员签章是否完备，外来凭证接受单位是否为本企业等。若发现原始凭证填写的内容不完整、签章手续不齐备，要退回原经手单位或个人补填，补办手续后方能受理。

（三）正确性审核

正确性审核是对原始凭证中有关数量、单价、金额的填写是否正确，大小写金额是否一致，文字是否清楚等进行审核。若发现原始凭证中数字计算有误、书写不清，应退还给经办人员进行更正或重新填写。发票、支票等票据如果有数字错误，必须退回重新填制，不得更改。

任务三　填制与审核记账凭证

【问题引入】经济业务发生后，会计人员取得了各式各样的原始凭证，有发票、费用报销单、领料单、发货单、入库单等。对于这些不同种类的原始凭证，会计人员怎么"翻译"出上面记载的经济业务，并将其系统、科学地记录下来呢？

提示：要解决上述问题，首先需要了解记账凭证的概念和种类，掌握记账凭证的填制方法。

子任务一：掌握记账凭证的概念

记账凭证是会计部门根据审核后的原始凭证或原始凭证汇总表归类整理编制的，用来确定会计分录、作为直接记账依据的会计凭证。企业发生的各项经济业务都要取得或填制原始凭证，但来自各方面的原始凭证种类繁多，数量较大，内容格式也不统一，不便于直接记账。原始凭证中只记录了经济业务的实际发生或完成情况，不能清楚地反映应借应贷的会计科目、记账方向和金额，直接根据原始凭证记账容易发生账簿记录差错。所以在记账前应对审核无误的原始凭证进行归类整理，按复式记账规律，填制记账凭证。填制记账凭证就是确定应借、应贷账户的名称及其金额，并简单摘要经济业务的内容。在此基础上根据记账凭证登记账簿，可以防止差错，保证账簿记录的正确性。

子任务二：掌握记账凭证的种类

（一）记账凭证按其反映经济业务的类型分类

记账凭证按其反映的经济业务不同，分为收款凭证、付款凭证和转账凭证。

收款凭证是会计人员根据现金和银行存款收款业务的原始凭证填制的，用来记录现金和银行存款收款业务的记账凭证。付款凭证是会计人员根据现金和银行存款付款业务的原始凭证填制的，用来记录现金和银行存款付款业务的记账凭证。转账凭证是根据与现金、银行存款收付无关的经济业务的原始凭证填制的，用来记录除现金、银行存款收付业务以外的其他经济业务的记账凭证。以上按收款业务、付款业务和转账业务分别填制的收款凭证、付款凭证和转账凭证，统称为专用记账凭证。收款凭证、付款凭证和转账凭证的格式分别如表6-7、表6-8和表6-9所示。在实际工作中，有些企业不分收款凭证、付款凭证和转账凭证，而统一使用一种记账凭证，这种凭证称为通用记账凭证，其格式如表6-10所示。有些企业按照现金、银行存款分设收付款凭证，形成银行收款凭证、银行付款凭证、现金收款凭证、现金付款凭证和转账凭证五类记账凭证。

表 6-7　收款凭证

借方科目：库存现金　　　　　　2018年1月1日　　　　　　　　收字第　号

摘要	贷方科目		金额/元	记账
	一级科目	二级或明细科目		
收到租金收入	其他业务收入	租金收入	200	√
合计			200	

附件1张

会计主管：　　　记账：　　　出纳：　　　审核：　　　填制：

表 6-8　付款凭证

贷方科目：库存现金　　　　　　2018年1月1日　　　　　　　　付字第　号

摘要	借方科目		金额/元	记账
	一级科目	二级或明细科目		
购买办公用品	管理费用	办公费	192	√
合计			192	

附件3张

会计主管：　　　记账：　　　出纳：　　　审核：　　　填制：

表 6-9 转账凭证

2018 年 1 月 1 日　　　　　　　　　　　　　　　　　　　　　　　转字第　号

摘要	一级科目	二级或明细科目	借方金额/元	贷方金额/元	记账	
材料入库	原材料	甲材料	11 111		√	附件1张
	材料采购	甲材料		11 111	√	
2 合计			11 111	11 111		

会计主管：　　　　　　记账：　　　　　　审核：　　　　　　填制：

表 6-10 通用记账凭证

2018 年 1 月 1 日　　　　　　　　　　　　　　　　　　　　　　　第　号

摘要	一级科目	二级或明细科目	借方金额/元	贷方金额/元	记账	
提取现金	库存现金		1 000		√	附件1张
	银行存款			1 000	√	
合计			1 000	1 000		

会计主管：　　　　记账：　　　　出纳：　　　　审核：　　　　填制：

（二）记账凭证按其填制方式分类

记账凭证按其填制方式不同，分为单式记账凭证和复式记账凭证。

单式记账凭证就是把一项经济业务所涉及的每一个会计科目分别填制记账凭证，即每张记账凭证上只填制一个会计科目的记账凭证。若某一项经济业务涉及几个会计科目，就需要分别填制几张记账凭证。借方科目填制借项记账凭证，贷方科目填制贷项记账凭证，故单式记账凭证也称单项记账凭证。借项记账凭证和贷项记账凭证的格式分别如表 6-11 和表 6-12 所示。采用单式记账凭证有利于分工记账和编制科目汇总表；但需编制的记账凭证数量多，工作量大，而且经济业务的内容分散，一张记账凭证上不能反映某一项经济业务的全貌以及账户的对应关系。单式记账凭证主要适应于经济业务繁多、复杂以及会计人员较多的单位。

表 6-11 借项记账凭证

对应科目：主营业务收入　　　　　　2018 年 1 月 1 日　　　　　　　　　　第　号

摘要	一级科目	二级或明细科目	金额/元	记账	
销售产品收到款项存入银行	银行存款		500	√	附件1张

会计主管：　　　　记账：　　　　出纳：　　　　审核：　　　　填制：

表 6-12　贷项记账凭证

对应科目：银行存款　　　　　2018 年 1 月 1 日　　　　　　　　　　第　号

摘要	一级科目	二级或明细科目	金额/元	记账	附件1张
销售产品收到款项存入银行	主营业务收入		500	√	

会计主管　　　　记账　　　　出纳　　　　审核　　　　填制

复式记账凭证就是把一项经济业务所涉及的会计科目集中填列在一张凭证中的记账凭证，也就是说每一张记账凭证中应登记两个或两个以上相对应的会计科目，反映一项完整的经济内容。收款凭证、付款凭证和转账凭证都属于复式记账凭证。复式记账凭证把每一项经济业务完整地表现在一张凭证中，通过记账凭证登记的内容就可以了解该项经济业务的内容以及账户的对应关系。这样，不仅可以检查经济业务的合理性和合法性，而且也可以大大减少凭证数量，简化核算。但复式记账凭证不便于分工记账和对会计科目的发生额进行汇总。

（三）记账凭证按其反映的业务数量分类

记账凭证按其反映的业务数量不同，可以分为单一记账凭证和汇总记账凭证。前述两种分类方法列举的记账凭证均为单一记账凭证。汇总记账凭证按汇总方法不同可分为分类汇总记账凭证和全部汇总记账凭证。

分类汇总记账凭证是分别按收款凭证、付款凭证和转账凭证定期进行汇总而编制的凭证，又叫作汇总记账凭证；全部汇总记账凭证又叫作科目汇总表。各种汇总记账凭证以及科目汇总表的格式及编制方法见后续内容。根据汇总记账凭证登记总分类账，可以大大减少总账登记的工作量。

记账凭证的分类可归纳为如图 6-2 所示。

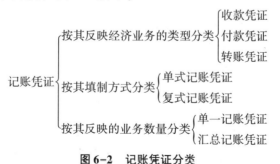

图 6-2　记账凭证分类

子任务三：掌握记账凭证的基本内容

记账凭证按不同标准划分为不同类别，不同类别记账凭证的格式和内容是各不相同的，但所有记账凭证都必须适应登记账簿的需要。这就要求各种记账凭证都必须具备一些共同的基本内容。记账凭证应具备八项基本内容。

（1）填制单位名称。

(2）记账凭证名称。

(3）凭证日期和凭证编号。

(4）经济业务内容摘要。

(5）应借应贷账户名称（包括一级科目、二级科目和明细科目）和金额。

(6）过账备注（在登账后，作"√"符号或填写过入账户的页码）。

(7）所附原始凭证张数及其他附件保管地点。

(8）凭证填制、复核、记账、会计主管或其他指定人员签名或盖章。收款、付款记账凭证还应有出纳人员的签名式盖章。

子任务四：填制记账凭证

（一）记账凭证的填制要求

记账凭证是登记账簿的直接依据，为保证账簿记录的正确性、保证会计核算的质量，必须严肃、认真地填制记账凭证。填制记账凭证时除符合同原始凭证类似的要求外，还应符合以下几项要求。

(1）摘要简明。为了便于登记账簿和日后分析、检查经济业务，记账凭证摘要栏填写的内容应突出经济业务的核心和重点，文字简明扼要，含义清楚。

(2）科目运用正确，对应关系清楚。记账凭证可以根据每一张原始凭证填制，或者根据若干张同类原始凭证汇总填制，也可以根据原始凭证汇总表填制。

科目运用正确是指在记账凭证中必须按照企业会计准则中统一规定的账户名称及其内容编制会计分录，以保证核算口径一致和账簿记录的正确性。对应关系清楚是指记账凭证中应借、应贷账户的对应关系明了，不宜编制有多借多贷会计分录的记账凭证。这就要求一事一证，不能把不同类型经济业务合并填制在一张记账凭证中，以防止账户对应关系混淆不清。

(3）金额平衡。记账凭证中的金额应保持平衡关系，即登记的借方金额合计数应等于贷方金额合计数，明细科目金额合计数应等于总账科目的金额。

(4）对记账凭证进行连续编号。一笔经济业务需要填制两张以上记账凭证的，可以采用分数编号法编号。例如，一笔经济业务需填制三张记账凭证，凭证的顺序号如为6时，可编为 $6\frac{1}{3}$ 号、$6\frac{2}{3}$ 号、$6\frac{3}{3}$ 号。每月可更换一次编号。每月月末最后一张记账凭证的编号旁边加注"全"字，以免凭证散失，造成汇总对账困难。

(5）除结账和更正错误的记账凭证可以不附原始凭证外，其他记账凭证必须附有原始凭证。如果一张原始凭证涉及几张记账凭证，可以把原始凭证附在一张主要的记账凭证后面，并在其他记账凭证上注明附有该原始凭证记账凭证的编号或者附原始凭证复印件。一张原始凭证所列支出需要由几个单位共同负担的，应当将其他单位负担的部分开给对方原始凭证分割单，进行结算。原始凭证分割单必须具备原始凭证的基本内容：凭证名称，填制凭证日期，填制凭证单位名称，填制人姓名，经办人的签名或者盖章，接受凭证单位名称，经济业务内容、数量、单价、金额和费用分摊情况等。

(6) 如果在填制记账凭证时发生错误，应当重新填制。如果在填制记账凭证时发生错误，应当重新填制；如果已经登记入账的记账凭证发生错误，按照错账更正的法进行更正。

(7) 记账凭证填制完经济业务后，如有空行，应当自金额栏最后一笔金额数字下的空行处至合计数上的空行处划线注销。另外，实行会计电算化的单位，对于机制记账凭证，要认真审核，做到会计科目使用正确，数字准确无误。打印出的机制记账凭证要加盖制单人员、审核人员、记账人员及会计机构负责人、会计主管人员印章或者签字。

（二）记账凭证的填制方法

记账凭证必须以审核无误的原始凭证或原始凭证汇总表为依据，按照记账凭证填制的要求，在规定的记账凭证格式中进行填制。可根据每一张原始凭证填制一张记账凭证，或先将若干张同类经济业务的原始凭证汇总，编制原始凭证汇总表，然后根据原始凭证汇总表填制记账凭证。

记账凭证按其所反映的经济业务不同，分为收款凭证、付款凭证和转账凭证，不同类别记账凭证的格式和内容不完全相同，其填制方法也有所不同。

1. *收款凭证的填制*

收款凭证是根据记录现金和银行存款收款业务的原始凭证填制的，其填制方法如表6-8所示。

收款凭证左上方"借方科目"应填写"库存现金"或"银行存款"。凭证上方的年、月、日应按填制凭证的日期填写；右上方凭证编号应按时间先后顺序连续填写，不得漏号、重号和错号；"摘要"栏要填列经济业务的主要内容；"贷方科目"栏填写与"库存现金"或"银行存款"相对应的科目（包括一级科目和明细科目）；贷方科目的金额应填入与各科目相对应的同一行"金额"栏内；合计行的金额表示借方科目即库存现金或银行存款的金额；"记账"栏应注明记入分类账和日记账的页码，或以"√"代替，表示已经记账；附件张数应按独立的原始凭证张数填列。

2. *付款凭证的填制*

付款凭证是根据记录现金和银行存款付款业务的原始凭证填制的，其填制方法如表6-9所示。

付款凭证左上方的"贷方科目"应填写"库存现金"或"银行存款"，"借方科目"填列与"贷方科目"相对应的有关科目。其他项目的填列方法与收款凭证相同。

对于只涉及现金和银行存款之间的收付款业务，即从银行提取现金或把现金存入银行，一般只填制付款凭证，不填制收款凭证，以免重复记账。例如，从银行提取现金，只填制一张银行存款付款凭证，根据该凭证同时记入"库存现金"和"银行存款"账户。将现金存入银行则只须填制一张现金付款凭证。

收款凭证和付款凭证既是登记现金、银行存款日记账和总分类账的依据，一般也是出纳人员收付款项的依据。出纳人员必须根据会计人员或指定人员审核批准的收款凭证和付款凭证收付款项。对于已经收讫的收款凭证或已经付讫的付款凭证及其所附的各种原始凭证，出纳人员都要加盖"收讫"和"付讫"戳记，以免重收或重付。出纳人员和有关记账人员都应根据盖有"收讫"和"付讫"戳记的收款、付款凭证登记有关账簿。

3. 转账凭证的填制

转账凭证是根据记录转账业务的原始凭证或汇总原始凭证填制的，其填制方法如表6-9所示。

转账凭证中分别列明了一级科目和明细科目，借方金额填到与各借方科目相对应的同一行内，贷方填列到与各贷方科目相对应的同一行内，且"借方金额"合计数与"贷方金额"合计数相等。其他项目的填列方法与收款凭证相同。

以上是专用记账凭证的填列方法。在实际工作中，小型企业或收付款业务较少的企业，也可采用通用记账凭证。通用记账凭证的格式和填列方法与转账凭证相似，不再赘述。

子任务五：审核记账凭证

（一）审核的内容

为了使记账凭证真实、正确、合理、合法地反映经济业务的内容，保证账簿记录的正确性和监督款项的收付，除了认真填制记账凭证外，还必须由专人对记账凭证进行审核。审核记账凭证主要包括四个方面。

（1）审核记账凭证是否与所附的原始凭证相一致。即审核记账凭证是否附有原始凭证，所附原始凭证张数与记账凭证上所列原始凭证张数是否相符，所附原始凭证的经济业务内容与记账凭证所记录的内容是否一致，记账凭证所记金额是否等于原始凭证所反映的金额。

（2）审核记账凭证的有关项目是否填列齐全、有关人员签章是否齐全。

（3）审核记账凭证上填写的总分类科目、明细分类科目及应借应贷的对应关系是否正确，内容是否符合会计准则的规定。

（4）审核记账凭证中所反映的数字和金额是否正确。

（二）审核后的处理

审核中如发现记账凭证填制错误，应查明原因，重新填制记账凭证或采用更正方法予以更正。审核无误的记账凭证应及时办理会计手续，登记入账。只有审核无误的记账凭证才能作为记账的依据。

任务四　传递和保管会计凭证

【问题引入】小肖要报销差旅费，他需要走哪些流程？

提示：员工报销差旅费，首先要填写差旅费报销单，由部门领导签字确认；其次，将差旅费报销单交给报账会计审核签字，然后由财务经理签字确认；再次，将差旅费报销单交给会计填制记账凭证，然后由财务经理审核记账凭证；最后，将差旅费报销单交出纳处领款。所有流程完成后，会计凭证交由财务部整理归档。整个流程涉及会计凭证的传递和保管。

子任务一：传递会计凭证

会计凭证的传递是指会计凭证从取得或填制到记账以后装订成册、归档保管为止，在本单位内部各有关部门和人员之间的传递程序和传递时间。

（一）会计凭证传递的意义

正确制定会计凭证的传递程序，合理安排传递时间，对于及时利用会计凭证反映经济业务的情况、合理组织经济活动、加强经济责任制、实行会计监管，具有重要意义。

（1）通过会计凭证的传递，能及时反映各项经济业务的完成情况。这是因为，明确会计凭证的传递线路和时间，就能够把有关经济业务的完成情况及时向有关单位和人员传递，以保证会计凭证按时送到财务部门，及时记账、结账，并按上级规定编制财务报表。

（2）通过会计凭证的传递，促使经办业务的人员和部门互相配合，及时、正确地办理凭证手续，从而加强经济业务管理的责任制。

（3）通过会计凭证的传递，能正确组织经济活动，发挥会计的监督作用。任何单位所发生的各项经济业务，以及本单位与各方面的经济联系，都要借助凭证加以记录和证明。因此，按规定的程序和时间组织凭证的传递，就能把本单位各有关部门和个人的活动紧密联系起来，协调各方面的经济关系，搞好分工协作，使正常的经济活动得以顺利进行。同时，凭证的传递实际上还起互相牵制、互相监督的作用。它可以督促经办业务的有关部门和个人，及时、正确地完成各项经济业务，并按规定办理好凭证手续，以利于加强岗位责任制，加强会计监督，改善经营管理。

例如，购买实物的原始凭证，必须有验收证明。实物购入以后，要按照规定办理验收手续，这有利于明确经济责任，保证账实相符，防止盲目采购，避免物资短缺和流失。实物验收工作应由有关人员负责办理，会计人员通过有关的原始凭证进行监督检查。需要入库的实物，必须填写入库验收单，由仓库保管人员按照采购计划或供货合同验证后，在入库验收单上如实填写实收数额，并签名或盖章。不需要入库的实物，由经办人员在凭证上签名或盖章以后，必须交由实物保管人员或使用人员进行验收，并由实物保管人员或使用人员在凭证上签名或盖章。经过购买人以外的第三者查证核实以后，会计人员才能据以报销付款并作进一步的会计处理。

（二）会计凭证传递的组织

各企业所发生的经济业务不同，内部组织机构和人员分工不同，会计凭证的传递也不相同。但是任何单位对于经常发生的、需要有关部门共同办理的主要经济业务都要合理、正确地组织会计凭证的传递。为此，应注意以下三个问题。

（1）要结合本单位业务的特点、内部组织机构和人员分工情况，恰当规定会计凭证流经的必要环节，避免不必要的环节，以提高工作效率；同时要符合会计内部控制制度的要求，各个环节之间对同一会计事项的处理要相互印证。

（2）结合经营管理的需要，适当规定会计凭证的份数、格式，做到既满足会计核算的要求，又兼顾其他管理的需要。

（3）正确确定会计凭证在各个环节的停留时间，保证凭证及时传递。

会计凭证传递制度是经营管理的一项重要制度，会计部门应当会同其他有关部门在调查研究的基础上共同制定。只有科学合理地传递会计凭证，才能充分发挥会计凭证在提供经济信息和加强经济管理方面的作用。

企业销售产品收款业务的有关凭证传递程序如图 6-3 所示。

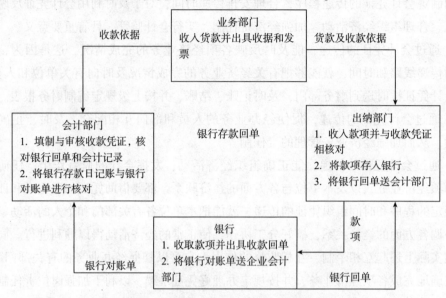

图 6-3　销售产品收款业务的凭证传递程序

子任务二：保管会计凭证

会计凭证是重要的经济资料和会计档案，任何单位在完成经济业务手续和记账以后，必须按规定的立卷归档制度，形成会计档案资料，妥善保管各项资料，以便于日后随时查阅。

会计部门在记账后，应定期对各种会计凭证加以整理，将各种记账凭证按照编号顺序，连同所附原始凭证，加具封面和封底，装订成册，并在装订线上加贴封签，在封面上写明单位名称、年度和月份、记账凭证种类、起讫日期、起讫号数、记账凭证和原始凭证的张数，并在封签处加盖会计主管的骑缝图章。会计凭证一般每月装订一次，装订好的凭证按年分月妥善保管归档。

会计凭证装订前的准备工作包括：①分类整理，按顺序排列，检查日数、编号是否齐全；②按凭证汇总日期归集（如按上、中、下旬汇总归集）确定装订成册的本数；③摘除凭证内的金属物（如订书钉、大头针、回形针），对大的附件要折叠成记账凭证大小，且要避开装订线，以便翻阅时保持数字完整；④整理检查凭证顺序号，如有颠倒要重新排列，发现缺号要查明原因；检查附件是否有漏缺，领料单、入库单、工资、奖金发放单是否随附齐全；⑤记账凭证上有关人员（如财务主管、复核、记账、制单等）的签章是否齐全。

对数量过多的原始凭证，如收料单、发料单等可以单独装订保管，在封面上注明，同时在记账凭证中注明"附件另订"及原始凭证名称和编号。对于各种重要的原始凭证，如合同、契约、存出保证金收据、提货单及涉外文件等，应另编目录单独保管，并在有关记账凭证和原始凭证中予以说明。

装订成册的会计凭证，每本封面上填写好凭证种类、起止号码、凭证张数、会计主管人员和装订人员签章；在封面上编好卷号，按编号顺序入柜，并在显露处标明凭证种类编号，以便于调阅。

装订成册的会计凭证应指定专人负责保管，防止凭证错、乱和丢失。年终，应将装订成册的会计凭证移交会计档案室归档。需要查阅时，应办理查阅手续。原始凭证不得外借，其他单位如因特殊原因需要使用原始凭证时，经本单位会计机构负责人、会计主管人员批准，可以复制。向外单位提供的原始凭证复制件，应当在专设的登记簿上登记，并由提供人员和收取人员共同签名或者盖章。

会计凭证的保管期限和销毁手续，必须严格执行《会计档案管理办法》的有关规定。会计凭证的最低保管期限为30年。对保管期满需要销毁的会计凭证，必须开列清单，经本单位领导审核，报主管部门批准后，方能销毁。

练习题

一、单选题

1. 会计凭证按其填制程序和用途可分为（　　）。
   A. 原始凭证和记账凭证　　　　　　B. 自制凭证和外来凭证
   C. 一次凭证和累计凭证　　　　　　D. 单式记账凭证和复式记账凭证

2. 会计凭证分为原始凭证和记账凭证的依据是（　　）。
   A. 适用的经济业务　　B. 取得来源　　C. 填制程序和用途　　D. 填制手续

3. 原始凭证分为自制原始凭证和外来原始凭证的依据是（　　）。
   A. 适用的经济业务　　B. 取得来源　　C. 填制程序和用途　　D. 填制手续

4. 下列凭证中，属于累计凭证的是（　　）。
   A. 领料单　　　　B. 制造费用分配表　　C. 限额领料单　　　D. 购货合同

5. 下列凭证中，属于外来原始凭证的是（　　）。
   A. 限额领料单　　B. 购货发票　　C. 收料凭证汇总表　　D. 原材料入库单

6. 发料凭证汇总表属于（　　）。
   A. 转账凭证　　　B. 累计凭证　　　C. 汇总原始凭证　　　D. 汇总记账凭证

7. 记账凭证和原始凭证的共同点是（　　）。
   A. 所起的作用相同　　　　　　　　B. 所含凭证要素相同
   C. 编制时间相同　　　　　　　　　D. 反映的经济业务内容相同

8. 将记账凭证分为单式记账凭证和复式记账凭证的依据是（　　）。
   A. 凭证取得的来源　　　　　　　　B. 凭证所记录经济业务的内容
   C. 凭证填制的程序和用途　　　　　D. 凭证包括的会计科目是否单一

9. 会计人员在审核原始凭证过程中，对于手续不完备的原始凭证，按规定应（   ）。
   A. 扣留原始凭证　　　　　　　　　　B. 拒绝执行
   C. 向上级机关反映　　　　　　　　　D. 退回出具单位，要求补办手续

10. 采用专用记账凭证的情况下，涉及现金与银行存款之间的收付业务，按规定应编制（   ）。
    A. 收款凭证　　　B. 付款凭证　　　C. 转账凭证　　　D. 通用记账凭证

11. 外来原始凭证都是（   ）。
    A. 汇总凭证　　　B. 一次凭证　　　C. 记账编制凭证　　　D. 累计凭证

12. 从银行提取现金应编制的专用记账凭证是（   ）。
    A. 银行存款收款凭证　　　　　　　　B. 现金收款凭证
    C. 转账凭证　　　　　　　　　　　　D. 银行存款付款凭证

13. 采购员报销差旅费并交回多余的现金应编制的专用记账凭证是（   ）。
    A. 现金收款凭证　　　　　　　　　　B. 转账凭证
    C. 通用记账凭证　　　　　　　　　　D. 现金收款凭证和转账凭证

14. 下列经济业务发生后，应编制转账凭证的是（   ）。
    A. 现金送存银行　　　　　　　　　　B. 从银行提取现金
    C. 分配制造费用　　　　　　　　　　D. 预借差旅费，以现金支付

15. 收款凭证记录的经济业务是（   ）。
    A. 货币资金的增加　　　　　　　　　B. 应收款项的增加
    C. 预收款项的增加　　　　　　　　　D. 预付款项的增加

16. 将经济业务所涉及的会计科目全部填列在一张凭证上的记账凭证是（   ）。
    A. 单式记账凭证　　　　　　　　　　B. 复式记账凭证
    C. 一次凭证　　　　　　　　　　　　D. 记账编制凭证

17. 审核记账凭证的主要目的是（   ）。
    A. 保证证证相符　　　　　　　　　　B. 保证账证相符
    C. 保证证表相符　　　　　　　　　　D. 保证记账凭证及所附的原始凭证正确无误

18. 出纳人员根据收付款凭证收付款项时，在凭证上面加盖"收讫"或"付讫"的戳记，目的是（   ）。
    A. 避免记账隔页　　　　　　　　　　B. 避免重复记账
    C. 便于明确记账责任　　　　　　　　D. 避免重收重付货币资金

19. 下列内容中，不属于记账凭证审核内容的是（   ）。
    A. 所附的原始凭证是否正确　　　　　B. 使用的会计科目是否正确
    C. 凭证所列的事项是否符合计划与预算　D. 凭证项目是否填写齐全

20. 会计凭证传递是指会计凭证在单位内部有关部门和人员之间的传递程序和传递时间，其传递过程是指（   ）。
    A. 会计凭证从填制到会计报表归档保管

B. 会计凭证从填制到会计凭证归档保管

C. 原始凭证从填制到会计报表归档保管

D. 会计凭证从填制到会计账簿归档保管

21. 差旅费报销单属于（　　）。
   A. 记账凭证　　　　B. 自制原始凭证　　C. 外来原始凭证　　D. 累计凭证

22. 某企业销售一批产品，部分款项收存银行，部分款项尚未收到，该企业应编制（　　）。
   A. 收款凭证和付款凭证　　　　　　B. 收款凭证和转账凭证
   C. 付款凭证和转账凭证　　　　　　D. 两张转账凭证

23. 记账凭证与所附原始凭证的金额（　　）。
   A. 可能相等　　　　　　　　　　　B. 可能不相等
   C. 有时相等有时不相等　　　　　　D. 必须相等

24. 装订成册的会计凭证通常应按（　　）排列。
   A. 时间顺序　　　　B. 总账科目　　　　C. 金额大小　　　　D. 借贷方向

25. 对于经济业务简单、收付款业务不多的单位，可以采用（　　）来记录所有经济业务。
   A. 通用记账凭证　　B. 原始凭证　　　　C. 累计凭证　　　　D. 汇总凭证

26. 会计凭证是（　　）的依据。
   A. 业务活动　　　　B. 编制报表　　　　C. 登记账簿　　　　D. 原始凭证

27. 经济业务发生或完成时取得或填制的凭证是（　　）。
   A. 原始凭证　　　　B. 记账凭证　　　　C. 收款凭证　　　　D. 付款凭证

28. 下列凭证中，不能作为记账依据的原始凭证有（　　）。
   A. 领料单　　　　　B. 工资结算单　　　C. 出差车票　　　　D. 购销合同

29. 原始凭证（　　）外借。
   A. 可以　　　　　　　　　　　　　B. 经本单位会计机构负责人批准，可以
   C. 可以复印　　　　　　　　　　　D. 不得

30. 会计凭证的保管期限和销毁手续，必须严格执行会计制度的规定，（　　）。
   A. 任何人无权自行随意销毁　　　　B. 经批准后可以随意销毁
   C. 可以自行销毁　　　　　　　　　D. 至少保存 30 年

31. 某企业销售产品一批，产品已发出，发票已交达对方企业，货款尚未收到，对此项经济业务，会计人员根据有关原始凭证编制（　　）。
   A. 收款凭证　　　　B. 付款凭证　　　　C. 汇总凭证　　　　D. 转账凭证

二、多选题

1. 填制和审核会计凭证的作用有（　　）。
   A. 可以及时、正确地反映各项经济业务的完成情况
   B. 可以有效发挥会计监督作用
   C. 便于分清经济责任

D. 便于计算企业的经营成果
2. 会计凭证按其填制程序和用途可分为（　　）。
   A. 原始凭证　　　　B. 一次凭证　　　　C. 记账凭证　　　　D. 自制凭证
3. 下列各项中，属于会计凭证的有（　　）。
   A. 领料单　　　　B. 转账凭证　　　　C. 制造费用分配表　　D. 银行对账单
4. 自制原始凭证按其填制手续不同可分为（　　）。
   A. 单式记账凭证　　B. 一次凭证　　　　C. 汇总原始凭证　　　D. 累计凭证
5. 原始凭证按其取得的来源不同可分为（　　）。
   A. 自制原始凭证　　B. 外来原始凭证　　C. 汇总原始凭证　　　D. 累计凭证
6. 下列各项中，属于原始凭证的有（　　）。
   A. 限额领料单　　　B. 银行对账单　　　C. 制造费用分配表　　D. 购货发票
7. 原始凭证的基本内容应包括（　　）。
   A. 会计科目　　　　B. 填制凭证的日期　C. 凭证的编号　　　　D. 实物数量和金额
8. 下列各项中，属于一次凭证的有（　　）。
   A. 收料单　　　　　B. 购货发票　　　　C. 限额领料单　　　　D. 发料凭证汇总表
9. 下列会计凭证中，属于自制原始凭证的有（　　）。
   A. 限额领料单　　　B. 入库单　　　　　C. 发料凭证汇总表　　D. 增值税专用发票
10. 原始凭证与记账凭证的主要区别有（　　）。
    A. 反映的经济内容不同　　　　　　　　B. 格式不同
    C. 作用不同　　　　　　　　　　　　　D. 凭证的要素不同
11. 专用记账凭证可以分为（　　）。
    A. 单式凭证　　　　B. 收款凭证　　　　C. 付款凭证　　　　　D. 转账凭证
12. 单式记账凭证的优点有（　　）。
    A. 编制工作量大　　　　　　　　　　　B. 便于分工记账
    C. 便于按会计科目进行汇总　　　　　　D. 不反映账户的对应关系
13. 复式记账凭证的优点有（　　）。
    A. 全部会计科目填列在一张记账凭证上　B. 便于分工记账
    C. 便于核对账目　　　　　　　　　　　D. 反映账户的对应关系
14. 下列凭证中，属于汇总凭证的有（　　）。
    A. 现金收入汇总表　　　　　　　　　　B. 制造费用分配表
    C. 科目汇总表　　　　　　　　　　　　D. 收料凭证汇总表
15 限额领料单属于（　　）。
    A. 自制原始凭证　　B. 外来原始凭证　　C. 一次凭证　　　　　D. 累计凭证
16. 记账凭证的基本内容包括（　　）。
    A. 凭证名称　　　　B. 凭证编号　　　　C. 会计科目及金额　　D. 经济业务的摘要
17. 下列凭证中，属于专用记账凭证的有（　　）。

A. 收款凭证　　　　B. 单式凭证　　　　C. 复式凭证　　　　D. 转账凭证

18. 用来记录货币资金收付业务的记账凭证有（　　）。

A. 收款凭证　　　　B. 付款凭证　　　　C. 通用记账凭证　　D. 转账凭证

19. 涉及现金与银行存款之间的收付业务，按规定编制的专用记账凭证有（　　）。

A. 现金收款凭证　　　　　　　　　B. 现金付款凭证
C. 银行存款收款凭证　　　　　　　D. 银行存款付款凭证

20. 下列记账凭证中，可以不附原始凭证的有（　　）。

A. 通用记账凭证　　　　　　　　　B. 单式记账凭证
C. 结账的记账凭证　　　　　　　　D. 更正错账的记账凭证

21. 原始凭证与记账凭证之间存在的密切联系表现在（　　）。

A. 原始凭证与记账凭证的用途相同
B. 记账凭证是根据原始凭证编制的
C. 原始凭证是记账凭证的附件
D. 记账凭证与原始凭证填制的程序一样

22. 销售产品一批，货款部分通过银行收回，部分尚未收回，应编制的专用记账凭证有（　　）。

A. 银行存款收款凭证　B. 转账凭证　　C. 现金收款凭证　　D. 通用记账凭证

23. 原始凭证审核的主要内容有（　　）。

A. 记录的经济业务是否合法　　　　B. 记录的经济业务是否符合实际
C. 项目是否填写齐全　　　　　　　D. 各项填写是否正确

24. 记账凭证审核的主要内容有（　　）。

A. 所附原始凭证是否齐全　　　　　B. 使用会计科目是否正确
C. 金额计算是否正确　　　　　　　D. 记账方向是否正确

25. 付款凭证的左上角可填制的会计科目有（　　）。

A. 库存现金　　　　B. 银行存款　　　　C. 应收账款　　　　D. 实收资本

三、判断题

1. 原始凭证与记账凭证的主要区别是填制程序和用途不同。（　　）
2. 原始凭证是会计资料中最具有法律效力的一种证明文件。（　　）
3. 科目汇总表属于汇总记账凭证。（　　）
4. 凡是现金或银行存款增加的经济业务都必须填制收款凭证。（　　）
5. 记账凭证都要附有原始凭证。（　　）
6. 各种原始凭证的填制，都应由会计人员填写，非会计人员不得填写，以保证原始凭证填制的正确性。（　　）
7. 复印的原始凭证也可以作为记账凭证的依据。（　　）
8. 收款凭证的贷方科目只能填写"库存现金"或"银行存款"。（　　）
9. 记账凭证可以根据每一张原始凭证单独填制，也可以根据若干张原始凭证汇总填制。

10. 所有的会计凭证既可以用于登记总账又可以登记明细账。（   ）

11. 记账凭证无论采用哪种编号方法，都应按月顺序编号，即每月都从1号编起，顺序编至月末。（   ）

12. 对于遗失的原始凭证而又无法取得证明，如火车票等，可由当事人写出详细情况，由单位负责人批准后，代作原始凭证。（   ）

13. 复式记账凭证可以较为简便地据以汇总计算每一会计科目的发生额，可以减少登记总账的工作量，同时还便于分工记账。（   ）

14. 汇总记账凭证与记账凭证汇总表的编制方法不同，但都可以作为登记总账的依据，减少总账登记的工作量。（   ）

15. 实行会计电算化的单位，打印出来的机制记账凭证应同时打印出制单人员、审核人员、记账人员和会计主管人员的印章或签名。（   ）

课后实训

实训一

目的：

借款及报销业务中原始凭证、记账凭证相关的会计处理练习。

资料：

重庆市AA公司材料采购员丁丁2018年1月5日拟去北京市BB公司采购办公用品，经处长王林签章同意，预借差旅费现金8 000元。丁丁填制了一张借款单，出纳员凌岭付给丁丁现金8 000元。经财务稽核人员方凤审核后，借款单交会计万万编制现金付款凭证。12月12日，丁丁完成采购业务回来，经审核，实际支出差旅费及补助7 980元，交回剩余现金20元。

要求：

填制借款单，填制借款和报销的记账凭证。

实训二

目的：

练习记账凭证的分类编制。

资料：

东方机械厂2019年4月部分业务如下。

（1）1日，收到投资方追加的投资款100万元，已经存入银行。

（2）2日，购入一台不需要安装的设备，买价为100 000元，增值税为13 000元，款项未付。

（3）3日，购入甲材料100千克为13%，单价为300元，增值税税率为13%，款项已付。

（4）4日，支付甲材料运杂费1 000元，材料已验收入库。

（5）5日，用银行存款支付购设备价税款的一半。

（6）6日，王林出差借支差旅费3 000元，以现金支付。

（7）7日，张迪领取困难补助1 000元，以现金支付。

（8）8日，分配本月工资费用：生产工人工资8 000元，车间管理人员工资2 000元，厂部管理人员工资2 000元。

（9）9日，提取现金10万元准备发放工资。

（10）9日，发放工资10万元。

（11）10日，按照工资总额的14%计提职工福利费。

（12）11日，生产用机器设备小修理费用100元，以现金支付。

（13）12日，以转账支票支付所属技工学校经费5 000元。

（14）13日，王林报销差旅费2 500元，余款退回现金。

（15）14日，以转账支票预付下季度财产保险费6 000元。

（16）15日，职工李军报销医药费600元，以现金付讫。

（17）16日，以银行存款支付本月电话费1 000元。

（18）17日，以银行存款缴纳企业所得税18 000元。

（19）17日，从银行取得短期借款60 000元，存入存款账户。

（20）18日，购入乙材料10千克，单价为80元，价税款均未支付。

（21）19日，以银行存款1 000元支付罚款。

（22）20日，以银行存款支付贷款手续费300元。

（23）21日，以银行存款支付本季度短期借款利息6 500元。

（24）22日，经厂部研究决定，对违反纪律的张三罚款300元，款项尚未收到。

（25）23日，以银行存款支付广告费3 000元。

（26）24日，预收C产品货款50 000元存入银行。

（27）26日，销售A产品1 000件，共计60 000元，价税款均未收到。

（28）27日，出售废品收入现金85元。

（29）30日，以银行存款支付本月水电费3 500元。其中，车间用电2 500元，管理部门用电1 000元。

（30）30日，根据发料汇总表，本月消耗材料共计20 000元。

（31）30日，按规定计提固定资产折旧，其中生产车间设备折旧费780元，管理部门办公设备折旧费1 220元。

（32）30日，分配结转制造费用5 380元。

（33）30日，产品部分完工，分配结转完工产品成本30 000元。

（34）30日，结转已售产品的生产成本20 000元。

（35）30日，核算本月税金及附加，应缴城市维护建设税210元，应缴教育附加费90元。

（36）30日，结转损益类账户，该企业有关账户1月份的期末余额如表6-13所示。

表 6-13 损益类账户结转前余额

单位：元

账户名称	借方余额	贷方余额
主营业务收入		60 000
营业外收入		200
其他业务收入		85
主营业务成本	20 000	
税金及附加	3 100	
其他业务成本		
销售费用	3 000	
管理费用	7 800	
财务费用	6 000	
营业外支出	1 000	

（37）30 日，按应税所得额的 25% 计算确认应缴所得税 4 600 元。

（38）30 日，提取盈余公积金 1 380 元。

（39）30 日，经董事会决议，拟向投资者分配利润 20 000 元。

要求：

根据以上业务编制记账凭证。

学习情境七

会计账簿

学习目标

理解会计账簿的概念；了解会计账簿的分类；掌握会计账簿的应用；能够正确选择会计账簿；能够登记会计账簿；学会对账与结账。

任务一：会计账簿认知；

任务二：会计账簿的内容、账簿启用与登记规则认知；

任务三：登记会计账簿；

任务四：对账与结账；

任务五：更换与保管会计账簿。

情境描述

重庆翔宇集团小刘为单位购买账本，到文具店后，发现账本的种类很多。有日记账、总账以及订本式账簿、活页式账簿等，小刘不知道该买哪些。如果你是会计人员，应购买哪些类型的账本呢？

情境分析

对于会计凭证所记录的经济业务，必须经过会计账簿的分类、汇总，才能满足经济管理的需要。会计科目不同，选用的会计账簿也不相同。要解决小刘的问题，必须知道会计账簿的概念和分类、会计账簿的作用和如何登记会计账簿。

任务一 会计账簿认知

【问题引入】会计账簿是什么？怎样登记会计账簿？会计账簿在会计核算中的作用是什

么？为了正确回答上述问题，需要认真学习本部分内容。

提示：要解决上述问题需要了解会计账簿的概念和种类。

子任务一：理解会计账簿的概念和意义

（一）会计账簿的概念

会计账簿简称账簿，是由相互联系并具有一定格式的账页所组成，用以分类记录企业在一定时期内发生的经济业务的簿籍。合理设置会计账簿和正确无误地登记会计账簿是会计核算工作的重要环节。

对于会计主体所发生的每一笔经济业务，会计部门虽然已根据审核无误的原始凭证或原始凭证汇总表填制了记账凭证，对会计事项作了初步分类确认和计量。但是，每张记账凭证所能反映的仅仅是一笔或若干笔同类经济业务的发生情况，尚不能系统地反映某一类经济业务增减变化及其结果的完整情况。从会计凭证中只能了解一些零星的、分散的会计信息，找不到经营管理所需的一些分类的综合性指标。因此，有必要将分散记载于会计凭证中的经济内容进行集中归类反映，从而提供管理所需的分类、序时、系统、完整的会计信息。同时，会计信息的最终载体是会计报表，而编制会计报表不可能依据分散的会计凭证，只能依据集中归类以后的记录，这就需要设置和登记会计账簿。设置和登记会计账簿是会计核算的专门方法之一。

（二）会计账簿的意义

会计账簿的设置和登记是日常会计核算工作的中心环节，有承上启下的作用，对提供会计信息有着非常重要的意义。

(1) 会计账簿可以为日常经济管理提供全面、系统、分类的会计信息。会计账簿可以汇总和分类地反映会计主体的日常经济活动。会计账簿可以反映各个会计要素的具体项目在一定时期的增减变化情况及其结果，使会计信息使用者了解本企业分类经济活动的情况，便于对经济活动进行及时考核和控制，加强对财力、物力的管理，保证对财物的合理利用，保证企业财产安全，实现资本的保值增值。

(2) 会计账簿可以为会计分析提供资料。会计账簿记录既提供总括核算资料，又提供明细核算资料；既可以分类地反映经济活动，又可以序时地反映经济活动。所以，根据会计账簿资料可以开展一系列会计分析。

(3) 会计账簿可以为编制财务会计报告提供资料。会计账簿中的有关资料是编制财务会计报告的主要资料来源。例如，编制利润表可以从损益类账户的账页中取得有关当期收入、费用的资料；编制资产负债表可以从资产类、负债类和所有者权益类账户的账页中取得当期期末资产、负债、所有者权益状况的资料。所以，会计账簿的合理设置和正确登记是顺利编制财务报告的保证。

(4) 会计账簿可以为日后财务检查提供依据。会计账簿是企业重要的经济档案，保管期限长，可以为日后的查账核对工作提供全面、系统的资料，有利于加强对经济活动的监督、控制和对企业财物的管理，在一定程度上保障企业财物的安全。

综上所述，会计账簿的合理设置和正确、及时、完整、系统地登记是会计工作的一项重要内容，它对企业经济核算和管理有着举足轻重的作用。

子任务二：掌握会计账簿的分类

各单位所设置的会计账簿应该形成能够适应需要、功能各异、结构合理的一套完整的账簿体系。为了更好地掌握和运用各种会计账簿，充分发挥会计账簿在会计主体经济管理中的作用，应该从不同的角度对会计账簿进行分类。

（一）按会计账簿的用途分类

会计账簿按用途不同，可以分为分类账、日记账和备查账。

1. 分类账

分类账是对全部经济业务进行反映的会计账簿。分类又叫明细账，按照提供资料的详细程度不同，分为总分类账和明细分类账。总分类账又叫总账，是按照总分类账户开设和登记的会计账簿，对企业的全部经济业务进行总括分类反映；明细分类账又叫明细账，是按照明细账户开设和登记的会计账簿，用来对企业某一类经济业务进行详细分类反映。通过分类账可以了解企业管理需要的各个会计要素项目详细程度不同的增减变化情况及结果，便于实施有效的管理，实现企业的经营目标。

2. 日记账

日记账是对经济业务按其发生时间的先后顺序逐日逐笔进行连续记录的会计账簿，又叫序时账。日记账按照有无专门用途，分为普通日记账和特种日记账。普通日记账是无专门用途，根据时间的先后顺序，对发生的全部会计事项进行全面记录的会计账簿。特种日记账是为集中反映某类经济业务的发生或完成情况而专门设置的会计账簿。通过日记账可以序时地了解到有关经济业务的发生或完成情况；日记账还可以与分类账等进行核对，检查会计账簿之间所记的相同的经济内容是否相符。目前，企业中常设的日记账有现金日记账、银行存款日记账等特种日记账。

3. 备查账

备查账通常又称为备查簿，是对某些不能在分类账和序时账中记录的经济事项进行记录的会计账簿。它是会计账簿体系中不可缺少的一部分。备查簿的设置和登记使会计信息使用者便于查考有关的辅助性资料，从而使有关部门或人员全面掌握企业拥有或控制的经济资源状况，以及其他在分类账和日记账中无法找到的重要经济信息，有利于企业进行更严密、完善的经济管理。企业中常设的备查簿有租入固定资产备查簿、受托加工材料备查簿、应收票据备查簿等。

日记账和分类账是法律规定会计主体必须设置的会计账簿，其格式和登记方法都有相关规定；备查簿则不是必设会计账簿，各企业根据需要而设，其格式也不固定。

（二）按会计账簿的外表形式分类

会计账簿按外表形式不同，可以分为订本账、活页账和卡片账。

1. 订本账

订本账是启用前已装订成册的会计账簿，其账页固定、账页编号固定，用之记账可以避免账页散失或被抽换，所记录的经济事项比较安全可靠。但是，订本账存在一些不足之处。例如，新会计年度开始启动新会计账簿容易造成旧会计账簿留剩空白账页过多，形成浪费；开设账户如若安排不当会造成某些账户的账页过多，而另一些账户则不够登记。另外，订本账的账页固定，不便于分工记账。因此，目前只有比较重要的会计账簿才使用订本账，如现金日记账、银行存款日记账。在实际工作中，有些单位的总分类账也选用订本账。

2. 活页账

活页账是启用前尚没有装订成册、存放于账夹中，使用后再装订成册存档保管的会计账簿。使用活页账记账，账页多少可以随需要而定，不会造成浪费，同时也便于分工记账。但活页账账页不固定，因而在使用时要加强保管，以避免账页散失和被抽换。在实际工作中，明细分类账多使用活页账。

3. 卡片账

卡片账是由许多硬纸卡片组成的存放于卡片箱中的会计账簿。卡片账与活页账一样，启用前没有装订成册，会计期末装订成册或封扎存档保管。卡片账有活页账的优点和缺点。另外，卡片账使用起来比较灵活，其格式可以随具体需要而定，有时还可以跨年度使用而无须更换。常见的卡片账有固定资产卡片账等。

(三) 按会计账簿的账页格式分类

会计账簿按账页格式不同，分为三栏式、数量金额式和多栏式。

1. 三栏式

三栏式会计账簿的账页只设借方、贷方和余额三个金额栏。这种格式适用于那些只需要进行金额核算而不需要进行数量核算的账户，如"应收账款""应付账款"等账户的明细分类核算。

2. 数量金额式

数量金额式会计账簿的账页，在借方、贷方和余额栏内，分别设有数量、单价和金额三栏。这种格式适用于既需要进行金额核算又需要进行实物核算的各种财产物资的明细核算，如"原材料""库存商品"等财产物资账户的明细分类核算。

3. 多栏式

多栏式会计账簿的账页，在借方、贷方或借贷双方都需要设若干栏。收入、费用明细账一般采用这种格式。

子任务三：区别会计账簿与账户

为了完整、连续、系统地记录由于经济业务的发生而引起会计要素的增减变动，提供各种会计信息，企业还必须根据规定的会计科目在账簿中开设账户。账户存在于账簿之中，账簿中的每一账页也就是账户的存在形式和载体，没有账簿，账户就无法存在。因此，账簿只是一个外在形式，账户才是它的真实内容。账簿与账户的关系是形式和内容的关系。

任务二　会计账簿的内容、账簿启用与登记规则认知

【问题引入】通过任务一可以了解会计账簿的种类，但每种会计账簿中的内容有什么不同？对于一本新启用的会计账簿，会计人员应该怎么开始启用？登记会计账簿时需要遵循哪些规则？为了正确回答这些问题，需要认真学习本部分内容。

提示：要解决上述问题需要掌握会计账簿的内容和启用与登记规则。

子任务一：理解会计账簿的基本内容

各种主要账簿应具备三项基本内容。

1. 封面

封面主要用于表明账簿的名称，如现金日记账、银行日记账、总分类账、应收账款明细账等。

2. 扉页

扉页主要用于载明经管人员一览表，其应填列的内容主要有：移交人和移交日期、接管人和接管日期等。

3. 账页

账页是用来记录具体经济业务的载体，其格式因记录经济业务的内容不同而有所不同。每张账页上应载明的主要内容有：账户的名称（即会计科目），记账日期，记账凭证种类和号数，摘要（经济业务内容的简要说明），借方、贷方金额及余额的方向、金额，总页次和分页次等。

子任务二：了解会计账簿的启用

为了考证会计账簿记录的合法性和会计资料的真实性、完善性，明确经济业务，会计账簿应由专人负责登记。启用会计账簿应遵守以下规则。

（一）认真填写封面及账簿启用和经管人员一览表

启用会计凭证时应在账簿封面上写明单位名称和账簿名称，并在账簿扉页中附上账簿启用和经管人员一览表（简称启用表）。启用表的内容主要包括：账簿名称、启用日期、账簿页数、记账人员姓名、会计机构负责人姓名、会计主管人员姓名，并加盖名章和单位公章。

（二）严格交接手续

记账人员或者会计机构负责人、会计主管人员调动工作时，必须办理会计账簿交接手续，在账簿启用和经管人员一览表中注明交接日期、交接人员和监交人员姓名，并由双方交接人员签名或者盖章，以明确有关人员的责任，维护会计记录的严肃性。

（三）及时结转旧账

每年年初更换新账时，应将旧账的各账户余额过入新账的余额栏，并在摘要栏中注明

"上年结转"字样。

子任务三：掌握会计账簿的登记规则

登记会计账簿是一项很重要的会计工作，在手工操作的会计工作程序中居中心环节，会计账簿登记工作质量对会计信息的质量有决定性作用。

（一）账页的登记规则

（1）会计人员应当根据审核无误的会计凭证登记会计账簿。登记会计账簿的基本要求如下。

①登记会计账簿时，应当将会计凭证日期、编号、业务内容摘要、金额和其他有关资料逐项记入账页内，做到数字准确、摘要清楚、登记及时、字迹工整。登记会计账簿要及时。

②登记完毕后，要在记账凭证上签名或者盖章，并注明已经登账的符号，表示已经记账。

（2）各种会计账簿按页次顺序连续登记，不得跳行、隔页。如果发生跳行、隔页，应当将空行、空页划线注销，注明"此行空白""此页空白"字样，并由记账人员签名或者盖章。

每一账页登记完毕结转下页时，应当结出本页合计数及余额，写在本页最后一行和下页第一行有关栏内，并在摘要栏内注明"过次页"和"承前页"字样；也可以将本页合计数及金额只写在下页第一行有关栏内，并在摘要栏内注明"承前页"字样。

对需要结计本月发生额的账户，结计"过次页"的本页合计数应当为自本月初起至本页末止的发生额合计数；对需要结计本年累计发生额的账户，结计"过次页"的本页合计数应当为自年初起至本页末止的累计数；对既不需要结计本月发生额也不需要结计本年累计发生额的账户，可以只将每页末的余额结转次页。

（3）凡需要结出余额的账户，结出余额后，应当在"借或贷"等栏内写明"借"或者"贷"等字样。没有余额的账户，应当在"借或贷"等栏内写"平"字，并在余额栏内用"—"或者"θ"表示。

（二）账簿的书写要求

（1）账簿中书写的文字和数字上面要留有适当空格，不要写满格；一般应占格距的二分之一。

（2）登记账簿要用蓝黑墨水或者碳素墨水书写，不得使用圆珠笔（银行的复写账簿除外）或者铅笔书写。

（3）下列情况，可以用红色墨水记账。

①按照红字冲账的记账凭证，冲销错误记录。

②在不设借贷等栏的多栏式账页中，登记减少数。

③在三栏式账户的余额栏前，如未印明余额方向的，在余额栏内登记负数余额。

④根据国家统一会计制度的规定可以用红字登记的其他会计记录。

任务三　登记会计账簿

【问题引入】启用了新的账簿如何进行登记呢？

提示：要回答上述问题，需要明确如何登记日记账、总分类账和明细分类账。

子任务一：登记日记账

日记账有普通日记账和特种日记账两类。

（一）普通日记账

普通日记账是逐日序时登记特种日记账以外的经济业务的会计账簿。在不设特种日记账的企业，则要序时地逐笔登记企业的全部经济业务，因此普通日记账也称分录簿。

普通日记账一般分为"借方金额"和"贷方金额"两栏，登记每一笔分录的借方账户和贷方账户及金额，这种会计账簿不结余额。

（二）特种日记账

常用的特种日记账是现金日记账和银行存款日记账。在企业中，登记现金日记账和银行存款日记账，有利于加强货币资金的日常核算和监督，有利于贯彻执行国家规定的货币资金管理制度。

1. 现金日记账

现金日记账是用来核算和监督库存现金每日的收入、支出和结存状况的会计账簿。它由出纳人员根据现金收款凭证、现金付款凭证和与现金有关的银行存款付款凭证，按经济业务发生时间的先后顺序，逐日逐笔进行登记。

现金日记账的结构一般采用"收入""支出""结余"三栏式。现金日记账中的"年""月""日""凭证字号""摘要"和"对方科目"等栏，根据有关记账凭证登记；"收入"栏根据现金收款凭证和引起现金增加的银行存款付款凭证登记；"支出"栏根据现金付款凭证登记。每日终了应计算全日的现金收入、支出合计数，并逐日结出现金余额，与库存现金实存数核对，以检查每日现金收付是否有误。每月末，应结出当期"收入"栏和"支出"栏的发生额和期末余额，并与现金总分类账户核对一致，做到日清月结、账实相符。如账实不符，应查明原因。现金日记账的格式如表7-1所示。

表7-1　现金日记账

单位：元

2018年		凭证		对方科目	摘要	收入	支出	结余
月	日	种类	号码					
12	1				期初余额			2 000
	2	银付	1	银行存款	提现	15 000		
	2	现付	1	应付职工薪酬	发工资		15 000	

续表

2018年		凭证		对方科目	摘要	收入	支出	结余
月	日	种类	号码					
	2	现收	1	应收账款	收回欠款	1 000		
	2	现付	2	管理费用	付办公费		600	
	2				本日合计	16 000	15 600	2 400
					……			
	31				本日合计	250	550	2 100
	31				本月合计	16 250	16 150	2 100

2. 银行存款日记账

银行存款日记账是用来核算和监督银行存款每日的收入、支出和结存情况的会计账簿。它由出纳人员根据银行存款收款凭证、银行存款付款凭证和与银行存款有关的现金付款凭证，按经济业务发生时间的先后顺序，逐日逐笔进行登记。银行存款日记账应按企业在银行开立的账户和币种分别设置，每个银行存款账户设置一本银行存款日记账。

银行存款日记账的结构一般采用"借方""贷方"和"余额"三栏式。银行存款日记账的登记方法与现金日记账的登记方法类似。银行存款日记账和现金日记账一样，每日终了时要结出余额，做到日清，以便检查、监督各项收支款项，避免出现透支现象，同时也便于同银行对账单进行核对。银行存款日记账的格式如表7-2所示。

表7-2 银行存款日记账

单位：元

2018年		凭证		对方科目	摘要	借方	贷方	余额
月	日	种类	号码					
12	1				期初余额			80 000
	2	银付	1	库存现金	提现		15 000	
	2	银付	2	材料采购	付购料款		6 000	
	2	银收	1	应收账款	收到货款	2 000		
	2				本日合计	2 000	21 000	61 000
					……			
	31				本日合计	3 900	1 500	63 400
	31				本月合计	5 900	22 500	63 400

现金日记账和银行存款日记账都必须使用订本式账页。

子任务二：登记总分类账

总分类账也称总账，是按总分类账户进行分类登记，全面、总括地反映和记录经济活动情况，并为编制会计报表提供资料的会计账簿。由于总分类账能全面、总括地反映和记录经济业务引起的资金运动和财务收支情况，并为编制会计报表提供数据，因此，任何单位都必须设置总分类账。

总分类账一般采用订本式账页，按照会计科目的编码顺序分别开设账户，并为每个账户预留若干账页。由于总分类账只进行货币度量的核算，因此最常用的格式是三栏式，在账页中设置借方、贷方和余额三个基本金额栏。总分类账中的对应科目栏，可以设置也可以不设置。"借或贷"栏是指账户的余额在借方还是在贷方。

总分类账的登记，可以根据记账凭证逐笔登记；也可以通过一定的方式分次或按月一次汇总成汇总记账凭证或科目汇总表，然后据以登记；还可以根据多栏式现金、银行存款日记账在月末时汇总登记。总分类账登记的依据和方法，取决于企业采用的账务处理程序。

总分类账的格式如表7-3所示。

表7-3 总分类账

科目名称：库存现金　　　　　　　　　　　　　　　　　第1页　　　　单位：元

2018年		凭证号码	摘要	借方	贷方	借或贷	余额
月	日						
12	1		上年结转			借	2 000
	2	银付1	提现	15 000		借	17 000
	2	现付1	发工资		15 000	借	2 000
	2	现收1	收回欠款	1 000		借	3 000
	2	现付2	付办公费		600	借	2 400
			……				
	31		本月合计	16 000	15 600		2 400

子任务三：登记明细分类账

明细分类账也称总账，是根据明细账户开设账页，分类、连续地登记经济业务以提供明细核算资料的会计账簿。根据实际需要，各种明细分类账分别按二级科目或明细科目开设账户，并为每个账户预留若干账页，用来分类、连续记录有关资产、负债、所有者权益、收入、费用、利润等详细资料。设置和运用明细分类账，有利于加强资金的管理和使用，并可为编制会计报表提供必要的资料。因此，各单位在设置总分类账的基础上，还要根据经营管理的需要，按照总分类科目设置若干必要的明细分类账，以形成既能提供经济活动总括情况，又能提供详细情况的账簿体系。

明细分类账的格式，应根据其所反映经济业务的特点，以及财产物资管理的不同要求来设计，一般有三栏式明细分类账、数量金额式明细分类账、多栏式明细分类账和平行式明细分类账四种。

（一）三栏式明细分类账

三栏式明细分类账的账页格式同总分类账的账页格式基本相同，它只设借方、贷方和余额三个金额栏,不设数量栏。所不同的是,总分类账为订本账,而三栏式明细分类账多为活页账。这种账页适用于只采用金额核算的应收账款、应付账款等账户的明细核算。

(二)数量金额式明细分类账

数量金额式明细分类账的账页格式在收入、发出、结存三栏内,再分别设置"数量""单价"和"金额"等栏目,以分别登记实物的数量和金额。数量金额式明细分类账的格式如表7-4所示。

数量金额式明细分类账适用于既要进行金额核算又要进行数量核算的财产物资项目,如"原材料""库存商品"等账户的明细核算。数量金额式明细分类账能提供各种财产物资收入、发出、结存等的数量和金额资料,便于开展业务和加强管理的需要。

表7-4 数量金额式明细分类账

二级科目:金属材料　　　　　　　　　　　　　　　　　　　　计量单位:
材料名称:钢材　　　　　　　　　　　　　　　　　　　　　　最高储备:
材料规格:　　　　　　　　　　　　　　　　　　　　　　　　最低储备:

2018年		摘要	收入			发出			结存		
月	日		数量/个	单价/元	金额/元	数量/个	单价/元	金额/元	数量/个	单价/元	金额/元
12	1	月初余额							100	1	100
	6	车间领用				60	1	60	40	1	40
	10	购入	80	1.3	104				120	1.2	144
	12	车间领用				100	1.2	120	20	1.2	24
		……									
12	31	本月合计									

(三)多栏式明细分类账

多栏式明细分类账是根据经济业务的特点和经营管理的需要,在一张账页的借方栏或贷方栏设置若干专栏,集中反映有关明细项目的核算资料。它主要适用于只记金额、不记数量,而且在管理上需要了解其构成内容的费用、成本、收入、利润账户,如"生产成本""制造费用""管理费用""主营业务收入"等账户的明细分类账。"本年利润""利润分配"和"应缴税金——应缴增值税"等账户所属明细账户则需采用借、贷方均为多栏式的明细账。

多栏式明细分类账的格式视管理需要而不同,它在一张账页上,按明细账户分设若干专栏,集中反映有关明细项目的核算资料。如"生产成本明细账",在借方栏下可分设若干专栏,如直接材料、直接人工、其他直接费用和制造费用等栏目。多栏式明细分类账的格式如表7-5所示。

表 7-5 多栏式明细分类账（生产成本——A 产品）

产品名称：A 产品　　　　　　　　　　　　　　　　　　　　　　　　　　　　单位：元

2018年		凭证		摘要	借方				
月	日	种类	号数		直接材料	直接人工	其他直接费用	制造费用	合计
12	1			期初余额	1 000	50	500	88	1 638
				……					
	31			本期发生额	8 000	5 000	2 000	1 600	16 600
					7 800	4 200	1 800	1 200	1 500
	31			期末余额	1 200	850	700	488	3 238

多栏式明细分类账是由会计人员根据审核无误的记账凭证或原始凭证，按照经济业务发生的时间先后顺序逐日逐笔进行登记的。对于成本费用类账户，只在借方设专栏，平时在借方登记成本费用发生额，贷方登记月末将借方发生额一次转出的数额。平时如有贷方发生额，应用"红字"在借方有关栏内登记，表示应从借方发生额中冲减。同样，对于收入类账户，只在贷方设专栏，平时在贷方登记收入的发生额，借方登记月末将贷方发生额一次转入"本年利润"账户的数额，若平时有借方发生额，应用"红字"在贷方有关栏内登记。

（四）平行式明细分类账

平行式明细分类账也称横线登记式明细分类账。它的账页结构特点是：将前后密切相关的经济业务在同一横行内进行详细登记，以检查每笔经济业务完成及变动情况。该种账页一般用于"物资采购""一次性备用金业务"等明细分类账。

平行式明细分类账的借方一般在购料付款或借出备用金时按会计凭证的编号顺序逐日逐笔登记；其贷方则不要求按会计凭证编号逐日逐笔登记，而是在材料验收入库或者备用金使用后报销和收回时，再在与借方记录的同一行内进行登记。同一行内借方、贷方均有记录时，表示该项经济业务已处理完毕，若一行内只有借方记录而无贷方记录，表示该项经济业务尚未结束。

物资采购明细分类账的格式如表 7-6 所示。

表 7-6 物资采购明细分类账

年		凭证		摘要	借方			贷方	余额
月	日	种类	号码		买价	采购费用	合计		

各种明细分类账的登记方法，应根据本单位业务量的大小和经营管理需要，以及所记录

的经济业务内容而定,可以根据原始凭证、汇总原始凭证或记账凭证逐笔登记,也可以根据这些凭证逐日或定期汇总登记。

子任务四:掌握总分类账与明细分类账的平行登记

(一)总分类账和明细分类账的关系

总分类账是按照总分类账户开设的分类账,提供会计主体财务状况和经营成果的全面、系统的分类资料,只提供货币指标。明细分类账是按照明细分类账户开设的分类账,对各有关会计要素项目进行较为详细的分类反映。明细分类账除了提供货币指标外,还提供实物量度指标,为日常管理和编制会计报表提供更加详细的资料。明细分类账对总分类账进行必要的补充说明,总分类账对明细分类账起统驭作用。

总分类账和明细分类账登记的依据是相同的,根据同一会计凭证对同样的会计事项进行确认和计量,这就客观要求总分类账和明细分类账进行平行登记。

(二)总分类账和明细分类账的平行登记

总分类账和明细分类账的平行登记就是对同一会计事项在总分类账和明细分类账中进行同依据、同方向、同金额、同时间的登记。

1. 同依据

同依据是指对于发生的交易或事项,依据相同的会计凭证,一方面要在有关的总分类账中登记,另一方面要在该总分类账所属明细分类账中登记。

2. 同方向

同方向是指对于同一会计事项在总分类账中的记账方向和在明细分类账中的记账方向是一致的。也就是说,如果在总分类账中的记账方向是借方(贷方),那么在明细分类账中的记账方向必定也是借方(贷方)。

3. 同金额

同金额是指对于同一会计事项在总分类账中的登记金额和在明细分类账中的登记金额是一致的。也就是说,在总分类账中的记账金额和在其控制的所有明细分类账中的登记金额之和必定是相等的。

4. 同时间

同时间是指对于同一会计事项在总分类账中入账的会计期间和在明细分类账中入账的会计期间是一致的。也就是说,总分类账不管是逐笔登记还是汇总登记,其所记录会计事项的入账期间和其控制的明细分类账的入账期间是同一月份。

【例7-1】重庆AA公司2019年5月有如下业务(材料收发业务按计划成本核算,并且实际成本和计划成本相等)。

1. 5月8日,AA公司从BB公司购入甲材料100千克,买价为1 000元,价税合计1 130元,款项未付。

2. 5月12日,用现金支付上述购料运杂费50元,材料验收入库。

3. 5月15日，AA公司从CC公司购入乙材料250千克，买价为10 000元，增值税税款为1 300元，运杂费1 000元。所有款项均已通过银行存款支付，材料已验收入库。

4. 5月18日，用银行存款向BB公司支付5月8日购料款。

5. 5月28日，AA公司从DD公司购入甲材料100千克，买价为990元，价税合计1 118.7元。款项已经用银行存款支付，材料尚在运输途中。

编制会计分录如下。

业务1（转字1）：

借：材料采购——甲材料　　　　　　　　　　　　　　1 000
　　应缴税费——应缴增值税（进项税额）　　　　　　130
　　贷：应付账款——BB公司　　　　　　　　　　　　　　1 130

业务2（现付1）：

借：材料采购——甲材料　　　　　　　　　　　　　　50
　　贷：库存现金　　　　　　　　　　　　　　　　　　　　50

（转字2）：

借：原材料——甲材料　　　　　　　　　　　　　　　1 050
　　贷：材料采购——甲材料　　　　　　　　　　　　　　　1 050

业务3（银付1）：

借：材料采购——乙材料　　　　　　　　　　　　　　11 000
　　应缴税费——应缴增值税（进项税额）　　　　　　1 300
　　贷：银行存款　　　　　　　　　　　　　　　　　　　　12 300

（转字3）：

借：原材料——乙材料　　　　　　　　　　　　　　　11 000
　　贷：材料采购——乙材料　　　　　　　　　　　　　　　11 000

业务4（银付2）：

借：应付账款——BB公司　　　　　　　　　　　　　　1 130
　　贷：银行存款　　　　　　　　　　　　　　　　　　　　1 160

业务5（银付3）：

借：材料采购——甲材料　　　　　　　　　　　　　　990
　　应缴税费——应缴增值税（进项税额）　　　　　　128.7
　　贷：银行存款　　　　　　　　　　　　　　　　　　　　1 118.7

上述业务中，"材料采购"账户涉及的记账凭证有"转字1""现付1""转字2""银付1""转字3""银付3"。不仅是登记"材料采购"明细分类账的依据，同时也是登记"材料采购"总分类账的依据。根据这些记账凭证一一登记明细分类账之后，在同一会计期间内，也要在总分类账内相应进行登记。"材料采购"明细分类账与总分类账平行登记的结果如表7-7～表7-9所示。

表 7-7 材料采购（甲材料）明细分类账

材料名称：甲材料　　　　　　　　　　　　　　　　　　　　　　　　　　单位：元

2019 年		凭证		摘要	借方			贷方
月	日	种类	号数		买价	运杂费	合计	
5	1			月初余额	—	—	—	—
	8	转	1	购入 100 千克	1 000		1 000	
	12	现付	1	运杂费		50	50	
	12	转	2	材料入库				1 050
	28	银付	3	购入 100 千克，未入库	990		990	
	31			本期发生额	1 990	50	2 040	1 050
	31			期末余额			990	

表 7-8 材料采购（乙材料）明细分类账

材料名称：乙材料　　　　　　　　　　　　　　　　　　　　　　　　　　单位：元

2019 年		凭证		摘要	借方			贷方
月	日	种类	号数		买价	运杂费	合计	
5	1			月初余额	—	—	—	—
	15	银付	1	购入 250 千克	10 000	1 000	11 000	
	15	转	3	材料入库				11 000
	31			本期发生额	10 000	1 000	11 000	11 000
	31			期末余额	—	—	—	

表 7-9 材料采购总分类账

单位：元

2019 年		凭证		摘要	借方	贷方	借或贷	余额
月	日	种类	号数					
5	1			月初余额			平	0
	8	转	1	购料	1 000		借	1 000
	12	现付	1	运杂费	50		借	1 050
	12	转	2	入库		1 050	平	0
	15	银付	1	购料	11 000		借	11 000
	15	转	3	入库		11 000	平	0
	28	银付	3	购料	990		借	990
	31			本期发生额及期末余额	13 040	12 050	借	990

总分类账和明细分类账的核对通过编制明细分类账本期发生额及期末余额表（见表7-10）进行。

明细分类账本期发生额及余额表是按照总分类账所属的所有明细分类账账页记录的本期发生额和期末余额填制的，用以和总分类账本期发生额及余额进行核对的对照表。总分类账所属的所有明细分类账的本期发生额合计数和期初余额、期末余额合计数，应该分别与总分类账的本期发生额合计数和期初余额、期末余额合计数相等。

表7-10　"材料采购"明细分类账本期发生额及期末余额表

单位：元

材料种类	期初余额		本期发生额		期末余额	
	借方	贷方	借方	贷方	借方	贷方
甲材料	—		2 040	1 050	990	
乙材料	—		11 000	11 000		
合计	—		13 040	12 050	990	

任务四　对账与结账

【问题引入】重庆翔宇集团的会计小陈负责登记总账和编制财务报表。月底，小陈不知道如何完成这些工作，而且在记账的过程中还出现了一些错误，这该怎样办呢？

提示：要解决上述的问题，需要明确如何更正错账及如何对账、结账。

子任务一：对账

会计工作要求"锱铢必较，分文不漏"，但是在实际工作中，各种客观或主观原因，往往会造成账账不符或账实不符。如在实物收发时，因度量衡不准确而造成账实不符；在实物保管中，因自然灾害、人为破坏等而造成账实不符；因会计人员的失职而造成账实不符、出现计算差错等。为了保证会计资料的真实性、准确性，应该经常对账，尤其在结账之前必须对账。

对账内容包括账证核对、账账核对和账实核对。

（一）账证核对

账证核对是指各种账簿记录与会计凭证的核对。账证核对主要在日常登记账簿时逐笔进行，如果在期末对账时发现差错，需要核查有关会计凭证。

（二）账账核对

账账核对是指企业内部各种账簿记录之间有关数据的相互核对。账账核对工作一般在结账过程中进行。会计部门内部对账主要有以下几项内容，在其核对相符的基础上才能与其他部门和单位核对相关账目。

1. 总分类账的核对

总分类账的核对是指对全部总分类账户的本期借方发生额合计数与贷方发生额合计数进行核对，借方余额合计数与贷方余额合计数进行核对。核对工作一般应通过编制总分类账本期发生额及余额表来进行，如果两组数字不相等，则应查明原因，直至相等为止。

2. 明细分类账的核对

企业各明细分类账发生额之和应与其所属的总分类账的发生额相等，且方向一致；各明细分类账的余额之和应与其所属的总分类账的余额相等，且方向一致。明细分类账与其所属的总分类账的核对工作一般通过编制明细分类账发生额及余额表进行。核对时，把表中所有明细分类账的发生额合计数、余额合计数分别与其所属的总分类账发生额及余额核对。

3. 日记账的核对

现金日记账、银行存款日记账中的发生额及余额应与总分类账中的现金、银行存款的发生额及余额进行核对。

（三）账实核对

账实核对是指将会计账簿记录数字和实物进行核对。账实核对工作主要在资产清查时进行，有些内容则在日常进行。账实核对主要包括以下几种情况。

（1）现金日记账与库存现金数额核对。为做到日清月结，应每天核对一次。

（2）银行存款日记账与银行定期送来的银行对账单进行核对。

（3）财产物资的账存数与实存数进行核对。如材料明细分类账与材料实际库存数核对。

（4）债权、债务账与往来单位或个人进行核对。

子任务二：错账的更正方法

在账簿登记过程中，因为种种原因，总会出现一些记账错误。这些错账有些是根据错误的记账凭证登记形成的，有些则是在登记账簿过程中形成的（凭证无误）。在记账或者结账时如果发现差错，应及时分析错误的性质和原因，并针对错误的不同情况予以更正。

（一）错账的种类

错账按照形成的原因不同，分为记账凭证差错造成的错账和登账差错造成的错账；错账按照导致的后果不同，分为试算平衡可以查出的错账和试算平衡不能查出的错账。

针对不同的错账，必须采用相应的方法进行更正；根据不同的错账后果，可以采用相应的查错方法。

（二）错账的查找方法

如果错账是试算平衡可以查出的，就称为第一类错账。这类错账影响借贷平衡关系，在期末编制试算平衡表时容易发现，其形成原因较为复杂。有的是因为过账时借贷某一方账户的数字登记颠倒，如应借计89却误写为98，应贷记35却误写为53等；有的是因为过账时借贷某一方账户的数字错位，如将借记100.10误写为借记10.01，将贷记50.00误写为贷记5 000.00等；有的差错是因为过账时借贷某一方账户发生记账方向错误，如将应借记"原材料"账户的 3 000.00 元误记入该账户贷方；有的差错是属于计算错误，如发生额合计错误或余额计算错误等。此类差错形成后，会引起借贷发生额或借贷余额之间有差数。在查找差错原因时，可抓住差数进行分析，并运用一定的方法找出差错所在。

如果错账是试算平衡不能查出的，就称为第二类错账。这类错账不影响借贷平衡关系，因此在试算平衡时不容易发现，一般只有通过全面对账才能发现。例如，重复登记或者漏记某项业务。

总之，差错的原因是多方面的，有时还会出现多种差错一起出现的情况。因此，在查找错账原因时，一定要认真分析，找到差错的源头。

一般来讲，有的差错出现后较易确定发生错账的范围，这时就可以在确定的范围内采用一定的方法定向查找，这种检查方法叫个别检查法，具体方法有差数法、倍除法和除九法等，主要适用于第一类差错的查找，并且在仅仅出现第一类某种差错时查找效果更佳。有的差错出现后则不易确定其所在范围，这时一般要全面查找，这种检查方法叫全面检查法，具体方法有顺查法和逆查法，在差错情况复杂时可以同时运用这两种方法。

1. 个别检查法

（1）差数法。

如果试算平衡表中借贷发生额合计数之差恰好等于某笔经济业务的发生额或发生额的尾数，就有可能是因为重记或漏记一方发生额或发生额尾数。例如，试算平衡表中借贷发生额合计数之差为 700 元，纵观账簿记录，如果发现只有某一笔经济业务的发生额为 700 元，则有可能是该笔经济业务所涉及的某个方向的账户重记或漏记造成的。如果账簿中没有发生额为 700 元的经济业务，却只有一笔尾数为 700 元的经济业务，如发放工资 4 700 元，则有可能是过账时借贷某一方将 4 700 元误记为 4 000 元。这种利用借贷之差找差错的方法叫作差数法。当期账目中只有一项差错时，利用差数法寻找差错的原因会比较快捷，但如果当期账目中不止一项差错，则用其他查错方法比较好。

（2）倍除法。

如果试算平衡时借贷合计数之差是偶数，除以 2 后的商数等于某笔经济业务的发生额，就有可能是借贷某一方过账时记反了方向。如在试算平衡时发现借贷之差为 4 000 元，同时没有发现发生额为 4 000 元的经济业务，却只有一笔发生额为 2 000 元的经济业务。假定在当期账目中只有一项差错，就很有可能是登记该项业务时方向有错。如果 4 000 元为借方大于贷方之差，则是应贷记时却借记了 2 000 元；如果 4 000 元为贷方大于借方之差，则是应借记时贷记了 2 000 元。这种利用借贷之偶数差额除以 2 得到的商数寻找差错的方法叫倍除法。

（3）除九法。

如果试算平衡时，借贷合计数之差额能被 9 除尽，则有可能是 100 以内的数字位置颠倒造成的差错，如将 89 误写为 98；也有可能是数字错位造成的，如将 890 误写为 89 或 8 900 等。

如果是 100 以内数字位置颠倒造成的差错，则除了借贷之差额能用 9 除尽外，组成这个数的两个数字之差还与差额除以 9 的商相等。例如，将 89 误写为 98，98 与 89 之差为 9，差额 9 与商数 9 之商为 1，而组成 89 和 98 的两个数字 8 和 9 之差也等于 1。又如，将 63 误写为 36，则二者之差为 27，27 除以 9 之商为 3，组成 63 和 36 的两个数字 6 和 3 之差也等于 3。相邻数字颠倒形成的差错有一定的规律性。表 7-11 列示了所有可能发生的相邻数字颠倒错误，如果差错额是表中差数扩大或缩小的倍数，则应用此表时，表中的相关数字也应扩大或缩小相应的倍数。

从表 7-11 中可以看出，符合差数能被 9 除尽且两个数字之差等于差额除以 9 之商条件的数有许多，如差额等于 63，两个数字之差等于 7 的数字有 70 和 7、81 和 18 和 92 和 29。所以，在查找差错时要结合实际情况，尽快排除非差错因素，找出真正的差错所在。

表 7-11 相邻数字颠倒便查表

大的数颠倒为小的数							差数	小的数颠倒为大的数						
89	78	67	56	45	34	23	12	01	9	10	21	32	43	54	65	76	87	98
	79	68	57	46	35	24	13	02	18	20	31	42	53	64	75	86	97
		69	58	47	36	25	14	03	27	30	41	52	63	74	85	96
			59	48	37	26	15	04	36	40	51	62	73	84	95
				49	38	27	16	05	45	50	61	72	83	94
					39	28	17	06	54	60	71	82	93
						29	18	07	63	70	81	92
							19	08	72	80	91
								09	81	90

如果是数字错位造成的差错，则将差额除以 9、99、999…即为正确数字或正确数字的 1/10、1/100、1/1 000…例如，将 81 误写为 810，则将其差额 729 除以 9 之商数（81）是正确数字；否则，则商数 81 是 810 的 1/10。

以上利用借贷之差额除以 9 所得的商数寻找差错的方法叫作除九法。

2. 全面检查法

（1）顺查法。

顺查法是按照会计记账的程序，从会计凭证查起，最后查会计报表的方法。顺查法的程序如图 7-1 所示。

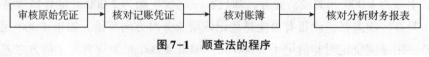

图 7-1 顺查法的程序

采用顺查法时，一般要一一翻阅原始凭证，工作量较大。但当账目差错较多，或差错不影响借贷平衡关系时，运用顺查法查账是查实问题必须使用的方法。查错时，对于已经查对过的所有账目都要一一标上记号，分清错误，并把错误账目的账页、记账日期、凭证号数、业务内容、差错情况等项目详细记录下来，以免造成混乱，重复查找。

（2）逆查法。

逆查法又称倒查法，是按照与会计记账程序相反的顺序进行查账的方法。逆查法的程序如图 7-2 所示。

图 7-2 逆查法的程序

逆查法从报表开始审查，易于发现问题，省时省力，效果较好。一般情况下，过账造成的差错较多，通过账账核对即可找出错账的原因。但如果账账核对后仍找不出原因，就要按逆序查下去，直到查出错处为止。

综上所述，查账是一件费时费力的工作，因此，平时记账时应细致工作，防患于未然。

（三）错账的更正方法

对于账簿记录出现的差错，不能随意涂改和刮擦，而应按照统一规定的更正方法进行更改。对于不同原因造成的错账，在更正时应采用不同的方法。错账的更正方法有划线更正法、红字冲销法和补充登记法三种。记账凭证差错造成的错账必须用后两种方法进行更正。

1. 划线更正法

划线更正法是用红线把错误记录划掉，表示注销，然后把正确的文字或数字写在错账的正上方，并加盖更改人私章以明确记账责任的一种错账更正方法。

划线更正法适用于期末结账前发现的账簿文字、数字笔误或数字计算错误，以及非因记账凭证中应借、应贷账户或金额错误而发生的过账错误。

例如，结转本月购入材料的实际采购成本。记账凭证上正确金额为"6 903.70"，而账簿中记录的金额为"6 905.10"。这时，应在"6 905.10"上划一条红线，以示注销，然后把"6 903.70"写在其正上方，并加盖更改人私章。

需要注意的是，划线时要把全部数字划去，不能只划个别错误的数字；同时，划线更正后应保持原数字清晰可辨。

2. 红字冲销法

红字冲销法又称红字更正法，它是先用红字金额填写一张与错误的记账凭证完全一样的凭证，并据之过账，以冲销原有的记录，然后再用蓝字填写一张正确的记账凭证，并据之登记有关账簿的错账更正方法。

红字冲销法一般适用于期末结账前发现的因记账凭证中会计科目错误及登记的错误金额大于正确金额而造成的账簿记录错误。用红字冲销法更正这些错误可以保持正确的科目对应关系及经济业务发生额，如实反映业务内容。

【例7-2】某公司本月支付车间一般费用100元，填制记账凭证时误将"制造费用"记为"管理费用"，并已登记入账。

原分录如下：

借：管理费用　　　　　　　　　　　　　　　　　　　100
　　贷：库存现金　　　　　　　　　　　　　　　　　　　　100

更正错账的过程如下：

①用红字金额填制一张与原记录一样的记账凭证，分录如下：

借：管理费用　　　　　　　　　　　　　　　　　　　　　　　　100
　　贷：库存现金　　　　　　　　　　　　　　　　　　　　　　　　100

注：框起的金额表示红字记录。

②用蓝字填制一张正确的记账凭证，分录如下：

借：制造费用　　　　　　　　　　　　　　　　　　　　　　　　100
　　贷：库存现金　　　　　　　　　　　　　　　　　　　　　　　　100

填制的更正错账凭证要据以过账，过账后有关总分类账户的记录如图7-3所示。

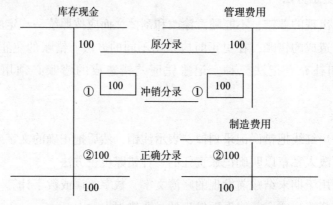

图7-3　采用红字冲销法更正错误的账户记录（1）

如果出现差错的记账凭证中会计科目正确，仅仅是所记金额大于应记金额，并已过账，则用红字凭证冲销多记差额数即可。

【例7-3】某公司本月共支付厂部水电费898元。记账凭证中将金额误记为989元，并已入账。

原分录如下：

借：管理费用　　　　　　　　　　　　　　　　　　　　　　　　989
　　贷：库存现金　　　　　　　　　　　　　　　　　　　　　　　　989

更正错账时，用红字填制一张记账凭证，冲销多记的91元即可，分录如下：

借：管理费用　　　　　　　　　　　　　　　　　　　　　　　　91
　　贷：库存现金　　　　　　　　　　　　　　　　　　　　　　　　91

填制的更正错账凭证应据以过账，过账后有关总分类账户的记录如图7-4所示。

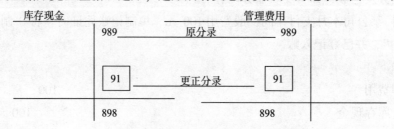

图7-4　采用红字冲销法更正错误的账户记录（2）

3. 补充登记法

补充登记法是按应记金额和错记金额之差用蓝字填写一张会计科目与原记账凭证相同的记账凭证,并据以过账,以补充少记金额的一种错账更正方法。如果结账前发现原有记账凭证中科目正确,但所填金额小于应记金额,就可以用补充登记法进行更正。

【例7-4】某公司本月购入办公用品一批,发票价格为183元,填制记账凭证时将金额误记为138元,并已入账。

原分录如下:

借:管理费用　　　　　　　　　　　　　　　　　　　　　　138
　　贷:库存现金　　　　　　　　　　　　　　　　　　　　　　　138

更正错账时,用蓝字填制一张记账凭证即可,分录如下:

借:管理费用　　　　　　　　　　　　　　　　　　　　　　45
　　贷:库存现金　　　　　　　　　　　　　　　　　　　　　　　45

填制的更正错账凭证应据以过账,过账后有关总分类账户的记录如图7-5所示。

```
        库存现金                           管理费用
        138                     原记录     138
        45                      补充记录   45
        183                                183
```

图7-5　采用补充登记法更正错账的账户记录

正确地运用错账的更正方法更正错账,会保持有关账户之间的对应关系,客观地反映曾经发生过的经济事项,使账簿资料真实、可靠、可查对。

子任务三:结账

结账就是在将本期发生的经济业务全部入账的基础上,在会计期末结算出各账户的本期发生额合计数及期末余额,对该期的经济活动进行总结。及时结账有利于了解会计期间内资产、负债、所有者权益的增减变化及变化结果,有利于正确、及时地确定当期经营成果,为考察企业经营业绩提供依据。同时,结账后的账簿资料可以为提供最终的会计信息,即为会计报表的编制提供依据。

结账前应做好准备工作,这些准备工作的内容主要有以下几项。

(1) 把本期发生的全部经济业务登记入账。

结账是对一定会计期间内经济活动的最后总结,因此,结账前一定要保证会计期内的全部经济业务都已登记入账;不能提前结账,也不能为了某种原因将本月的经济业务记入下月发生额内。

(2) 为调整账项编制记账凭证并登记入账。

按照权责发生制要求,费用(收入)的归属期与支付(收讫)期并不完全一致,应在各归属期进行账项调整,编制记账凭证,并及时过账。

(3) 编制结转分录，并登记入账。

结转分录指期末时将某一账户的余额或借贷之差额转入另一账户的会计分录。例如，会计期末，把"制造费用"账户的余额转至"生产成本"账户；把"主营业务收入"等损益类账户的余额结转至"本年利润"账户等。

结账的具体方法，因账簿的种类和账页的格式不同而有所不同，一般方法是：结账时，应当结出每个账户的期末余额。需要结出当月发生额合计数的，应当在摘要栏内注明"本月合计"字样，并在下面通栏划单红线。需要结出本年累计发生额的，应当在摘要栏内注明"本年累计"字样，并在下面通栏划单红线；12月末的"本年累计"就是全年累计发生额。全年累计发生额下面应当通栏划双红线。年度终了结账时，所有总分类账户都应当结出全年发生额和年末余额。年度终了，要把各账户的余额结转到下一会计年度，并在摘要栏注明"结转下年"字样；在下一会计年度新建有关会计账簿的第一行余额栏内填写上年结转的余额，并在摘要栏注明"上年结转"字样。

任务五　更换与保管会计账簿

【问题引入】新的一年开始了，新年新气象，作为会计人员，应该如何更换新的会计账簿？旧会计账簿应该如何归档保存？保存时间有没有特殊规定呢？

提示：要解决上述问题，需要明确如何更换会计账簿及如何保管会计账簿。

子任务一：更换会计账簿

会计账簿的更换是指在会计年度终了时，将上年度的会计账簿更换为次年度的新会计账簿。在每一会计年度结束时，应按会计制度的规定，更换总分类账、日记账和大部分明细分类账。企业的部分明细分类账可以继续使用，年初可以不必更换，如固定资产明细分类账等。

更换会计账簿时，应将上年度各账户的余额直接记入新年度相应的会计账簿中，并在旧会计账簿中各账户年终余额的摘要栏内加盖"结转下年"戳记。在下一会计年度新建有关会计账簿的第一行余额栏内填写上年结转的余额，并在摘要栏注明"上年结转"字样。

各种会计账簿年度结账后，除跨年使用的账簿外，其他账簿应按时整理立卷，装订成册，由专人保管，严防丢失和损坏。

装订会计账簿前，首先按启用表的使用页数核对各个账户是否相符、账页数是否齐全、序号排列是否连续；然后按会计账簿封面、启用表、账户目录、顺序排列的账页、会计账簿封底的顺序装订。

活页会计账簿的装订应满足以下要求。

(1) 保留已使用过的账页，将账页数填写齐全，去除空白页和撤掉账夹，用质好的牛皮纸做封面、封底，装订成册。

(2) 多栏式活页账、三栏式活页账、数量金额式活页账等不得混装，应按同类业务、同类账页装订在一起。

（3）在每本账的封面上填写好账目的种类、卷号以及会计主管人员和装订人（经办人）签章。

子任务二：保管会计账簿

会计账簿是会计主体的重要经济档案，在经营管理中具有重要作用。因此，每一个会计主体都应按照国家有关规定，对会计账簿进行完善管理。

会计账簿的日常保管应由各自分管的记账人员负责，未经单位领导和主管会计或其他有权人员批准，不许非经管人员翻阅、查看、摘抄和复制。除非司法介入、审计或者特殊需要，一般不允许任何人携带会计账簿外出。

此外，会计账簿交接时，应该明确责任，防止交接手续不清和可能发生的舞弊行为，保证账簿的安全和会计资料的完整。在会计账簿交接保管时，应将该账簿的页数、记账人员姓名、启用日期、交接日期等填列在账簿的扉页上，并由有关各方签字盖章。

年终装订归档的会计账簿应按照规定期限保管。保管期满后，要按照会计档案管理办法的规定，由财会部门和档案部门共同鉴定，报经批准后进行处理。

练习题

一、单选题

1. 序时账、分类账和备查簿划分的依据是（　　）。
   A. 账簿的格式不同　　B. 外表形式不同　　C. 账簿的用途不同　　D. 登记方式不同
2. 根据不同需要，企业设置的日记账有多种，其中特种日记账是（　　）。
   A. 序时登记全部经济业务的日记账　　B. 序时登记部分经济业务的日记账
   C. 专门登记某一类经济业务的日记账　　D. 对常见经济业务设专栏登记的日记账
3. 卡片式明细账适用于（　　）的明细核算。
   A. 固定资产　　　　B. 债权债务　　　　C. 货币资金　　　　D. 实收资本
4. 现金日记账和银行存款日记账的格式有多种，其中最常见的是（　　）。
   A. 三栏式　　　　　B. 多栏式　　　　　C. 收付分页式　　　D. 数量金额式
5. 三栏式现金日记账属于（　　）。
   A. 备查簿　　　　　B. 总分类账　　　　C 序时账　　　　　D. 明细分类账
6. 对将现金存入银行的业务，登记银行存款日记账的依据是（　　）。
   A. 现金收款凭证　　　　　　　　　　　B. 现金付款凭证
   C. 银行存款收款凭证　　　　　　　　　D. 银行存款付款凭证
7. "存货"明细分类账通常采用（　　）。
   A. 多栏式明细账　　　　　　　　　　　B. 三栏式明细账
   C. 数量金额式明细账　　　　　　　　　D. 以上均可
8. 债权债务明细分类账通常采用（　　）。

A. 多栏式明细账 B. 三栏式明细账
C. 数量金额式明细账 D. 以上均可
9. "成本费用"明细分类账通常采用（　　）。
A. 多栏式明细账 B. 三栏式明细账
C. 数量金额式明细账 D. 以上均可
10. 从账簿的用途看，"租入固定资产"属于（　　）。
A. 订本式账簿 B. 备查簿 C. 序时账 D. 分类账
11. 会计人员在填制记账凭证时，将5 200元误写为2 500元，并已过账，更正时应采用（　　）。
A. 划线更正法 B. 红字更正法 C. 补充登记法 D. 以上方法均可
12. 下列有关三栏式现金、银行存款日记账的登记处理不正确的是（　　）。
A. 均由出纳员负责登记 B. 逐日逐笔顺序登记
C. 每日结出余额，以便进行核对 D. 根据收付业务的原始凭证登记
13. 会计记录如出现错误有多种查找方法，如从会计凭证开始逐笔与账簿记录核对进行查找，这种方法称为（　　）。
A. 顺查法 B. 逆查法 C. 抽查法 D. 偶合法

二、多选题

1. 各单位在设置会计账簿时应满足的要求有（　　）。
A. 遵循国家统一会计制度的有关规定
B. 确保全面系统地反映经济活动情况
C. 有关账簿之间还要有统驭关系
D. 账簿体系要组织严密、层次分明
2. 依据会计凭证登记会计账簿时，应登记的内容有（　　）。
A. 账户名称 B. 日期和摘要 C. 凭证种类和号数 D. 应借应贷的金额
3. 会计账簿中可以使用红字登记的有（　　）。
A. 注销空行和空页
B. 摘要中"转次页"字样
C. 在余额未设方向标记时，登记负数余额
D. 结账划线
4. 明细分类账是提供详细核算资料的会计账簿，每个企业都应设置（　　）。
A. 固定资产明细分类账 B. 成本费用明细分类账
C. 资本公积明细分类账 D. 累计折旧明细分类账
5. 多栏式账簿一般适用于（　　）。
A. 成本费用类明细分类账 B. 收入成本类明细分类账
C. 财产物资类明细分类账 D. 债权债务类明细分类账
6. 下列不宜采用订本式账簿的有（　　）。

A. 总分类账 B. 现金日记账
C. 应付账款明细分类账 D. 生产成本明细分类账

7. 总分类账与明细分类账的关系是（   ）。
A. 总分类账与所属明细分类账核算的经济内容一致
B. 总分类账统驭控制所属明细分类账
C. 总分类账余额等于所属各明细分类账余额合计
D. 所有总分类账都必须设置相应的明细分类账

8. 总分类账与其明细账平行登记后，两者存在（   ）。
A. 总分类账本期借方发生额等于所属明细分类账借方发生额合计
B. 总分类账本期借方登记数等于所属明细分类账借方数合计
C. 总分类账本期贷方发生额等于所属明细分类账贷方发生额合计
D. 总分类账本期贷方登记数等于所属明细分类账贷方数合计

9. 下列可作为登记总分类账依据的有（   ）。
A. 现金银行存款收付凭证 B. 转账凭证
C. 原始凭证 D. 科目汇总表

10. 日记账按其登记的业务范围可分为（   ）。
A. 普通日记账 B. 特种日记账 C. 多栏式日记账 D. 三栏式日记账

11. 下列日记账中属于特种日记账的有（   ）。
A. 购货日记账 B. 现金日记账
C. 银行存款日记账 D. 转账日记账

12. 如某企业发生以现金支付厂部办公费 300 元的经济业务，出现以下（   ）情况须采用红字更正法予以更正。
A. 记账凭证无误，过账时出现错误
B. 记账凭证借记科目误写为"制造费用"，并据以记账
C. 记账凭证金额误填为 800 元，并据以记账
D. 记账凭证贷方科目误填为"银行存款"，并据以记账

13. 会计账簿由封面、扉页和账页构成，其中扉页主要用来登载经管人员一览表，其填列的主要内容有（   ）。
A. 账簿名称 B. 经管人员 C. 单位领导 D. 移交日期

14. 总分类账是根据总账账户开设的账簿，各单位可以根据所采用的记账方法和账务处理程序的需要设置总分类账。总分类账可采用的形式有（   ）。
A. 三栏式 B. 多栏式 C. 棋盘式 D. 以科目汇总表代替

15. 下列做法不符合登记会计账簿要求的是（   ）。
A. 登账时发生跳行、空白处以划红线注销
B. 登账后未在记账凭证上签名或盖章
C. 结账时，对没有余额的账户在借或贷栏标注"0"符号

D. 在次页第一行写出上页发生额合计数及余额

三、判断题

1. 会计账簿所提供的资料不仅是考核企业经营成果的依据，也是分析和检查企业经济活动的依据。（ ）

2. 每个企业都必须设置现金日记账和银行存款日记账。（ ）

3. 现金日记账只能根据现金收款凭证和现金付款凭证登记。（ ）

4. 现金日记账及银行存款日记账不论是采用多栏式还是三栏式，都是由出纳人员根据审核后的收款、付款凭证逐日逐笔顺序登记的。（ ）

5. 应用订本式账簿，既可以避免账页散失和防止抽换账页，又便于记账人员分工记账。（ ）

6. 总分类账和明细分类账应平行登记，两者之间不能互为记账依据。（ ）

7. 在设置多栏式现金日记账、银行存款日记账的情况下，可将多栏式日记账中各科目的发生额的合计数，在月末登记总分类账，而不再根据收款凭证和付款凭证记总分类账。（ ）

8. 备查簿是一种非正式的会计账簿，用于记载日记账和分类账中未能登记的事项，以备查考。（ ）

9. 发现记账凭证金额错误，原始凭证无误，记账凭证尚未登记入账，应采用补充更正法进行更正。（ ）

10. 新的会计年度开始时，必须更换全部会计账簿，不是只更换总分类账和日记账。（ ）

11. 在年度开始使用新会计账簿时，除了在账簿扉页填列账簿启用和经管人员一览表外，还要把上年度各账户的累计发生额及期末余额转记入新账内。（ ）

12. 使用活页账，应当按账户顺序编号，并将账页按顺序编写页码，定期再装订成册。（ ）

13. 债权债务明细账可以每天登记，也可以定期（3天或5天）登记。（ ）

14. 对需要结计本年累计发生额的账户，结计"过次页"的本页合计数应当为自年初起至本页末止的累计数。（ ）

15. 按平行登记的原则，对于需要提供详细指标的每一项经济业务，应根据审核无误后的记账凭证，一方面记入有关的总分类账，另一方面记入同期总分类账所属的有关明细分类账。（ ）

课后实训

实训一

目的：

掌握分类账的登记方法。

资料1：

东方机械厂2019年3月3日有关账户的期末余额资料如表7-12所示。

表 7-12　有关账户期末余额

单位：元

账户名称	余额（借方）	账户名称	余额（贷方）
库存现金	5 000	短期借款	35 000
银行存款	89 000	应付账款	50 000
应收账款	40 000	应缴税费	18 000
原材料	60 000	应付职工薪酬	50 000
库存商品	75 000	长期借款	130 000
固定资产	530 200	实收资本	350 000
利润分配	40 000	本年利润	70 000
生产成本	5 000	坏账准备	1 200
		累计折旧	140 000

资料2：

东方机械厂2019年4月会计凭证见学习情境六课后实训二要求填制的记账凭证。

要求：

根据上述资料开设、登记总分类账，并进行月末结账。

实训二

目的：

掌握日记账的登记方法。

资料：

见学习情境六课后实训二资料。

要求：

根据资料登记三栏式现金日记账和银行存款日记账（假设库存现金期初余额为5 000元，银行存款期初余额为83 000元）。

实训三

目的：

掌握总分类账和明细分类账的平行登记。

资料1：

天宇机械厂2019年4月部分账户期初余额如表7-13所示。

表 7-13　部分账户期初余额

单位：元

材料采购（借方）		应付账款（贷方）	
甲材料	—	东方公司	10 000
乙材料	—	南方公司	5 000
合计	—	合计	15 000

资料2：

天宇机械厂2019年4月部分经济业务如下。

（1）3日，从东方公司购入甲材料100千克，单价为98元，增值税税率为13%，款项已付。

（2）4日，支付甲材料运杂费1 000元，材料已验收入库。

（3）5日，从南方公司购入乙材料200千克，单价为100元，增值税税率为13%，款项未付。

（4）9日，用银行存款支付乙材料运杂费为1 000元，材料已验收入库。

（5）13日，从新新公司购入甲材料100千克，单价为96元，增值税税率为13%，款项已付。

（6）14日，支付甲材料运杂费400元，材料已验收入库。

（7）23日，从新新公司购入甲材料200千克，单价为93元，增值税税率为13%，款项已付。

（8）24日，支付5日乙材料货款。

（9）28日，从小规模企业购入丙材料2千克，单价为8元，款项已付，材料已验收入库。

要求：

（1）根据上述资料填制会计凭证，并登记"材料采购"总分类账和明细分类账。

（2）编制"材料采购"账户明细分类账本期发生额及余额表，并与总分类账中的本期发生额和余额进行核对。

实训四

目的：

掌握错账更正方法。

资料：

天宇机械厂2019年5月末结账前发现下列错账。

（1）5日，王力购买办公用品208元，以现金付讫。记账凭证中的记录如下。

借：管理费用——办公费　　　　　　　　　　　　208
　　贷：库存现金　　　　　　　　　　　　　　　　　　　208

现金日记账登记的金额为209。

（2）19日，开出现金支票支付广告费5 000元。记账凭证的记录如下。

借：管理费用　　　　　　　　　　　　　　　　5 000
　　贷：库存现金　　　　　　　　　　　　　　　　　　　5 000

并已经登记入账。

（3）28日，支付本月财产保险费3 160元。记账凭证的记录如下。

借：管理费用　　　　　　　　　　　　　　　　3 600
　　贷：银行存款　　　　　　　　　　　　　　　　　　　3 600

并已经登记入账。

（4）28 日，支付本月电话费 2 550 元。记账凭证的记录如下。

借：管理费用　　　　　　　　　　　　　　2 500
　　贷：银行存款　　　　　　　　　　　　　　　2 500

并已经登记入账。

要求：

对上述错账进行更正。

学习情境八

财产清查

▰\学习目标

理解财产清查的概念；熟悉财产清查的一般程序；能够负责组织开展财产清查工作；能够编制银行存款余额调节表；能够进行财产清查结果的账务处理。

任务一：财产清查认知；

任务二：开展财产清查工作；

任务三：处理财产清查结果。

▰\情境描述

王强毕业后到了一家规模不大的私营企业上班，负责仓库物资的保管工作。该企业是一个高档保温瓶制造厂，由于企业的管理人员都是老板的家人或者亲戚，规章制度缺失，管理比较混乱。一天，老板的侄子、市场部负责人张雷从仓库里拿了几个保温瓶回家用。王强性格外向，善于交际，一直希望能到市场部工作，张雷也曾多次提到想调王强到市场部担任总经理助理。王强一看是市场部的张雷，二话没说，就拿了几个保温瓶给了张雷。期末盘存库存商品时，王强将张雷拿走的几个保温瓶都算入了本期销售的商品数量中。

▰\情境分析

(1) 作为一名会计人员，王强这样的行为是否妥当？为什么？

(2) 如果你是企业的老板，你会如何避免此类现象的发生？

任务一　财务清查认知

【问题引入】新华网曾报道了一则新闻，兰州市中级人民法院审理宣判了一起财务人员挪用百万公款买彩票的案件，被告一审被判处有期徒刑 14 年。法院审理查明，2008 年 1 月到 12 月，被告人温某利用担任甘肃省某学院财务处出纳科副科长、分管零余额账户现金支票和转账支票的职务便利，采取自提现金，截留培训费、资料费、函授费的手段，共计将本单位公款 146.4 万余元用于个人在网上购买足球彩票，进行盈利活动。2008 年 12 月，温某给学院院长写信，自称挪用学院公款与人做生意受骗，损失较大；对方在河北一带，自己将离职去追款，随后逃匿，两个月后被警方抓获。一审法院判决温某挪用公款罪成立，依法判处有期徒刑 14 年。请问：如果你是企业的老板，你会如何避免此类现象的发生？

提示：要回答上述问题，需要理解财产清查的概念、作用和种类。

子任务一：理解财产清查的概念

企业财产通常包括其所拥有的现金、银行存款、固定资产、原材料、在产品和产成品等各项货币资金和财产物资以及应收、应付款项。根据企业会计制度的要求，各单位应通过填制和审核会计凭证、登记会计账簿来记录和反映各项财产的增减变化及结存情况。同时，为了保证会计信息的真实性和准确性，各单位应加强会计凭证的日常审核，定期核对账簿记录，保证账证相符、账账相符。但是在实际工作中，即使保证了凭证和账簿本身没有错误，也还不能说明账面数额与财产物资的实存数额一定相符，这是一些主客观原因造成的。根据经验，造成账实不符的因素主要有自然因素和人为因素。

（一）自然因素

自然因素主要有以下两类。

（1）发生自然灾害或意外损失。

（2）财产物资在保管过程中的自然损耗或升溢，如干耗、湿重、霉变等。

（二）人为因素

人为因素主要有以下四类。

（1）在收发财产物资时，由于计量和检验不够准确而发生的各种数量、质量上的差错。

（2）在凭证和账面记录中，发生的漏记、错记或计算错误等。

（3）由于管理不善或工作人员失误造成的财产损坏、变质或短缺。

（4）由于营私舞弊、贪污盗窃而发生的缺损。

反映和监督财产的保管和使用情况，提高各项财产物资的使用效果，是会计核算的重要任务之一。财产清查作为会计核算的一项基本方法，对保证会计信息的真实可靠显得尤为必要。

综上所述，财产清查是指通过对现金、银行存款、财产物资和往来款项的实地盘点或查对，确定其实际结存数，并查明账面结存数与实际结存数是否相符的一种专门方法。

子任务二：理解财产清查的作用

（1）通过财产清查，可以弄清各项财产物资的实有数目，将实有数与账面数进行核对，如有差异，及时分析原因，采取措施，并调整账面记录，做到账实相符，保证账簿记录的真实、可靠。

（2）通过财产清查，可以揭示财产物资的使用情况，加强和改善经营管理，挖掘各项财产的潜力，提高存量资产的利用效率，促进资源合理配置，加速资金周转。

（3）通过财产清查，可以检查企业贯彻执行财经法规、制度的情况，促使企业遵守国家的财经纪律和法规制度；同时促使企业财产物资保管相关业务人员加强责任感，提高业务水平，遵守法规法纪，保证各项财产物资的安全完整。

子任务三：了解财产清查的种类

（一）按清查的范围分

财产清查按清查的范围不同，分为全面清查和局部清查。

1. 全面清查

全面清查是指对全部财产进行盘点和核对。全面清查范围广、内容多、时间长、参与人员多、清查费用多。因此，在实际工作中，全面清查一般在以下情况进行。

（1）年终决算之前。

（2）单位撤销、合并或改变隶属关系前。

（3）中外合资、国内联营前。

（4）企业股份制改制前。

（5）开展全面清产核资，资产评估前。

（6）单位主要领导调离工作时。

2. 局部清查

局部清查是根据需要对一部分财产物资进行的清查。局部清查具有范围小、内容少、时间短、涉及人员少、专业性较强的特点，一般适用于流动性较大的和贵重的财产物资。在实际的工作中，局部清查主要有以下几种情况。

（1）现金，要天天核对，做到日清月结。

（2）银行存款，每月同银行核对一次。

（3）原材料、在产品、产成品，除年度清查外，应有计划地每月抽查。

（4）贵重物资，每月最少清查一次。

（5）债权、债务；每年至少核对一到两次。

（二）按清查的时间分

财产清查按清查的时间不同，分为定期清查和不定期清查。

1. 定期清查

定期清查是指按照预先计划安排的时间对财产物资进行的清查。定期清查的目的在于保证会计核算资料的真实准确，一般在年末、季末或月末结账时进行，清查的范围自定，可以是全面清查，也可以是局部清查。

2. 不定期清查

不定期清查是指根据需要所进行的临时清查。不定期清查一般在以下情况下进行。

（1）更换财务保管员，如出纳、仓管时。

（2）发生自然灾害或意外事故时对财产损失的清查。

（3）据上级或相关单位要求而进行的临时性的财产清查。

子任务四：准备财产清查

财产清查是一项复杂、重要的工作，其涉及面广、工作量大且有较强的技术性，因此在进行财产清查之前，应认真组织，做好人力物力上的充分准备，以充分发挥财产清查在会计核算与经营管理中的作用。

（一）组织准备

为了使财产清查工作能顺利开展，在财产清查之前应成立财产清查专门机构，该机构在总会计师和单位有关主管人员的统一领导下组织清查小组，制定清查计划，安排清查工作进度和人员分工，保证工作的圆满完成。

（二）业务准备

（1）会计部门把有关账目登记齐全、结出余额，并做到账证相符、账账相符；准备好有关的资料。

（2）实物保管部门对各种财产物资应整理清楚、排列整齐、分类设卡，标明品种、数据和结存数量，以便与账簿记录核对。

（3）财产清查小组应组织有关部门准备好清查所需的各种计量器具和各种登记表册。

任务二 开展财产清查工作

【问题引入】某班级开学班费有 200 元，但不足开支，因此每人需要再交 10 元，共 40 人，共收取班费 400 元。校运会的开支为 300 元，班活动开支为 100 元，则期末时该班级班费还剩多少？若期末时班费还剩 100 元，生活委员没有把每笔开支登记好，那怎么算出支出了多少？

提示：要回答上述问题，需要掌握财产清查的两种制度——实地盘存制和永续盘存制。

子任务一：掌握财产清查的方法

（一）财产清查的盘存制度

财产清查的盘存制度也就是会计实务中财产物资的盘存制度，它是通过对实物的盘查、核对，确定财产物资的实际结存情况的一种制度。财产物资的盘存制度主要有两种，即永续盘存制和实地盘存制。

1. 永续盘存制

永续盘存制又称账面盘存制，是指通过详细的账簿记录来确认期末财产物资账面结存数的一种方法。

这种财产物资盘存制度要求对各项财产物资的增加数和减少数逐笔或逐日编制会计凭证,并根据会计凭证连续地记入有关账簿,随时结出账面结存数。永续盘存制下账面期末结存数的计算公式为:

$$账面期末结存数 = 账面期初结存数 + 本期增加数 - 本期减少数$$

由于这种方法对财产物资的收、发进行连续登记,而且随时结出账面结存数,因此便于随时掌握财产物资的占用情况,可以加强会计监督。存货和固定资产一般都采用这种盘存制度。永续盘存制的不足之处在于,账簿中记录的财产物资的增减变动及结存情况都是根据有关会计凭证登记的,有可能发生账实不符的情况,因此需要对各项财产物资定期进行清查,进行必要的财产核实,保证账实相符。

2. 实地盘存制

实地盘存制是指平时只在账簿中登记各项财产物资的增加数,不登记减少数,月末结账时,根据实地盘点所确定的实存数,倒挤出本月各项财产物资的减少数并据以登记入账的一种财产物资盘存制度。实地盘存制下本期减少数的公式为:

$$本期减少数 = 账面期初结存数 + 本期增加数 - 期末实际结存数$$

根据以上公式倒挤出的本期减少数登记有关账簿,每月月末对各项财产物资进行实地盘点的结果是计算本期财产减少数的依据。实地盘存制简化了日常核算工作,但不能随时掌握财产物资的占用情况及其动态,不便于会计监督;并且,倒挤出的各项财产物资的减少数中成分复杂,除了正常耗用数外,还可能存在毁损丢失等情况,不利于财产管理,会影响会计资料的真实准确。因此,这种方法一般适用于价值量小、数量多的低值易耗品。

(二) 财产清查的方法

由于企业各项财产物资的存在形态不同,其保管和使用情况也不完全一致,因此财产清查的内容和方法也互不相同。

1. 实物资产的清查方法

实物资产是指具有实物形态的各种财产,包括材料、半成品、在产品、库存商品和固定资产等。由于各种实物资产的形态、体积、堆码方式不同,必须采用不同的清查方法。

(1) 常用盘点方法。

实物资产常用的财产清查方法有实地盘点法、技术推算法和抽样盘点法。

①实地盘点法。

实地盘点法是指在实物存放现场逐一清点数量或用计量仪器来测定实有数量的一种方法。这种方法适用范围广、数字准确可靠,但工作量大。

②技术推算法。

技术推算法是指利用技术方法,如量方计尺等技术推算有关财产物资实存数量的一种方法。这种方法数字不精确,但工作量较小,适用于大量堆放、不便逐一清点的财产物资,如棉花、煤炭、沙石等。

③抽样盘点法。

抽样盘点法是指从总体中选取一定数量的个体,通过个体推算总体的一种方法。这种方法适用于数量多、价值小、重量均匀的实物清查。

(2) 两张原始凭证。

实物资产的清查常用到两张原始凭证——盘存单和账存实存对比表。

①盘存单。

盘存单是记录各项实物盘点结果的书面证明,是反映财产物资实有数的原始凭证,是财产清查工作中的重要原始凭证之一。

在财产清查过程中,实物保管人员必须在场并参加盘点工作,应如实地将盘点结果填写在盘存单上并由盘点人员和实物保管人员签字盖章。盘存单的一般格式如表8-1所示。

表8-1 盘存单

单位名称　　　　　　　　　　　　　　　　　盘点时间:　　　　编号:
财产类别　　　　　　　　　　　　　　　　　存放地点:

序号	名称	规格型号	计量单位	实存数量	单价	余额	备注

盘点人签章:　　　　　　　　　　　　　保管人签章:

②账存实存对比表。

账存实存对比表是会计部门调整账簿记录的原始凭证,也是分析盈亏原因、明确相关人员经济责任的依据。

对实物资产盘点结束后,应将盘存单中所记录的实存数与账面结存数相核对,如发现有盘盈或盘亏情况,则必须将账实不符部分认真填入账存实存对比表。账存实存对比表的一般格式如表8-2所示。

表8-2 账存实存对比表

单位名称:　　　　　　　　　　年　月　日

序号	名称	规格型号	计量单位	实存		账存		盘盈		盘亏		备注
				数量	余额	数量	余额	数量	金额	数量	金额	

盘点人签章:　　　　　　　　　　　　　会计签章:

子任务二:清查库存现金

库存现金的清查是通过实地盘点查明库存现金的实存数,再与现金日记账余额核对,检查账实是否相符。

库存现金的清查应注意以下事项。

(1) 清查前，出纳人员须将库存现金收款、付款凭证全部登记入账，并结出余额。

(2) 在进行库存现金清查时，出纳人员必须在场，以明确经济责任。

(3) 不得以任何借口以借条、收据等非现金物品抵充现金，同时应检查库存现金是否超额。

(4) 库存现金盘点后，应根据盘点结果及与现金日记账核对的情况，及时填制库存现金盘点表，并由盘点人和出纳人员签章，此表具有盘存单及账存实存对比表的双重作用，是重要的原始凭证。库存现金盘点表的一般格式如表8-3所示。

表8-3 库存现金盘点表

单位名称： 年 月 日

实存余额	账存余额	实存与账存对比		备注
		盘盈	盘亏	

盘点人签章： 出纳人员签章：

子任务三：清查银行存款

银行存款的清查主要是将本单位的银行存款日记账与开户银行转来的银行对账单进行核对，以查明账实是否相符。

清查前，必须认真检查复核本单位的银行存款日记账，以确定账簿记录的准确、完整；再与银行对账单逐笔核对，确定双方记账的准确性。如果银行存款日记账的余额与银行对账单的余额一致，说明双方记账无误；如果不一致，应当查明原因，立即进行错账更正。需要注意的是，即使本单位与银行记账都无错误，也可能出现银行存款日记账余额与银行对账单余额不一致的情况，这是因为可能存在未达账项。

所谓未达账项，是指单位与银行之间一方已取得有关凭证登记入账，另一方由于未取得有关凭证尚未入账的款项。未达账项有四种情况。

(1) 企业已收款入账，银行尚未收款入账。如企业将收到的支票送存银行，并已登入银行存款日记账，而银行尚未收款还未记增加。

(2) 企业已付款入账，银行尚未付款入账。如企业支出了款项，已作为银行存款减少入账，但银行因未收到转账支票还未登记银行存款减少。

(3) 银行已收款入账，企业尚未收款入账。如委托银行收取货款，银行收取了款项并已登记入账，而企业因尚未收到银行转来的收款凭证而未入账。

(4) 银行已付款入账，企业尚未付款入账。如企业委托银行支付某种款项，银行支付款项后已登记入账，但企业尚未接到银行转来的付款凭证未登记入账。

上述任何一种情况发生，都会使双方账面余额不一致。所以，在清查中，除了对发现的错账应按规定的程序报请更正后,对于已发现的未达账项也要通过编制银行存款余额调节表来检查调整后的账面余额是否相符。

银行存款余额调表的编制方法是:在企业与银行双方各自存款余额的基础上,加上对方已收、本单位未收的款项,减去对方已付、本单位未付的款项。

通过编制银行存款余额调节表对未达账项进行调节,如果调节后的双方余额相等,说明双方记账相符;否则,说明一方记账有误,或者余额调节表中的计算有错误,应及时纠正。

【例8-1】某企业2018年12月31日银行对账单余额为32 000元,企业银行存款日记账的余额为30 000元,经核对,发现有未达账项如下。

(1)企业销售甲产品收入16 000元,已送存银行,但银行尚未入账。

(2)企业购买材料开出一张价值4 520元的转账支票,因持票单位尚未到银行办理手续,银行还未入账。

(3)企业委托银行收款15 000元,银行已将款项转入该企业存款账户,但该企业尚未收到收款通知。

(4)银行代企业支付水电费1 520元,银行已入账,但企业尚未收到付款通知。

根据核对发现的未达账项,编制银行存款余额调节表如8-4所示。

表8-4 银行存款余额调节表
2018年12月31日　　　　　　　　　　　　　　　　　　　　　　单位:元

项目	余额	项目	余额
企业银行存款日记账余额	30 000	银行对账单余额	32 000
加:银行已收,企业未收	15 000	加:企业已收,银行未收	16 000
减:银行已付,企业未付	1 520	减:企业已付,银行未付	4 520
调节后的存款余额	43 480	调节后的存款余额	43 480

需要注意的是,银行存款余额调节表只起核对账目的作用,不能作为调整银行存款账面余额的原始凭证,不能据此进行账务处理。

子任务四:清查往来款项

往来款项主要包括各种应收账款、应付账款和预收、预付款。往来款项的清查一般通过发函与对方单位账目校对的方式进行。企业在进行往来款项清查之前,应当核查本单位往来账项的账户记录,企业在账户记录正确、完整的基础之上,再编制询证函,寄送至对方单位进行核对。询证函一般　式两份,其中一份作为回单,对方单位接单后如果核对无误,应在回单上盖章再退回,对方单位如果发现不符,应将不符情况在回单上注明,或另抄询证函退回,以便进一步核对。询证函的一般格式如表8-5所示。

表 8-5 询证函

——单位：

你单位于 2018 年 8 月 17 日到我公司购买精密机床一台，货款 5 000 元，尚未支付。请核对后将回单寄回。

清查单位：（签章）
2018 年 10 月 30 日

请沿线剪开，将以下回单寄回：

....

（回单）

——清查单位：

你单位寄来的询证函已收到，经核对相符无误。

——单位（盖章）
2018 年 11 月 3 日

往来款项清查结束后，应按清查结果编制往来款项清查报告表。往来款项清查报告表的一般格式如表 8-6 所示。

表 8-6 往来款项清查报告表

单位：　　　　　　　　　　　　　　　年　月　日

明细账户名称	账面结存余额	清查结果		不符合原因分析					备注
		相符	不相符	未达账项	拖付款项	争执款项	无法收回款项	其他	

清查人员：　　　　　　　　　　　　　　　管理人员：

任务三　处理财产清查结果

【问题引入】对于财产清查中的盘盈盘亏，会计人员应该怎么处理呢？

提示：要回答上述问题，需要掌握财产清查结果的处理程序，以及具体的账务处理。

子任务一：掌握财产清查结果的处理程序

在对财产认真地清查之后，应及时核实财产清查中所发现的财产物资的盘盈和盘亏以及毁损、变质等情况，并根据核实后的数额，及时调整账面记录，以保证账实相符。同时，应对已经查明的各种财产物资的盘盈、盘亏和毁损原因，报有关机构审批以及时处理。

企业对财产清查结果的处理，通常包括审批前的账务处理和审批后的账务处理。财产清查结果的处理程序可分为四步。

（一）核准余额，分析原因，查明性质，提出处理意见

财产清查工作结束后，企业应根据清查结果确认的盈亏及毁损的财产物资，深入调查与分析，查明财产物资盘盈、盘亏及毁损的性质和发生的具体原因，明确经济责任，及时提出处理意见，报有关部门审批处理。

（二）调整账簿，以使账实相符

在对各项财产物资进行清查之后，在查明原因和性质并核准数字的基础上，应根据有关账存实存对比表等原始凭证中列明的财产盘盈、盈亏数，编制记账凭证，并据以调整有关账簿记录，使得各项财产的账存数与实存数保持一致。

（三）报请审批，编制记账凭证，进行账务处理

当有关部门对所呈报的财产清查结果提出处理意见后，应根据意见进行账务处理，编制记账凭证、登记会计账簿。

（四）总结经验教训，健全财产管理制度

对财产清查过程中发现的问题，应及时总结，提出改进措施，同时要建立健全财产物资的管理制度，加强岗位责任制，保证财产的安全。

子任务二：处理财产清查结果

（一）账户的设置

为了正确地反映企业各项财产物资的盘盈、盘亏及其处理情况，企业需要设置一个特定的账户——"待处理财产损溢"账户。该账户属于资产类账户，下设"待处理流动资产损溢"和"待处理非流动资产损溢"两个明细分类账户，分别反映流动资产和非流动资产的盘盈、盈亏及其处理情况。该账户借方登记待处理的各项财产物资的盘亏、毁损数以及已批准处理的盘盈财产物资的转销数；贷方登记待处理的各项财产物资的盘盈数以及已批准处理的盘亏及毁损财产物资的转销数。该账户的借方余额反映尚未批准处理的盘亏或毁损的财产，贷方余额则反映尚未批准处理的盘盈财产；期末处理后该账户应无余额。

（二）账务处理

1. 财产物资盘盈的账务处理

盘盈一般指各项货币资金和物资财产因计量不准、手续欠缺等原因造成实存数大于账存数的差额或溢余。下面举例说明库存现金、存货和固定资产盘盈的账务处理。

（1）库存现金盘盈的账务处理。

在财产清查中如发现库存现金实存数大于账存数，出现现金溢余，一般称其为现金长款。现金长款的处理方法是：先将现金长款记入"待处理财产损溢——待处理流动资产损溢"账户的贷方，待查明原因批准处理后再转销。查明原因之后，现金长款属于应支付有关单位或人员的，经批准应记入"其他应付款"账户的贷方；对于无法查明原因的现金长款，经批准后记入"营业外收入"账户的贷方。

【例 8-2】某企业在库存现金清查中发现现金长款 300 元，经反复核查未查明原因，经批准转作营业外收入。

批准前，应编制会计分录如下。

借：库存现金　　　　　　　　　　　　　　　　　　　　　300
　　贷：待处理财产损溢——待处理流动资产损溢　　　　　　　300

批准后，误码编制会计分录如下。

借：待处理财产损溢——待处理流动资产损溢　　　　　　　300
　　贷：营业外收入　　　　　　　　　　　　　　　　　　　300

【例 8-3】某企业在库存现金清查中，实际盘点现金为 2 875 元，现金日记账余额为 2 000 元，发现库存现金较账面金额溢余 875 元。经核查，上述现金溢余中有 800 元是应支付给明浩公司的款项，应转作其他应付款；其余 75 元原因不明，经批准转入营业外收入。

批准前，应编制会计分录如下。

借：库存现金　　　　　　　　　　　　　　　　　　　　　875
　　贷：待处理财产损溢——待处理流动资产损溢　　　　　　　875

批准后，应编制会计分录如下。

借：待处理财产损溢——待处理流动资产损溢　　　　　　　875
　　贷：其他应付款　　　　　　　　　　　　　　　　　　　800
　　　　营业外收入　　　　　　　　　　　　　　　　　　　 75

（2）存货盘盈的账务处理。

企业盘盈的存货，应先记入"待处理财产损溢——待处理流动资产损溢"账户，上报批准后，一般冲减管理费用。

【例 8-4】某企业在财产清查中发现有一批材料盘盈，估计价值为 1 000 元。

批准前，根据账存实存对比表确定的原材料盘盈数，编制会计分录如下。

借：原材料　　　　　　　　　　　　　　　　　　　　　1 000
　　贷：待处理财产损溢——待处理流动资产损溢　　　　　　 1 000

批准后，应编制会计分录如下。

借：待处理财产损溢——待处理流动资产损溢　　　　　　 1 000
　　贷：管理费用　　　　　　　　　　　　　　　　　　　　1 000

【例 8-5】某企业在财产清查中盘盈库存商品 2 000 元。

批准前，应编制会计分录如下。

借：库存商品　　　　　　　　　　　　　　　　　　　　2 000
　　贷：待处理财产损溢——待处理流动资产损溢　　　　　　 2 000

批准后，应编制会计分录如下。
借：待处理财产损溢——待处理流动资产损溢　　　　　　　2 000
　　贷：管理费用　　　　　　　　　　　　　　　　　　　　　　2 000

（3）固定资产盘盈的账务处理。

企业在财产清查中盘盈的固定资产，作为前期差错处理。在按管理权限报经批准处理前应先通过"以前年度损益调整"科目核算。盘盈的固定资产，应按以下规定确定其入账价值：如果同类或类似固定资产存在活跃市场，按同类或类似固定资产的市场价格减去按该项资产的新旧程度估计的价值损耗后的余额作为入账价值；如果同类或类似固定资产不存在活跃市场，按该项固定资产的预计未来现金流量的现值作为入账价值。之所以将固定资产盘盈作为前期差错进行会计处理，是因为企业出现由于无法控制的因素而造成固定资产盘盈的可能性极小甚至是不可能的，也就是说，固定资产如果出现盘盈，必定是企业自身"主观"原因造成的，或者说以前会计期间少计或漏计固定资产等会计差错而形成的。同时，将固定资产盘盈作为前期差错处理也规避了企业通过财产盘盈盘亏的会计处理来达到人为调节利润的可能性。

【例8-6】乙公司在财产清查过程中发现一台未入账的设备，按同类或类似商品市场价格减去按该项资产的新旧程度估计的价值损耗后的余额为30 000元（假定与其计税基础不存在差异）。假定公司适用的所得税税率为25%，按净利润的10%计提法定盈余公积。

（1）盘盈固定资产时，应编制会计分录如下。
借：固定资产　　　　　　　　　　　　　　　　　　　　　　30 000
　　贷：以前年度损益调整　　　　　　　　　　　　　　　　　　30 000

（2）确定应缴纳的所得税时，应编制会计分录如下。
借：以前年度损益调整　　　　　　　　　　　　　　　　　　　7 500
　　贷：应缴税费——应缴所得税　　　　　　　　　　　　　　　7 500

（3）结转为留存收益时，应编制会计分录如下。
借：以前年度损益调整　　　　　　　　　　　　　　　　　　　22 500
　　贷：盈余公积——法定盈余公积　　　　　　　　　　　　　　2 250
　　　　利润分配——未分配利润　　　　　　　　　　　　　　　20 250

2. 财产物资盘亏的账务处理

盘亏一般是指因管理不善或自然灾害等主客观因素而造成的各项财产物资实有数小于账面结存数的情况。

（1）库存现金盘亏的账务处理。

在财产清查中，企业如发现库存现金实存数小于账存数，出现现金短缺，一般称其为现金短款。现金短款的处理方法是：先将现金短款记入"待处理财产损溢——待处理流动资产损溢"账户，待查明原因批准处理后再转销。查明原因后，现金短款如果应由责任人赔偿，应记入"其他应收款"账户的借方；无法查明原因的现金短款，经批准后一般应记入"管理费用"账户的借方。

【例8-7】某企业在库存现金清查中发现金短款180元，经核查，其中150元属于出纳李平的责任，应由李平赔偿；另外30元无法查明原因，经批准转作管理费用处理。

批准前，应编制会计分录如下。

借：待处理财产损溢——待处理流动资产损溢　　　　　　　　180
　　　贷：库存现金　　　　　　　　　　　　　　　　　　　　180

批准后，应编制会计分录如下。

借：其他应收款——李平　　　　　　　　　　　　　　　　　150
　　管理费用　　　　　　　　　　　　　　　　　　　　　　 30
　　　贷：待处理财产损溢——待处理流动资产损溢　　　　　　180

(2) 存货盘亏的账务处理。

企业如发现盘亏的存货，应先记入"待处理财产损溢——待处理流动资产损溢"账户，经查明亏损原因后，根据批准进行不同情况的转销。具体处理方法为：属于自然损耗或管理不善造成的部分，转作管理费用；属于超规短缺及毁损造成的损失，应由过失人赔偿，记入"其他应收款"账户；属于自然灾害等非常损失造成的存货毁损，扣除保险公司赔偿和残料价值后，记入"营业外支出"账户，保险公司提供的赔偿应记入"其他应收款"账户。

【例8-8】某企业盘亏原材料2 000元，盘亏A商品1 000元、B商品6 000元。

批准前，应编制会计分录如下。

借：待处理财产损溢——待处理流动资产损溢　　　　　　　9 000
　　　贷：原材料　　　　　　　　　　　　　　　　　　　　2 000
　　　　　库存商品——A商品　　　　　　　　　　　　　　1 000
　　　　　　　　　——B商品　　　　　　　　　　　　　　6 000

【例8-9】接【例8-8】，上述存货盘亏经查明，盘亏原材料为超定额损耗，由责任人李明负责赔偿；A商品盘方属于自然损耗，作管理费用处理；B商品盘方是火灾所致，保险公司同意赔偿60%的损失，其余作为公司损失处理。

批准后，应编制会计分录如下。

借：管理费用　　　　　　　　　　　　　　　　　　　　　1 000
　　其他应收款——李明　　　　　　　　　　　　　　　　　2 000
　　　　　　——保险公司　　　　　　　　　　　　　　　　3 600
　　营业外支出　　　　　　　　　　　　　　　　　　　　 2 400
　　　贷：待处理财产损溢——待处理流动资产损溢　　　　　9 000

(3) 固定资产盘亏的账务处理。

固定资产盘亏在批准处理前，应按其原价或市场重置价记入"固定资产"账户的贷方；如有折旧，应把折旧价记入"累计折旧"账户的借方；同时将净亏损记入"待处理财产损溢"账户的借方。固定资产盘方经批准后转作营业外支出处理。

【例8-10】某企业在财产清查中盘亏仪器设备一台，其原价为3 000元，已计提折旧1 000元。

审批前，应编制会计分录如下。

借：待处理财产损溢——待处理非流动资产损溢 2 000
  累计折旧 1 000
  贷：固定资产 3 000

经批准，应编制会计分录如下。

借：营业外支出 2 000
  贷：待处理财产损溢——待处理非流动资产损溢 2 000

3. 坏账处理

企业在财产清查中如发现某项账款因购货人拒付、破产、死亡等主客观原因无法收回，按规定程序审批后，应冲减坏账准备；无法支付的应付款项，经批准作营业外收入处理。这些往来账项中发现的坏账的转销，不通过"待处理财产损溢"账户核算。

【例 8-11】某企业经查明应收远华公司货款 54 000 元因该公司破产无法收回，经批准予以转销。

转销该应收账款的会计分录如下。

借：坏账准备 54 000
  贷：应收账款 54 000

【例 8-12】某企业有一笔确实无法支付的应付账款 2 000 元，经批准进行转销处理。

转销无法支付应付账款的会计分录如下。

借：应付账款 2 000
  贷：营业外收入 2 000

财产清查中账务处理的常用分录如表 8-7 所示。

表 8-7 财产清查账务处理常用分录

清查项目	盘盈	盘亏

库存现金	批准前：
	借：库存现金
	  贷：待处理财产损溢——待处理流动资产损溢
	批准后：
	借：待处理财产损溢——待处理流动资产损溢
	  贷：营业外收入
	    其他应付款
		批准前：
		借：待处理财产损溢——待处理流动资产损溢
		  贷：库存现金
		批准后：
		借：其他应收款
		  管理费用
		  贷：待处理财产损溢——待处理流动资产损溢

续表

清查项目	盘盈	盘亏
存货	批准前： 借：原材料 　　库存商品 　　贷：待处理财产损溢——待处理流动资产损溢 批准后： 借：待处理财产损溢——待处理流动资产损溢 　　贷：管理费用	批准前： 借：待处理财产损溢——待处理流动资产损溢 　　贷：原材料 　　　　库存商品 批准后： 借：管理费用 　　其他应收款 　　营业外支出 　　贷：待处理财产损溢——待处理流动资产损溢
固定资产	批准前： 借：固定资产 　　贷：以前年度损益调整 批准后： 借：以前年度损益调整 　　贷：应缴税费——应缴所得税 借：以前年度损益调整 　　贷：盈余公积 　　　　利润分配——未分配利润	批准前： 借：待处理财产损溢——待处理非流动资产损溢 　　累计折旧 　　贷：固定资产 批准后： 借：营业外支出 　　贷：待处理财产损溢——待处理非流动资产损溢

练习题

一、单选题

1. 财产清查按清查范围不同可分为（　　）。
   A. 定期清查和不定期清查　　　　B. 永续盘存制和实地盘存制
   C. 全面清查和局部清查　　　　　D. 内部清查和外部清查
2. 企业股份制改制前须采用（　　）。
   A. 全面清查　　　B. 局部清查　　　C. 定期清查　　　D. 实地清查
3. 平时只在账簿中登记财产物资的增加数不登记减少数的盘存方法叫作（　　）。
   A. 全面清查　　　B. 永续盘存制　　C. 实地盘存制　　D. 账面盘存制
4. 账存实存对比表是财产清查的（　　）。
   A. 记账凭证　　　B. 账簿　　　　　C. 原始凭证　　　D. 通用日记账
5. 银行存款的清查方法是（　　）。
   A. 函证核对　　　　　　　　　　　B. 实地盘点法

C. 与开户行核对账目 D. 技术推算盘点法

6. 财产清查的目的是保证（　　）。
A. 账账相符　　　B. 账实相符　　　C. 账证相符　　　D. 账表相符

7. 下列项目的清查应采用询证核对法的是（　　）。
A. 原材料　　　B. 应付账款　　　C. 短期投资　　　D. 实收资本

8. 对于盘亏的固定资产的净值经批准应借记的会计科目是（　　）。
A. 营业外支出　　B. 营业外收入　　C. 管理费用　　　D. 财务费用

9. 下列业务中，不需要通过"待处理财产损溢"账户核算的是（　　）。
A. 固定资产盘亏　　　　　　　　　B. 无法支付的应付账款
C. 材料盘亏　　　　　　　　　　　D. 库存商品丢失

10. 产生未达账项的原因是（　　）。
A. 某一方或双方记账有错误　　　　B. 双方记账时间不一致
C. 双方对账时间不一致　　　　　　D. 双方结账时间不一致

11. 按预先计划安排的时间对财产物资进行的清查是（　　）。
A. 不定期清查　　B. 定期清查　　　C. 全面清查　　　D. 局部清查

12. 下列情况一般不需进行全面清查的是（　　）。
A. 年终决算之前　B. 单位撤销时　　C. 每月结账前　　D. 清查核资时

13. 通常在年终决算之前，要（　　）。
A. 对企业所有财产进行技术推算盘点
B. 对企业所有财产进行全面清查
C. 对企业一部分财产进行局部清查
D. 对企业流动性较大的财产进行全面清查

14. 企业在撤销或合并时，对企业的财产物资所进行的清查属于（　　）。
A. 全面清查　　　B. 定期清查　　　C. 局部清查　　　D. 重点清查

15. 月末企业银行存款实有余额是（　　）。
A. 银行对账单上所列金额
B. 银行存款日记账余额
C. 月末银行存款余额调节表调节后余额
D. 对账单或银行存款日记账余额

16. "待处理财产损溢"账户是（　　）。
A. 资产类账户　　　　　　　　　　B. 负债类账户
C. 损益类账户　　　　　　　　　　D. 资产负债双重性账户

17. 在清查中发现账外固定资产，经批准后作（　　）进行处理。
A. 未分配利润　B. 管理费用　　　C. 营业外支出　　D. 其他应收款

18. 在财产清查中，如查明盘亏是由于保管人员失职所造成，经批准后计入（　　）。
A. 管理费用　　　B. 其他应收款　　C. 营业外支出　　D. 生产成本

二、多选题

1. 按照清查的时间不同，财产清查可分为（　　）。
   A. 全面清查　　　　B. 局部清查　　　　C. 定期清查　　　　D. 不定期清查

2. 应进行全面清查的情况有（　　）。
   A. 更换仓库保管员时　B. 开展资产评估时　C. 年终决算时　　D. 企业股份制改制前

3. 实地盘点法的优点有（　　）。
   A. 适用范围广　　　B. 要求严格　　　　C. 清查质量高　　　D. 工作量小

4. 财产清查中的原始凭证有（　　）。
   A. 盘存单
   B. 账存实存对比表
   C. 现金盘点表
   D. 银行存款余额调节表

5. 下列各项中，会导致账实不符的有（　　）。
   A. 记账中漏记
   B. 记账中错记
   C. 财产毁损
   D. 收、发财产时，计量不准确造成的数字上的错误

6. 对实物形态财产物资进行清查的方法有（　　）。
   A. 实地盘存制　　　B. 核对项目　　　　C. 永续盘存制　　　D. 实地盘点法

7. 定期清查的时间一般为（　　）。
   A. 年末　　　　　　B. 月末　　　　　　C. 季末　　　　　　D. 清产核资时

8. "待处理财产损溢"账户的借方登记（　　）。
   A. 已批准处理的财产盘亏结转数
   B. 已批准处理的财产盘盈结转数
   C. 发生的待处理财产盘盈数
   D. 发生的待处理财产盘亏数

9. 财产物资盘盈核算所涉及的账户有（　　）。
   A. 待处理财产损溢　B. 管理费用　　　　C. 其他应收款　　　D. 营业外收入
   E. 销售费用

10. 财产清查前要做的准备工作有（　　）。
    A. 成立财产清查小组
    B. 配备财产清查人员
    C. 财产部门的账簿记录准确
    D. 财务保管部门的实物准备

11. 通过财产清查可以（　　）。
    A. 提高会计资料的重要性，保证会计资料的真实性
    B. 改善经营管理，挖掘各项财产潜力
    C. 加强财产管理人员责任感，保证各项财产安全、完整

D. 保证会计凭证、账簿记录合法

12. 企业财产物资出现账实不符的原因可能有（　　）。

　A. 计量不准　　　　B. 管理不善　　　　C. 责任者过失　　　　D. 不法分子贪污盗窃

13. 实地盘点法一般适用于（　　）的清查。

　A. 存货　　　　　　B. 固定资产　　　　C. 库存现金　　　　　D. 应付账款

14. 更换出纳和财产保管员时，要对其保管的现金和财产物资等进行的清查属于（　　）。

　A. 全面清查　　　　B. 局部清查　　　　C. 不定期清查　　　　D. 定期清查

15. 既属于不定期清查，又属于全面清查的有（　　）。

　A. 更换仓库保管员时，对有关财产物资的清查

　B. 开展清查核资时，对本单位财产进行的清查

　C. 单位撤销合并或改变隶属关系时所进行的财产清查

　D. 发生意外灾害损失时，对有关财产进行的清查

16. 下列属于未达账项的有（　　）。

　A. 企业开出支票购买材料，已记银行存款减少，银行尚未入账

　B. 企业收到支票存入银行，已记银行存款增加，银行尚未入账

　C. 企业与购买单位签订合同，金额为 10 000 元

　D. 银行代企业付水费，企业尚未入账

17. 银行存款日记账大于银行对账单余额的情况有（　　）。

　A. 企业账簿记录有错误

　B. 银行账簿记录有错误

　C. 银行已作支出入账，企业未入账

　D. 银行已作收入入账，企业未入账

18. 财产物资的盘存制度有（　　）。

　A. 实地盘点法　　　B. 实地盘存制　　　C. 技术推算法　　　　D. 永续盘存制

19. "待处理财产损溢"账户的结构是（　　）。

　A. 借方登记盘亏数，贷方登记盘盈数

　B. 借方登记盘盈数，贷方登记盘亏数

　C. 借方登记盘亏处理数，贷方登记盘盈处理数

　D. 借方登记盘盈处理数，贷方登记盘亏处理数

20. 对盘亏存货进行处理可能会记入的账户有（　　）。

　A. 管理费用　　　　B. 营业外支出　　　C. 其他应收款　　　　D. 营业外收入

三、判断题

1. 全面清查是指对全部财产进行盘点和核对。（　　）

2. 实地盘存制是指根据账户记录计算期末财产物资账面结存数的一种方法。（　　）

3. 账存实存对比表是调整账面记录的原始凭证。（　　）

4. 造成银行存款日记账的余额与银行对账单余额不一致的原因是存在未达账项。（　　）

5. 对盘盈的存货，应于批准后计入营业外支出。（   ）

6. 由责任人造成的财产物资丢失批准处理后应计入其他应收款。（   ）

7. 银行存款余额调节表只起对账作用。（   ）

8. 现金清查时出纳有事可以不在场。（   ）

9. 永续盘存制有利于加强对财产物资的管理。（   ）

10. 对应由保险公司赔偿的盘亏财产，经批准应计入资本公积。（   ）

11. 财产清查不但是一种会计核算的重要方法，而且也是一种重要的财产物资管理制度。（   ）

12. 对委托外单位保管的材料、商品等，也要采用实地盘点法进行核对。（   ）

13. 对于库存现金，只要保证出纳每天与日记账核对相符，就无须专门进行清查。（   ）

14. 只要银行存款日记账与银行对账单余额不符，就说明企业或银行的账簿记录有错误。（   ）

15. 局部清查一般适用于对流动性较大的财产物资和货币资产的清查。（   ）

16. 进行财产清查时，如发现账存数小于实存数，即为盘亏。（   ）

17. 盘盈固定资产的净值经批准后应列作营业外收入，盘亏固定资产的净值经批准后列作营业外支出。（   ）

18. 对于未达账项应编制银行存款余额调节表进行调节，同时对未达账项应编制记账凭证调整入账。（   ）

19. 对于财产清查中发现的存货盘盈、盘亏，可以根据盘存单调整存货账面结存数。（   ）

20. 平时既登记增加又登记减少的财产清查制度是永续盘存制。（   ）

课后实训

实训一

目的：

掌握银行存款余额调节表的编制。

资料：

2018年10月31日，东风机械厂对银行存款进行清查后发现，银行存款日记账余额为50 000元，银行对账单余额为86 700元，清查人员将企业银行存款日记账与银行对账单核对后，发现下列各项经济业务双方记录不一致。

（1）银行代公司支付水费2 000元，公司尚未记账。

（2）银行为公司代收销货款26 000元，公司尚未记账。

（3）银行代付电费500元，公司尚未记账。

（4）公司开出现金支票预付差旅费600元，持票人尚未到银行提取现金。

（5）公司开出转账支票12 600元，已入账，对方尚未将支票送存银行。

要求：

根据以上资料，编制银行存款余额调节表，并确定该公司 2018 年 10 月 31 日银行存款的实际结存额。

实训二

目的：

掌握财产清查的账务处理。

资料：

某企业年终进行财产清查，在清查中发现以下问题。

(1) 出现现金长款 1 200 元。

(2) 盘亏重要设备一台，原价为 8 000 元，账面已计提折旧 2 000 元；盘盈精密仪器一台，估计重置价为 4 000 元。

(3) A 材料账面余额为 455 千克，价值为 7 500 元。盘点实际存量为 440 千克，经查明，其中 5 千克为定额损耗，10 千克为日常收发计量差错。

(4) 盘盈 B 材料 160 千克，价值 5 300 元。

(5) 检查往来款项，发现有长运公司欠款 3 500 元，该运输公司已撤销，无法收回该款项。

要求：

对上列各项盘盈、盘亏和损失进行批准前、后的账务处理。

实训三

目的：

掌握财产清查的账务处理。

资料：

某工厂年终进行财产清查，在清查中发现下列事项。

(1) 盘亏电机一部，原价为 35 000 元，账面已计提折旧 12 000 元。

(2) 发现账外机器一台，估计重置价为 10 000 元。

(3) A 材料账面余额为 500 千克，价值为 20 000 元，盘点实际存量为 490 千克，经查明其中 6 千克为定额内损耗，4 千克为日常收发计量差错。

(4) B 材料账面余额为 200 千克，价值为 5 312 元，盘点实际存量为 198 千克，缺少数为保管人员失职造成的损失。

(5) 盘盈 C 材料 10 千克，每千克 20 元。

(6) 经查明，甲公司欠该工厂货款 25 000 元，由于甲公司已撤销，无法收回该货款。

(7) 由于出纳疏忽造成库存现金短缺 50 元。

上列各项盘盈、盘亏和损失，经查明原因属实，报请领导审批，作如下处理。

(1) 盘亏电机系因自然灾害招致毁损，作非常损失处理。

(2) 账外机器尚可使用，交车间投入生产，作增加营业外收入处理。

(3) 材料定额内损耗及材料收发计量错误，均列入管理费用处理。

（4）保管人员失职造成材料短缺损失，责成过失人赔偿。
（5）经查明，盘盈 C 材料属于日常收发计量差错造成。
（6）无法收回的应收账款，作坏账损失列作管理费用（假设该企业未计提坏账准备）。
（7）库存现金短缺，应由过失人赔偿。

要求：
根据上述资料进行批准前、后的账务处理。

学习情境九

财务报表

学习目标

理解财务报表、资产负债表、利润表、现金流量表的概念及作用；能够编制资产负债表、利润表和现金流量表。

任务一：财务报表认知；

任务二：编制资产负债表；

任务三：编制利润表；

任务四：编制现金流量表。

情境描述

快期末了，基础会计的课程也快结束了，赵红波同学认为自己对会计已有所了解，但同时还存在一些疑问，所以趁课间休息时间主动与老师交流。

赵红波问道："老师，通过这段时间的学习，我大体明白会计工作主要是对企业在经营期间发生的各项经济业务进行核算、处理，从编制会计凭证到登记会计账簿。但是会计账簿中反映的会计信息比较分散、独立，尚未构成一套体系，不能提供企业完整、系统、全面的会计信息。这样不就使信息使用者很难看懂、难以了解企业的经营状况吗？"

老师笑道："你提出的问题非常好，说明你在学习的过程中不仅仅在听老师讲，并且自己也在积极思考，这是非常可贵的。接下来的一章，即财务报表，就能解决你提出的这个问题。接下来要做的工作，是对各种会计账簿提供的会计信息进行进一步归集、加工和汇总，形成财务报表。"

这时赵红波好像有点头绪了，说道："原来是这样啊，还有最后的工作！"

老师笑道："是的，等学完这章，如果还有问题，欢迎再和我交流。"

赵红波开心地说道:"谢谢老师,我会继续认真学习的。"

情境分析

企业提供的各种信息是对外交往的语言,会计信息是其中重要的一部分。会计信息的质量会直接影响各利益相关者,而会计信息的主要载体是财务报表,所以就要求学习者必须弄清楚以下问题:需要编制哪些财务报表?各种财务报表如何编制?财务报表在会计核算中处于什么样的地位和作用?要回答以上问题,就必须掌握财务报表的相关知识。

任务一 财务报表认知

【问题引入】向荣有限公司注册资本为 500 万元,已有 8 年的发展历史。该公司主要生产各种玻璃制品,产品销往周边各省市。该公司现有员工 58 人,现正在招聘会计,会计电算化专业毕业生张昕了解了该公司的一些基本情况后决定去应聘。

财务部经理问了张昕两个问题:

(1) 向荣公司拟向一单位投资,需要了解该单位的什么信息,通过什么途径和载体了解?

(2) 如果向荣公司拟向银行贷款,银行最关注的是什么?

提示:财务报表是实现会计目标的载体,只有符合相关财经制度的规定,才能进行对外报送。为解决上述问题,需要先了解什么是财务报表、财务报表应如何分类以及财务报表的编制依据等问题。

子任务一:理解财务报表的概念及作用

财务报表是根据企业日常的会计账簿、会计凭证等会计资料进一步加工形成的,能够通过货币指标综合反映企业经营活动情况的具有一定格式的书面文件。

财务报表是提供会计信息的重要工具,其作用主要体现在以下几方面。

(1) 为投资者充分了解各单位财务状况进行投资决策提供必要的信息资料。

各单位的投资者包括国家、职工个人、其他单位和外商等。投资者关心被投资者的投资报酬和投资风险,在投资前须了解被投资者的资金状况和经济活动情况,以做出正确的投资决策;投资后,须了解被投资者的经营成果、资金使用状况以及支付资金报酬的情况等资料。财务报表可以全面、系统地向投资者提供其所需要的信息资料,满足其投资决策的需要。

(2) 为债权人提供资金运转情况、短期偿债能力和支付能力的信息资料。

贷款人是单位的重要债权人,包括银行、非银行金融机构、债券购买者等,他们需要反映单位能否按时支付利息和偿还债务的资料。商业债权人是商品经济条件下企业又一重要的债权人,他们通过供应材料、设备及劳务等交易成为单位的债权人,需要单位有关偿债能力的资料。财务报表可以提供以上资料,以供债权人做出信贷和赊销的决策。

（3）为各单位内部的经营管理者和职工群众进行的日常经营管理提供必要的信息资料。

各单位的经营管理者需要不断地考核、分析单位财务、成本状况，评价单位的经济工作；总结经验、查明问题存在的原因，不断改进经营管理工作、提高管理水平、预测经济远景、进行经营决策。财务报表可以为各单位的经营管理者提供管理活动过程及结果的全面、完整、系统的数据资料，以便其做出正确的结论，使企业的经营活动良性发展。各单位的职工、职工代表大会及工会组织，也可以通过财务报表提供的数据资料，更好地参与单位的经营管理活动。

（4）为财政、工商、税务等行政管理部门提供对单位实施管理和监督的各项信息资料。

财政、工商、税务等行政管理部门，履行国家的管理职能，检查单位的资金使用情况、成本的计算情况、利润的形成和分配情况、税金的计算和缴纳情况；检查单位财经纪律的遵守情况。财务报表为上述各部门提供必要的数据资料，以便其对单位实施管理和监督。

（5）为审计机关检查、监督各单位的生产经营活动提供必要的信息资料。

审计机关的审计工作是从财务报表审核开始的，财务报表为审计工作提供详尽、全面的数据资料。

事实上，财务报表本身所提供的信息并不能完全满足上述报表使用者进行经营、投资、信贷等决策所需要的全部资料，因为企业财务报表揭示的信息，是一种通用信息，而且是一种历史信息。另外，对决策具有重要作用的非财务信息也是财务报表无法提供的。

子任务二：掌握财务报表的种类

各个单位所处的行业不同，财务报表的内容和种类会有一定区别，但都可以按不同的标志进行分类。综合各个行业的特点，可对财务报表进行不同分类。

（一）按反映的经济内容分

财务报表按反映的经济内容不同，分为反映财务结果的报表和反映成本的报表。

1. 反映财务结果的报表

反映财务结果的报表是指反映单位的财务状况、经营成果和现金流量的财务报表，主要包括资产负债表、利润表和现金流量表。

2. 反映成本的报表

反映成本的报表是指反映单位生产经营过程中发生的生产费用、成本和期间费用形成情况的财务报表。以工业企业为例，反映成本的报表主要包括产品成本表、主要产品单位成本表、制造费用明细表、管理费用明细表、财务费用明细表和销售费用明细表等。

（二）按反映的资金状态分

财务报表按反映的资金状态不同，分为静态报表和动态报表。

1. 静态报表

静态报表是指反映单位一定时期末财务状况的财务报表，如资产负债表。静态报表的数据来自有关会计账簿的期末余额。

2. 动态报表

动态报表是指反映单位一定时期经营成果、现金流量和成本状况的财务报表，如利润表、现金流量表等。动态报表的数据来源于有关财务账簿的本期发生额。

（三）按编制单位的性质分

财务报表按编制单位的性质不同，分为企业财务报表和行政事业单位财务报表。

1. 企业财务报表

企业财务报表是指工业、商业、建筑业、房地产业等以营利为目的的经济单位编制的财务报表。

2. 行政事业单位财务报表

行政事业单位财务报表是指学校、医院等事业单位和行政机关单位编制的财务报表。

（四）按编制的单位分

财务报表按编制的单位不同，分为基层单位报表和汇总报表。

1. 基层单位报表

基层单位报表是指独立核算的基层单位编制的财务报表，其编制的依据是编制单位的会计账簿及其他有关资料。

2. 汇总报表

汇总报表是指由总公司或主管部门对所属基层单位的财务报表和其本身的财务报表进行加总编制的财务报表。

（五）按报送对象分

财务报表按报送对象不同，分为对外报表和对内报表。

1. 对外报表

对外报表是指定期向企业投资者及外部潜在投资者或有关部门（如工商、税务、银行）等报送的财务报表。

2. 对内报表

对内报表是指为满足企业本身经营管理需要而编制的财务报表。

（六）按编制时间分

财务报表按编制时间不同，分为中期财务报表和年度财务报表。

1. 中期财务报表

中期财务报表是指以短于一个完整会计年度的报告期间为基础编制的财务报表，包括月报、季报和半年报。

2. 年度财务报表

年度财务报表是指按年编制的财务报表。年度财务报表的种类较多，除主要报表外，还有许多附表。

子任务三：掌握财务报表的编制要求

为保证会计资料的真实、完整、有效，财务报表的编制应遵循以下要求。

(一) 数字真实

财务报表的真实性，必须以会计账簿的真实性为基础。为此，在企业的日常会计处理中，应保证会计原始凭证的真实性，合理选择会计核算方法；正确登账，认真对账；定期或不定期进行财产清查，确保账实相符；认真做好试算平衡，确保结账后的会计账簿资料正确。

(二) 内容完整

财务报表必须按照有关规定编制齐全，全面反映单位的财务状况、经营成果和现金流量。凡是规定的报表种类、项目及补充资料都必须填列完整，不得遗漏。需要在财务报表附注及财务情况说明书中列示的事项，也必须按照有关规定处理。

(三) 编报及时

财务报表提供的信息具有很强的时效性，必须按规定的时间及时编制、报送，以便于会计信息的及时利用。为保证财务报表的时效性，会计部门应当科学地组织日常核算工作，并加强与各个部门的协作，使结账、对账、财产清查等工作有序地进行，从而保证编表时间及时报表质量优质，同时又不违规操作。

任务二　编制资产负债表

【问题引入】向荣公司 2018 年年末部分账户的余额如下："库存现金" 600 元，"银行存款" 1 800 000 元，"应收账款" 480 000 元，"坏账准备" 4 800 元，"短期借款" 600 000 元，"实收资本" 800 000 元。

请问：该公司 2018 年资产负债表中的货币资金、应收账款、短期借款、实收资本等项目怎样填写？年末数应是多少？

提示：要解决上述问题，需要了解编制资产负债表的流程：

第一步，根据向荣公司 2018 年年末各总分类账户和明细分类账户列出账户余额表；

第二步，填写资产负债表表头；

第三步，填列资产负债表中各项目的年初数；

第四步，填列资产负债表中各项目的年末数；

第五步，将资产、负债和所有者权益分别求合计数。

子任务一：理解资产负债表的概念及作用

资产负债表亦称财务状况表，是企业以货币为单位，从资产、负债、所有者权益三个方面全面总括地反映在一定时点企业财务状况的财务报表。资产负债表可以反映企业在某一会计期末所拥有的资产总额及其构成、负债的总额及其种类、投资者拥有的企业净资产数额和所有者权益的构成。同时，通过某些指标的计算，还可以了解企业的偿债能力、资本结构、财务弹性等系列重要指标。

资产负债表是一张静态报表,它的理论依据是"资产=负债+所有者权益"这一会计等式。资产负债类依照一定的分类标准和一定的次序,把企业在一定时点上的资产、负债和所有者权益各项目予以适当编排而成。

企业的经济资源从形态方面体现为资产,如企业的现金、银行存款、存货等财产资产和应收账款、其他应收款、预付账款等各种债权资产。从来源方面看,企业的经济资源又体现为各种负债和所有者权益。尽管企业在日常经济活动中,通过各种经济业务,会引起资产、负债及所有者权益在数量上的变动;但从总量上看,资产与负债及所有者权益是同一价值运动的两个方面,数量必然保持相等。所以,"资产=负债+所有者权益"会计等式所包含的经济内容和数学上的恒等关系是建立资产负债表的理论依据。

子任务二:掌握资产负债表的结构和内容

资产负债表的格式是依据会计等式"资产=负债+所有者权益"设计列示的账户式结构,其左边是资产,右边是负债及所有者权益。资产负债表按照一定的标准和次序,把企业某一时点的资产、负债和所有者权益各要素进行项目分类,其简单格式如表9-1所示。

表9-1 资产负债表的简单格式

资产	负债和所有者权益
一、流动资产 …… 二、非流动资产 ……	一、流动负债 …… 二、非流动负债 …… 三、所有者权益 ……
资产合计	负债及所有者权益合计

在表9-1中,各项目按如下规律排列。

(一)资产项目的排列顺序

资产项目按资产的流动性、变现能力强弱排列,流动性或变现能力强的资产排列在前面,流动性或变现能力弱的资产排列在后面。

(1)流动资产在资产负债表上的排列顺序为:货币资金、交易性金融资产、应收账款、预付账款、存货等。

(2)非流动资产在资产负债表上的排列顺序为:长期投资、固定资产、无形资产、开发支出、商誉等。

(二)负债项目的排列顺序

负债项目按负债被要求偿还的期限先后排列。偿还期限短的项目排列在前面,偿还期限长的项目排列在后面。

(三)所有者权益项目的排列顺序

所有者权益项目按所有者权益的永久性程度或稳定性程度排列。永久性程度或稳定性程度高的项目排列在前面,永久性程度或稳定性程度低的项目排列在后面。根据以上排列顺序,结合表9-1的基本结构,可以列出资产负债表的具体结构如表9-2所示。

表9-2 资产负债表

会企01表

编制单位：　　　　　　　　　　　年　月　日　　　　　　　　　　　单位：元

资产	期末余额	年初余额	负债和所有者权益（或股东权益）	期末余额	年初余额
流动资产：			流动负债：		
货币资金			短期借款		
交易性金融资产			交易性金融负债		
衍生金融资产			衍生金融负债		
应收票据及应收账款			应付票据及应付账款		
预付款项			预收款项		
其他应收款			合同负债		
存货			应付职工薪酬		
合同资产			应缴税费		
持有待售资产			其他应付款		
一年内到期的非流动资产			持有待售负债		
其他流动资产			一年内到期的非流动负债		
流动资产合计			其他流动负债		
非流动资产：			流动负债合计		
债权投资			非流动负债：		
其他债权投资			长期借款		
长期应收款			应付债券		
长期股权投资			长期应付款		
其他权益工具投资			预计负债		
其他非流动金融资产			递延收益		
投资性房地产			递延所得税负债		
固定资产			其他非流动负债		
在建工程			非流动负债合计		
生产性生物资产			负债合计		
油气资产			所有者权益：		
无形资产			实收资本		
开发支出			资本公积		
商誉			减：库存股		

续表

资产	期末余额	年初余额	负债和所有者权益（或股东权益）	期末余额	年初余额
长期待摊费用			其他综合收益		
递延所得税资产			盈余公积		
其他非流动资产			未分配利润		
非流动资产合计			所有者权益合计		
资产总计：			负债和所有者权益总计：		

子任务三：运用资产负债表的编制方法

资产负债表各项目均应分别填列年初余额和期末余额。其中，年初余额应根据上年末（12月31日）该表的"期末余额"填列，期末余额大多根据相应的总账账户期末余额填列。由于资产负债表项目与会计账户并不完全一致，因而该表的期末余额有下列几种填列方法。

（一）根据总分类账有关账户余额直接填列

资产负债表中的大部分项目可以根据有关总分类账户的余额直接填列。根据有关总分类账户直接填列的项目有交易性金融资产、短期借款、应付职工薪酬、实收资本、资本公积等。

（二）根据几个总账账户的余额计算填列

（1）"货币资金"项目的填列。"货币资金"项目可以根据"库存现金""银行存款""其他货币资金"三个账户的余额相加填列。

（2）"存货"项目的填列。"存货"项目可以根据"在途物资""原材料""生产成本""库存商品"等账户的余额相加，再减去"存货跌价准备"等备抵账户的余额后的净额填列。

（3）"未分配利润"项目的填列。"未分配利润"项目根据"利润分配——未分配利润"和"本年利润"两个账户的余额相加减填列。

（三）根据有关明细分类账户余额或总分类账户的余额分析计算填列

此类项目的填列较麻烦，初学者需重点注意以下几个项目。

（1）"应收票据及应收账款"项目应根据"应收票据""应收账款"账户所属明细分类账户的借方余额加上"预收账款"账户所属明细分类账户的借方余额填列。如果有"坏账准备"账户，填列时还应考虑抵减"坏账准备"账户的余额。

（2）"应付票据及应付账款"项目应根据"应付票据""应付账款"账户所属明细分类账户的贷方余额加上"预付账款"所属明细分类账户的贷方余额填列。

（3）"长期借款"项目应根据"长期借款"总分类账户的余额扣除"长期借款"账户所属的明细分类账户中反映的将于一年内到期的长期借款部分分析填列。

（四）用报表的表间项目数据计算填列

此类项目有"流动资产合计""非流动资产合计""资产总计""流动负债合计""非流

动负债合计""负债合计""所有者权益合计""负债及所有者权益合计"等项目。

子任务四：编制资产负债表

【例9-1】光大股份公司有关账户在2018年年初及2018年6月底的余额如表9-3所示。

表9-3　2018年年初及6月底的各账户余额

单位：元

项目	2018年年初余额	2018年6月底余额
库存现金	1 000	1 500
银行存款	700 000	920 000
应收账款	80 000	70 000
坏账准备	2 400	3 000
原材料	35 760	54 000
库存商品	98 500	78 900
固定资产	320 000	320 000
累计折旧	90 000	98 000
无形资产	20 000	20 000
短期借款	120 000	57 500
应付职工薪酬	130 000	137 000
应缴税费	12 300	9 800
长期应付款	350 000	320 000
实收资本	300 000	300 000
资本公积	200 000	200 000
盈余公积	35 000	35 000
本年利润		226 500
利润分配	83 360	83 360
生产成本	67 800	5 760

根据表9-3中资料，编制资产负债表时，以下项目需要通过计算或分析填列。

货币资金年初余额＝1 000+700 000＝701 000（元）；

货币资金期末余额＝1 500+920 000＝921 500（元）；

应收票据及应收账款年初余额＝80 000-2 400＝77 600（元）；

应收票据及应收账款期末余额＝70 000-3 000＝67 000（元）；

存货年初余额＝35 760+98 500+67 800＝202 060（元）；

存货期末余额=54 000+78 900+5 760=138 660（元）；

固定资产年初余额=320 000-90 000=230 000（元）；

固定资产期末余额=320 000-98 000=222 000（元）；

未分配利润年初余额=83 360（元）；

未分配利润期末余额=83 360+226 500=309 860（元）。

除上述项目外，其余项目均可根据相关账户余额填列。编制的资产负债表如表9-4所示。

表9-4 资产负债表

会企01表

编制单位：光大股份有限公司　　2018年12月31日　　　　单位：元

资产	期末余额	年初余额	负债和所有者权益	期末余额	年初余额
流动资产：			流动负债：		
货币资金	921 500	701 000	短期借款	57 500	120 000
交易性金融资产			交易性金融负债		
衍生金融资产			衍生金融负债		
应收票据及应收账款	67 000	77 600	应付票据及应付账款		
预付款项			预收款项		
其他应收款			合同负债		
存货	138 660	202 060	应付职工薪酬	137 000	130 000
合同资产			应缴税费	9 800	12 300
持有待售资产			其他应付款		
一年内到期的非流动资产			持有待售负债		
其他流动资产			一年内到期的非流动负债		
流动资产合计	1 127 160	980 660	其他流动负债		
非流动资产：			流动负债合计	204 300	262 300
债权投资			非流动负债：		
其他债权投资			长期借款		
长期应收款			应付债券		
长期股权投资			长期应付款	320 000	350 000
其他权益工具投资			预计负债		
其他非流动金融资产			递延收益		
投资性房地产			递延所得税负债		
固定资产	222 000	230 000	其他非流动负债		

续表

资产	期末余额	年初余额	负债和所有者权益	期末余额	年初余额
在建工程			非流动负债合计	320 000	350 000
生产性生物资产			负债合计	524 300	612 300
油气资产			所有者权益:		
无形资产	20 000	20 000	实收资本	300 000	300 000
开发支出			资本公积	200 000	200 000
商誉			减：库存股		
长期待摊费用			其他综合收益		
递延所得税资产			盈余公积	35 000	35 000
其他非流动资产			未分配利润	309 860	83 360
非流动资产合计	242 000	250 000	所有者权益合计	844 860	618 360
资产总计：	1 369 160	1 230 660	负债和所有者权益总计：	1 369 160	1 230 660

任务三 编制利润表

【问题引入】2018年12月向荣公司损益类账户的发生额如下："主营业务收入"152 000元，"其他业务收入"150 000元，"投资收益"9 000元，"营业外收入"9 000元，"主营业务成本"420 000元，"税金及附加"6 000元，"其他业务成本"90 000元，"销售费用"60 000元，"财务费用"4 000元，"管理费用"84 000元，"营业外支出"12 000元。

请问：该公司2018年12月利润表中的营业利润、利润总额、净利润是多少？

提示：要解决上述问题，需要了解编制利润表的流程：

第一步，编制向荣公司2018年12月损益类账户发生额汇总表；

第二步，填写表头；

第三步，根据损益类账户的发生额填写利润表各项目对应的本月数；

第三步，根据损益类账户的发生额填写利润表各项目对应的本年累计数。

子任务一：理解利润表的概念及作用

利润表亦称损益表，是企业以货币为单位，全面总括地反映企业在一定时期内的经营成果的财务报表。利润表能提供对企业获利能力和利润完成计划的分析资料，其编制有利于加强企业的管理，提高企业的盈利水平。

利润表是一张动态的财务报表，它是以会计等式"利润=收入-费用"为理论依据，以企业一定时期内的收入和费用数按一定方法逐项相减而计算出企业最终的净利润为目的的财务报表。

子任务二：掌握利润表的结构和内容

利润表是把一定期间的营业收入与其同一会计期间相关的营业费用进行配比计算出企业一定时期的净利润（或净亏损）的财务报表。这种配比可以采用企业的全部收入与企业全部支出统一配比方法来计算企业的净利润，也可以采用营业收入与营业成本、税金及附加、期间费用、资产减值损失、公允价值变动损益等配比，营业外收入与营业外支出配比的分类配比方法来计算企业的净利润。这两种不同的配比方法也就产生了利润表的两种基本格式——单步式格式和多步式格式。

单步式利润表是指将所有收入进行合计，将所有支出进行合计，然后两者相减，一次计算得出本期利润。因为只有一个相减的步骤，故称为单步式。单步式利润表的优点是简明易懂，但所提供信息较少，不便于分析收益的构成情况。

多步式利润表将不同收入与费用项目加以归类，按企业损益构成的内容列示，分步反映净利润的计算过程。多步式利润表的一般格式如表9-5所示。

表9-5 利润表

会企02表

制作单位： 年 月 单位：元

项目	本期金额	上期金额
一、营业收入		
减：营业成本		
税金及附加		
销售费用		
管理费用		
财务费用		
其中：利息费用		
利息收入		
资产减值损失		
信用减值损失		
加：其他收益		
投资收益（损失以"-"号填列）		
其中：对联营企业和合营企业的投资收益		
净敞口套期收益（损失以"-"号填列）		
公允价值变动收益（损失以"-"号填列）		
资产处置收益（损失以"-"号填列）		

续表

项目	本期金额	上期金额
二、营业利润（亏损以"-"号填列）		
加：营业外收入		
减：营业外支出		
三、利润总额（亏损以"-"号填列）		
减：所得税费用		
四、净利润（亏损以"-"号填列）		
五、其他综合收益的税后净额		
六、综合收益总额		
七、每股收益：		
（一）基本每股收益		
（二）稀释每股收益		

子任务三：利润表的编制方法

按照我国的利润表格式及其内容，利润表的编制方法如下。

（1）报表中的"本期金额"栏反映各项项目的本月实际发生数。如果上年度利润表的项目名称和内容与本年度利润表不一致，应对上年度利润表项目的名称和内容按本年度的规定进行调整，填入报表的"上期金额"栏。

（2）报表各项目主要根据各损益类账户的发生额分析填列。

①计算"营业收入"项目。营业收入＝主营业务收入＋其他业务收入。该项目应根据"主营业务收入"和"其他业务收入"账户的发生额填列。

②计算"营业利润"项目。营业利润＝营业收入－营业成本－税金及附加－管理费用－销售费用－财务费用－资产减值损失＋公允价值变动收益＋投资收益。其中，营业成本＝主营业务成本＋其他业务成本。

a."营业成本"项目，应根据"主营业务成本"和"其他业务成本"账户的发生额填列。

b."税金及附加"项目，应根据"税金及附加"账户的发生额填列。

c."管理费用"项目，反映企业在经营过程中发生的管理费用。本项目应根据"管理费用"账户的发生额填列。

d."销售费用"项目，反映企业在销售产品和提供劳务等主要经营业务过程中所发生的各项销售费用。本项目应根据"销售费用"账户的发生额填列。

e."财务费用"项目，反映企业在筹集资金过程中发生的财务费用。本项目应根据"财务费用"账户的发生额填列。

f."公允价值变动收益"项目，是指企业因投资性房地产、债务重组、非货币交换、交易性金融资产等公允价值变动形成的应计入当期损益的利得或损失，即公允价值与账面价值之间的差额。该项目反映了资产在持有期间因公允价值变动而产生的损益，如为损失则用"-"号填列。

g. "投资收益"项目，反映企业对外投资所获得的收益。本项目应根据"投资收益"账户的发生额填列，如为投资损失则用"-"数填列。

h. "营业利润"项目，反映企业在报告期内实现的营业利润。本项目根据以上各项目实际数字计算而得，如亏损额则用"-"数填列。

③计算"利润总额"项目。利润总额=营业利润+营业外收入-营业外支出。

a. "营业外收入"项目，反映企业所取得的生产经营活动以外的收入。本项目应根据"营业外收入"账户的发生额填列。

b. "营业外支出"项目，反映企业所支付的生产经营活动以外的支出。本项目应根据"营业外支出"账户的发生额填列。

c. "利润总额"项目，反映企业在报告期内实现的利润总额。本项目根据以上各项目实际数字计算而得，如为亏损额则用"-"数填列。

④计算"净利润"项目。净利润=利润总额-所得税费用。

a. "所得税费用"项目，反映企业在报告期内，按税法规定根据实现的应纳税利润额和适用税率计算出的应纳所得税额。本项目应根据"所得税"账户的发生额填列。

b. "净利润"项目，反映企业在报告期内取得的净收益。本项目根据利润总额减所得税而得，如为净亏损用"-"数填列。

子任务四：编制利润表

【例9-2】光大股份公司2018年6月损益类账户的发生额如表9-6所示。

表9-6 2018年6月损益类账户的发生额

单位：元

会计科目	借方发生额	贷方发生额
主营业务收入		34 000
主营业务成本	15 000	
税金及附加	1 650	
其他业务收入		1 000
其他业务成本	200	
销售费用	3 000	
管理费用	1 500	
财务费用	500	
资产减值损失	1 000	
投资收益		7 000
营业外收入		1 000
营业外支出	500	
所得税费用	4 912.5	

根据上述资料和利润表的各项目说明,可以直接编制该公司 2018 年 6 月的利润表,结果如表 9-7 所示。

表 9-7 利润表

编报单位:光大股份公司　　　　　　2018 年 6 月　　　　　　　　　　　　单位:元

项目	本期金额	上期金额
一、营业收入	35 000	
减:营业成本	15 200	
税金及附加	1 650	
销售费用	3 000	
管理费用	1 500	
财务费用	500	
其中:利息费用	500	
利息收入		
资产减值损失	1 000	
信用减值损失		
加:其他收益		
投资收益(损失以"-"号填列)	7 000	
其中:对联营企业和合营企业的投资收益		
净敞口套期收益(损失以"-"号填列)		
公允价值变动收益(损失以"-"号填列)		
资产处置收益(损失以"-"号填列)		
二、营业利润(亏损以"-"号填列)	19 150	
加:营业外收入	1 000	
减:营业外支出	500	
三、利润总额(亏损以"-"号填列)	19 650	
减:所得税费用	4 912.5	
四、净利润(亏损以"-"号填列)	14 737.5	
五、其他综合收益的税后净额		
六、综合收益总额		
七、每股收益:		
(一)基本每股收益		
(二)稀释每股收益		

任务四 编制现金流量表

【问题引入】向荣公司2018年年末资产负债表和利润表相关项目明细资料如下：

应付职工薪酬的期初数无应付在建工程人员的部分，本期支付在建工程人员职工薪酬200 000元。应付职工薪酬的期末数中应付在建工程人员的部分为28 000元。

管理费用的组成为：职工薪酬17 100元，无形资产摊销60 000元，折旧费20 000元，支付其他费用60 000元。

存货中生产成本、制造费用的组成为：职工薪酬324 900元，折旧费80 000元。

请问：现金流量表中支付给职工以及为职工支付的现金金额是多少？

提示：要回答上述问题，需要了解编制现金流量表的流程。

第一步，汇总向荣公司资产负债表和利润表各项目及明细资料。

第二步，填列现金流量表中各项目的本期金额。

子任务一：理解现金流量表的概念及作用

现金流量表是反映企业在一定会计期间现金和现金等价物流入和流出情况的报表。

现金流量是指一定会计期间内企业现金和现金等价物的流入和流出。企业从银行提取现金、用现金购买短期到期的国库券等现金和现金等价物之间的转换不属于现金流量。

现金是指企业库存现金以及可以随时用于支付的存款，包括库存现金、银行存款和其他货币资金（如外埠存款、银行汇票存款、银行本票存款等）等。不能随时用于支付的存款不属于现金。

现金等价物是指企业持有的期限短、流动性强、易于转换为已知金额现金、价值变动风险很小的投资。期限短，一般是指从购买起三个月内到期。现金等价物通常包括三个月内到期的债券投资等。

本学习情境提及现金时，除非同时提及现金等价物，均包括现金和现金等价物。

企业产生的现金流量分为三类：经营活动产生的现金流量、投资活动产生的现金流量和筹资活动产生的现金流量。

（一）经营活动产生的现金流量

经营活动是指企业投资活动和筹资活动以外的所有交易和事项。经营活动产生的现金流量主要包括销售商品或提供劳务、购买商品、接受劳务、支付工资和缴纳税款等流入和流出的现金和现金等价物。

（二）投资活动产生的现金流量

投资活动，是指企业长期资产的购建和不包括在现金等价物范围内的投资及其处置活动。投资活动产生的现金流量主要包括购建固定资产、处置子公司及其他营业单位等流入和流出的现金和现金等价物。

（三）筹资活动产生的现金流量

筹资活动，是指导致企业资本及债务规模和构成发生变化的活动。筹资活动产生的现金流量主要包括吸收投资、发行股票、分配利润、发行债券、偿还债务等流入和流出的现金和现金等价物。偿还应付账款、应付票据等商业应付款等属于经营活动，不属于筹资活动。

子任务二：理解现金流量表的结构

我国企业现金流量表采用报告式结构，分类反映经营活动产生的现金流量、投资活动产生的现金流量和筹资活动产生的现金流量，最后汇总反映企业某一期间现金及现金等价物的净增加额。

我国企业现金流量表的格式如表9-8所示。

表9-8 现金流量表

编制单位：　　　　　　　　　___年___月　　　　　　　　　会企3表
　　　　　　　　　　　　　　　　　　　　　　　　　　　　　　单位：元

项目	本期金额	上期金额
一、经营活动产生的现金流量		
销售商品、提供劳务收到的现金		
收到的税费返还		
收到的其他与经营活动有关的现金		
经营活动现金流入小计		
购买商品、接受劳务支付的现金		
支付给职工以及为职工支付的现金		
支付的各项税费		
支付的其他与经营活动有关的现金		
经营活动现金流出小计		
经营活动产生的现金流量净额		
二、投资活动产生的现金流量		
收回投资收到的现金		
取得投资收益收到的现金		
处置固定资产、无形资产和其他长期资产收回的现金净额		
处置子公司及其他营业单位收到的现金净额		
收到的其他与投资活动有关的现金		
投资活动现金流入小计		
购建固定资产、无形资产和其他长期资产支付的现金		
投资支付的现金		

续表

项目	本期金额	上期金额
取得子公司及其他营业单位支付的现金净额		
支付的其他与投资活动有关的现金		
投资活动现金流出小计		
投资活动产生的现金流量净额		
三、筹资活动产生的现金流量		
吸收投资收到的现金		
取得借款收到的现金		
收到的其他与筹资活动有关的现金		
筹资活动现金流入小计		
偿还债务支付的现金		
分配股利、利润或偿还利息支付的现金		
支付的其他与筹资活动有关的现金		
筹资活动现金流出小计		
筹资活动产生的现金流量净额		
四、汇率变动对现金及现金等价物的影响		
五、现金及现金等价物净增加额		
加：期初现金及现金等价物余额		
六、期末现金及现金等价物余额		

子任务三：了解现金流量表的填制项目

现金流量表是反映企业一定期间现金流量的财务报表。现金流量表将企业的现金流量分为三个部分，即经营活动产生的现金流量、投资活动产生的现金流量和筹资活动产生的现金流量。

（一）经营活动产生的现金流量

1. 现金流入

（1）"销售商品、提供劳务收到的现金"项目，反映企业销售商品、提供劳务实际收到的现金（含销售收入和应向购买者收取的增值税税额）。本项目包括本期销售商品、提供劳务收到的现金，以及前期销售和前期提供劳务在本期收到的现金和本期预收的账款，减去本期退回本期销售的商品和前期销售本期退回的商品支付的现金。企业销售材料和代购代销业务收到的现金，也在本项目反映。本项目可以根据"库存现金""银行存款""应收账款""应收票据""预收账款""主营业务收入""其他业务收入"等账户的记录分析填列。

（2）"收到的税费返还"项目，反映企业收到返还的各种税费，如收到的增值税、消费税、所得税、关税、教育费附加返还等。本项目可以根据"库存现金""银行存款""营业外收入""其他应收款"等账户的记录分析填列。

（3）"收到的其他与经营活动有关的现金"项目，反映企业除上述项目外，收到的其他与经营活动有关的现金流入，如罚款收入、流动资产损失中由个人赔偿的现金收入、经营租赁租金等。其他现金流入价值较大的，应单列项目反映。本项目可以根据"库存现金""银行存款""营业外收入"等账户的记录分析填列。

2. 现金流出

（1）"购买商品、接受劳务支付的现金"项目，反映企业购买材料、商品以及接受劳务实际支付的现金，包括本期购入材料、商品以及接受劳务支付的现金（包括增值税进项税额），以及本期支付前期购入商品、接受劳务的未支付款项和本期预付款项。本项目可以根据"库存现金""银行存款""应付账款""应付票据""预付账款""主营业务成本""其他业务成本"等账户的记录分析填列。

（2）"支付给职工以及为职工支付的现金"项目，反映企业实际支付给职工，以及为职工支付的现金，包括本期实际支付给职工的工资、奖金、各种津贴和补贴等，以及为职工支付的其他费用，不包括支付的离退休人员的各项费用和支付给在建工程人员的工资等。企业支付给离退休人员的各项费用，包括支付的统筹退休金以及未参加统筹的退休人员的费用，在"支付的其他与经营活动有关的现金"项目中反映；支付给在建工程人员的工资，在"购建固定资产、无形资产和其他长期资产所支付的现金"项目中反映。

企业为职工支付的养老、失业等社会保险基金、补充养老保险、住房公积金以及支付给职工的住房困难补助和其他福利费用等，应按职工的工作性质和服务对象，分别在本项目和"购建固定资产、无形资产和其他长期资产所支付的现金"项目中反映。

（3）"支付的各项税费"项目，反映企业按规定支付的各种税费，包括本期发生并支付的税费，以及本期支付以前各期发生的税费和预缴的税费。本项目不包括计入固定资产价值、实际支付的耕地占用税等，也不包括本期退回的增值税、所得税等。本期退回的增值税、所得税在"收到的税费返还"项目中反映。

（4）"支付的其他与经营活动有关的现金"项目，反映企业除上述各项目外，支付的其他与经营活动有关的现金流出，如罚款支出、支付的差旅费、业务招待费、保险费等现金。如其他现金支出金额较大的，应单列项目反映。

（二）投资活动产生的现金流量

1. 现金流入

（1）"收回投资收到的现金"项目，反映企业出售、转让或到期收回除现金等价物以外的对其他企业的权益工具、债务工具和合营中的权益等投资而收到的现金。本项目不包括持有至到期投资收回的利息，以及收回的非现金资产。

（2）"取得投资收益收到的现金"项目，反映企业除现金等价物以外的对其他企业的权益工具、债务工具和合营中的权益等投资而分回的现金股利和利息等，不包括股票权利。本项目可以根据"库存现金""银行存款""投资收益"等账户的记录分析填列。

（3）"处置固定资产、无形资产和其他长期资产收回的现金净额"项目，反映企业处置固定资产、无形资产和其他长期资产所取得的现金，减去为处置这些资产而支付的有关费用后的净额。由于自然灾害所造成的固定资产等长期资产损失而收到的保险赔偿收入，也在本项目中反映。

（4）"处置子公司及其他营业单位收到的现金净额"项目，专用于反映在丧失对子公司和其他营业单位控制权（因而不再将其纳入合并报表范围）的当期，所收到的处置现金对价减去该子公司和其他营业单位在处置日所持有的现金及现金等价物以及相关处置费用之后的净额。

（5）"收到的其他与投资活动有关的现金"项目，反映企业除上述各项以外，收到的其他与投资活动有关的现金流入。如果其他现金流入金额较大，应单列项目反映。

2. 现金流出

（1）"购建固定资产、无形资产和其他长期资产支付的现金"项目，反映企业购买、建造固定资产，取得无形资产和其他长期资产所支付的现金。本项目不包括为购建固定资产而发生的借款利息资本化的部分，以及融资租入固定资产支付的租赁费。企业支付的借款利息和融资租入固定资产支付的租赁费，在筹资活动产生的现金流量中反映。

（2）"投资支付的现金"项目，反映企业取得除现金等价物以外的对其他企业的权益工具、债务工具和合营中的权益投资所支付的现金，以及支付的佣金、手续费等交易费用，但取得子公司及其他营业单位支付的现金净额除外。

（3）"取得子公司及其他营业单位支付的现金净额"项目，反映企业购买子公司及其他营业单位出价中以现金支付的部分，减去子公司及其他营业单位持有的现金和现金等价物后的净额。

（4）"支付的其他与投资活动有关的现金"项目，反映企业除上述各项以外，支付的其他与投资活动有关的现金流出。如果其他现金流出的金额较大，应单列项目反映。

（三）筹资活动产生的现金流量

1. 现金流入

（1）"吸收投资收到的现金"项目，反映企业收到的投资者投入的现金，包括以发行股票、债券等方式筹集的资金实际收到款项净额（发行收入减去支付的佣金等发行费用后的净额）。以发行股票、债券等方式筹集资金而由企业直接支付的审计、咨询等费用，在"支付的其他与筹资活动有关的现金"项目中反映。

（2）"取得借款收到的现金"项目，反映企业举借各种短期、长期借款所收到的现金。

（3）"收到的其他与筹资活动有关的现金"项目，反映企业除上述各项目外，收到的其他与筹资活动有关的现金流入。如果其他现金流入金额较大，应单列项目反映。

2. 现金流出

（1）"偿还债务支付的现金"项目，反映以现金偿还债务的本金，包括偿还金融企业的借款本金、偿还债券本金等。企业偿还的借款利息、债券利息，在"分配股利、利润或偿还利息所支付的现金"项目中反映，不在本项目中反映。

（2）"分配股利、利润或偿还利息支付的现金"项目，反映企业实际支付的现金股利、支付给其他投资单位的利润以及支付的借款利息或债券利息等。

（3）"支付的其他与筹资活动有关的现金"项目，反映除上述各项目外，支付的其他与筹资活动有关的现金。如果其他现金流出金额较大，应单列项目反映。

（四）汇率变动对现金及现金等价物的影响

该项目反映将企业外币现金流量及境外子公司的现金流量折算为人民币时，所采用的现金流量发生日的即期汇率，或按照系统合理的方法确定的与现金流量发生日即期汇率近似汇率折算的人民币金额，与"现金及现金等价物净增加额"中外币现金净增加额按期末汇率折算的人民币金额之间的差额。

（五）现金及现金等价物净增加额

该项目反映企业各类活动的现金净流量与汇率变动对现金的影响的合计金额，即企业一定期间的现金净流量总额。

（六）期末现金及现金等价物余额

期末现金及现金等价物余额反映企业期末货币资金的余额，包括库存现金、银行存款和其他货币资金账户的余额合计数。该项目在数值上应该等于资产负债表中"货币资金"项目的期末余额。

子任务四：了解现金流量表的编制方法

现金流量表的编制方法因不同活动产生的现金流量而不同。在具体编制现金流量表时，企业可根据业务量的大小及复杂程度，采用工作底稿法、"T"型账户法，或直接根据有关账户的记录分析填列。

（一）工作底稿法

工作底稿法是以工作底稿为手段，以利润表和资产负债表数据为基础，结合有关账户的记录，对现金流量表的每一项目进行分析并编制调整分录，从而编制出现金流量表的一种方法。采用工作底稿法编制现金流量表的具体步骤如下。

第一步，将资产负债表的年初余额和期末余额过入工作底稿的年初余额栏和期末余额栏。

第二步，对当期业务进行分析并编制调整分录。调整分录有以下几类：第一类是涉及利润表中的收入、成本和费用项目以及资产负债表中的资产、负债及所有者权益项目，通过调整，将权责发生制下的收入、费用转换为现金基础；第二类是涉及资产负债表和现金流量表中的投资和筹资项目，反映投资和筹资活动的现金流量；第三类是涉及利润表和现金流量表中的投资和筹资项目，目的是将利润表中有关投资和筹资方面的收入和费用列入现金流量表的投资、筹资活动产生的活动产生的现金流量中。此外,还有一些调整分录并不涉及现金收支,只是为了核对资产负债表项目的期末、年初变动。

在调整分录中,有关现金和现金等价物的事项,并不直接借记或贷记现金,而是分别记入"经营活动产生的现金流量""投资活动产生的现金流量""筹资活动产生的现金流量"有关项目,借记表明现金流入,贷记表明现金流出。

第三步,将调整分录过入工作底稿中的相应部分。

第四步,核对调整分录,借贷合计应当相等;资产负债表项目年初余额加减调整分录中的借贷金额以后,应当等于期末余额。

第五步,根据工作底稿中的现金流量表项目部分编制正式的现金流量表。

(二)"T"型账户法

"T"型账户法是以利润表和资产负债表为基础,结合有关账户的记录,对现金流量表的每一项目进行分析并编制调整分录,通过"T"型账户编制现金流量表的一种方法。采用"T"型账户法编制现金流量表的具体步骤如下。

第一步,为所有的非现金项目(包括资产负债表项目和利润表项目)分别开设"T"型账户,并将各自的期末、年初变动数过入各账户。

第二步,开设一个大的"现金及现金等价物""T"型账户,每边分为经营活动、投资活动和筹资活动三个部分,左边记现金流入,右边记现金流出。与其他账户一样,过入期末、年初变动数。

第三步,以利润表项目为基础,结合资产负债表分析每一个非现金项目的增减变动,并据此编制调整分录。

第四步,将调整分录过入各"T"型账户,并进行核对,该账户借贷相抵后的余额与原过入的期末、年初变动数应当一致。

第五步,根据大的"现金及现金等价物"和"T"型账户编制正式的现金流量表。

(三)分析填列法

分析填列法是直接根据资产负债表、利润表和有关会计账户明细账的记录,分析计算出现金流量表各项目的金额,并据以编制现金流量表的一种方法。

练习题

一、单选题

1. 某企业期末"工程物资"账户的余额为100万元,"发出商品"账户的余额为80万元,"原材料"账户的余额为100万元,"材料成本差异"账户的贷方余额为10万元。假定不考虑其他因素,该企业资产负债表中"存货"项目的金额为( )万元。

  A. 170   B. 180   C. 270   D. 280

2. 某企业年末"应收账款"账户的借方余额为600万元,其中,"应收账款"明细账户的借方余额为800万元、贷方余额为200万元,年末计提坏账准备后的"坏账准备"账户的贷方余额为 40 万元。假定不考虑其他应收账款计提坏账准备因素，该企业年末资产负债表中"应收票据及应收账款"项目的金额为（   ）万元。

  A. 560   B. 600   C. 760   D. 800

3. 某企业"应付账款"账户月末贷方余额为 40 000 元，其中，"应付甲公司账款"明细账户贷方余额为 35 000 元，"应付乙公司账款"明细账户贷方余额为 5 000 元；"预付账款"账户月末贷方余额为 30 000 元，其中，"预付 A 工厂账款"明细账户贷方余额为 50 000 元，"预付 B 工厂账款"明细账户借方余额为 20 000 元。该企业月末资产负债表中"应收票据及应收账款"项目的金额为（   ）元。

  A. 90 000   B. 30 000   C. 40 000   D. 70 000

4. "应收账款"明细账户中若有贷方余额，应将其计入资产负债表中的（   ）项目。

  A. 应收票据及应收账款   B. 预收账款

  C. 应付票据及应付账款   D. 其他应付款

5. 某企业 2018 年 12 月 31 日应收票据的账面余额为 100 万元，已计提坏账准备 10 万元，应付票据的账面余额为 60 万元，其他应收款的账面余额为 30 万元。该企业 2018 年 12 月 31 日资产负债表中应收票据及应收账款项目的余额为（   ）万元。

  A. 100   B. 90   C. 40   D. 30

6. 某企业 2018 年 12 月 31 日"无形资产"账户余额为 500 万元，"累计摊销"账户余额为 200 万元，"无形资产减值准备"账户余额为 100 万元。该企业 2018 年 12 月 31 日资产负债表中"无形资产"项目的金额为（   ）万元。

  A. 500   B. 300   C. 400   D. 200

7. 下列资产负债表项目，需要根据相关总分类账所属明细分类账户的期末余额分析填列的是（   ）。

  A. 应收账款 B. 应收票据 C. 应付票据 D. 应付职工薪酬

8. 资产负债表中的"未分配利润"项目，应根据（   ）填列。

  A. "利润分配"账户余额

  B. "本年利润"账户余额

  C. "本年利润"和"利润分配"账户的余额计算后

  D. "盈余公积"账户余额

9. 在利润表的表体中，全部项目均依据有关账簿的（   ）填列。

  A. 期末余额   B. 发生额

  C. 期末余额或发生额   D. 本期数额

10. 某企业 2018 年发生的营业收入为 1 000 万元，营业成本为 600 万元，销售费用为 20 万元，管理费用为 50 万元，财务费用为 10 万元，投资收益为 40 万元，资产减值损失为 70 万元（损失），公允价值变动损益为 80 万元（收益），营业外收入为 25 万元，营业外支出为 15 万元。该企业 2018 年的营业利润为（   ）万元。

A. 370　　　　　　B. 330　　　　　　C. 320　　　　　　D. 390

11. 现金流量表是以（　　）为基础，反映企业在一定会计期间现金和现金等价物流入和流出动态变化的财务报表。

A. 会计平衡关系　　B. 配比原则　　C. 收付实现制　　D. 权责发生制

二、多选题

1. 财务报表的编制必须做到（　　）。

A. 数字真实　　　　B. 计算准确　　C. 内容完整　　　D. 说明清楚

2. 下列各项，可以通过资产负债表反映的有（　　）。

A. 某一时点的财务状况　　　　　　B. 某一时点的偿债能力
C. 某一期间的经营成果　　　　　　D. 某一期间的获利能力

3. 资产负债表的数据来源，可以（　　）。

A. 直接从总分类账户的余额获得
B. 根据明细分类账户的余额分析获得
C. 根据几个总分类账户的余额计算获得
D. 根据有关账户的余额分析获得

4. 下列各项，在编制资产负债表时应列入"存货"项目的有（　　）。

A. 在途物资、原材料　　　　　　　B. 分期收款发出商品
C. 生产成本、委托加工物资　　　　D. 工程物资、代管物资

5. 填列资产负债表中的"预收账款"项目，可能运用的账户有（　　）。

A. 预收账款　　　B. 应付账款　　　C. 预付账款　　　D. 应收账款

6. 资产负债表中的"应收账款"项目应根据（　　）填列。

A. 应收账款所属明细账户的借方余额合计
B. 预收账款所属明细账户的借方余额合计
C. 按应收账款余额一定比例计提的坏账准备账户的贷方余额
D. 应收账款总分类账户的借方余额

7. 下列各资产负债表项目中，应根据明细账户余额分析填列的有（　　）。

A. 应收票据　　　B. 预收款项　　　C. 应收账款　　　D. 应付账款

8. 资产负债表中的应付账款项目应根据（　　）填列。

A. 应付账款总分类账户的余额
B. 应付账款所属明细分类账户的借方余额合计
C. 应付账款所属明细分类账户的贷方余额合计
D. 预付账款所属明细分类账户的贷方余额合计

9. 下列各项，影响企业营业利润的项目有（　　）。

A. 销售费用　　　B. 管理费用　　　C. 投资收益　　　D. 所得税

10. 现金流量表根据企业在报告期内现金收支的有关资料，从（　　）等方面展示了企

业有关现金流量的全部信息。

A. 经营活动产生的现金流量　　　　B. 投资活动产生的现金流量

C. 筹资活动产生的现金流量　　　　D. 汇率变动对现金及现金等价物的影响

11. 下列各项中，属于现金流量表中现金的有（　　）。

A. 银行存款　　　B. 银行汇票存款　　　C. 库存现金　　　D. 现金等价物

三、判断题

1. 资产负债表中确认的资产都是企业拥有的。（　　）

2. 资产负债表中"固定资产"项目应包括融资租入固定资产的原价。（　　）

3. "应收票据及应收账款"项目应根据"应收票据"和"应收账款"总分类账户的余额填列。（　　）

4. "应收票据及应收账款"项目应根据"应付账款"和"预付账款"账户所属各明细账户的期末贷方余额合计数填列，如"应付账款"账户所属明细账户期末有借方余额，应在资产负债表"预付款项"项目内填列。（　　）

5. "预收账款"项目应根据"预收账款"和"应收账款"账户所属各明细账户的期末贷方余额合计数填列，如"预收账款"账户所属明细账户期末有借方余额，应在资产负债表"应付票据及应付账款"项目内填列。（　　）

6. 资产负债表是根据有关账户的期末余额填列的，利润表是根据有关账户的发生额填列的。（　　）

7. 资产负债表中的"应收票据及应收账款"项目应根据"应收账款"所属明细分类账户借方余额合计数、"预收账款"所属明细分类账户借方余额合计数和"坏账准备"总分类账户的贷方余额计算填列。（　　）

8. "长期借款"项目，根据"长期借款"总分类账户的余额填列。（　　）

9. 增值税应在利润表的税金及附加项目中反映。（　　）

10. 现金流量表所指的现金一般包括现金及现金等价物。（　　）

11. 企业在编制财务报表前，一般应该进行账证核对、账账核对、账实核对，并进行期末账项调整，以保证会计信息的有用性。（　　）

12. 利润表是反映企业在特定日期利润（亏损）实现情况的财务报表。（　　）

课后实训

实训一

目的：

熟悉资产负债表的填列。

资料：

某公司 2018 年 12 月 31 日资产负债表资料如表 9-9 所示。

表9-9 资产负债表资料

单位：元

资产	年末数	负债和所有者权益	年末数
流动资产：		流动负债：	
库存现金	37 000	短期借款	
银行存款		应付票据及应付账款	18 000
应收票据及应收账款	75 000	应缴税费	12 000
存货	408 000	流动负债合计	200 000
流动资产合计	600 000	长期借款	150 000
固定资产		所有者权益：	
		实收资本	600 000
		盈余公积	50 000
		所有者权益合计	650 000
资产总计：		负债和所有者权益总计：	1 000 000

要求：

将表9-9中的空格填上。

实训二

目的：

熟悉资产负债表的填列。

资料：

甲公司2018年12月31日结账后有关账户余额如表9-10所示。

表9-10 有关账户余额

单位：元

账户	借方余额	贷方余额
应收账款	300	20
坏账准备——应收账款		40
预收账款	50	200
应付账款	10	200
预付账款	180	30

要求：

根据上述资料，计算资产负债表中"应收票据及应收账款""应付票据及应付账款""预收款项""预付款项"项目的金额。

实训三

目的：

编制资产负债表。

资料1：

（1）光大有限公司2018年12月底各账户的余额如表9-11所示。

表9-11　各账户余额（1）

单位：元

账户	借方余额	账户	贷方余额
库存现金	500	短期借款	30 000
银行存款	85 000	应付票据	
其他货币资金	3 000	应付账款	6 000
应收票据	500	其他应付款	
应收账款	10 000	应付职工薪酬	17 200
坏账准备	-300	应缴税费	8 750
预付账款	7 000	其他应交款	300
其他应收款	6 000	长期借款	
材料采购	310 000	长期应付款	340 435
原材料	225 000	实收资本	721 000
周转材料——低值易耗品	700	盈余公积	38 000
产成品		利润分配——未分配利润	-95 785
固定资产	628 500		
累计折旧	-210 000		
合计	1 065 900	合计	1 065 900

资料2：

光大有限公司2019年3月底各账户的余额如表9-12所示。

表9-12　各账户余额（2）

单位：元

账户	借方余额	账户	贷方余额
库存现金	7 350	短期借款	61 000
银行存款	76 700	应付账款	8 150
其他应收款	750	其他应付款	8 700
原材料	349 800	应付职工薪酬	27 000
生产成本	36 000	应缴税费	20 650
库存商品	50 400	累计折旧	230 500

续表

科目名称	借方余额	科目名称	贷方余额
应收账款	7 500	应付票据	1 600
固定资产	628 500	本年利润	157 785
周转材料——低值易耗品	7 600	实收资本	721 000
材料采购	14 000	盈余公积	38 000
利润分配	95 785		
合计	1 274 385	合计	1 274 385

要求：

根据上述资料编制光大公司2019年3月资产负债表。

实训四

目的：

编制利润表。

资料：

光大公司2019年3月各损益类账户本月发生额如下。

（1）"主营业务收入" 2 572 800 元。

（2）"主营业务成本" 1 888 560 元。

（3）"税金及附加" 128 640 元。

（4）"销售费用" 25 200 元。

（5）"管理费用" 31 600 元。

（6）"财务费用" 12 400 元。

（7）"其他业务收入" 70 000 元。

（8）"其他业务支出" 63 000 元。

（9）"资产减值损失" 20 000 元。

（10）"营业外收入" 1 600 元。

（11）"营业外支出" 24 000 元。

要求：

根据上述资料编制光大公司2019年3月利润表。

账务处理程序

▰▱ 学习目标

熟悉企业的基本账务处理程序；明确各账务处理程序的基本步骤及其异同点；能运用记账凭证账务处理程序和科目汇总表账务处理程序处理企业的经济业务。

任务一：账务处理程序认知；

任务二：记账凭证账务处理程序；

任务三：汇总记账凭证账务处理程序；

任务四：科目汇总表账务处理程序。

▰▱ 情境描述

小提问：你认为什么是账务处理程序？财务人员日常工作流程是什么？

▰▱ 情境分析

分析各种账务处理程序的基本流程、优缺点和适用范围。

任务一 账务处理程序认知

【问题引入】填制会计凭证、登记会计账簿和编制财务报表都是会计核算的重要方法，它们都有特定的目的、原则和手段，这些核算方法是相互联系的。企业发生的经济业务，必须经过设置账户、复式记账、审核和填制会计凭证、登记会计账簿等一系列会计核算的专门方法，对经济业务不断地进行归类、加工、综合，最后在会计账簿中形成比较系统的核算资料。在此基础上，还需将分散在会计账簿中的日常核算资料，进一步归类、综合，并通过编制财务报表将其形成系统的指标体系，以便完整、集中、系统地反映企业的经济活动情况。

提示：为了使企业经济业务的处理工作有条不紊地进行，保证会计信息的质量和会计工作的效率，及时、准确地提供会计信息，就必须将会计凭证、会计账簿和财务报表科学地加以组织，形成一定的账务处理程序。

子任务一：熟悉账务处理程序的概念

账务处理程序亦称会计核算组织形式，是指会计凭证、会计账簿组织和记账程序相互结合的方式。会计凭证、会计账簿组织是指会计主体在进行会计核算时应采用的会计凭证、会计账簿的种类和格式，以及会计凭证与会计账簿之间、各种会计账簿之间的相互关系。记账程序是指从填制会计凭证、登记会计账簿到编制财务报表的步骤和方法。不同的会计凭证、会计账簿组织及与之相适应的记账程序相结合，构成不同的账务处理程序。每个独立的核算单位都要按照会计准则和统一的会计制度要求，结合本单位的业务性质、经营规模和管理要求等具体情况，设计适合本单位情况的账务处理程序，使会计凭证的填制、会计账簿的登记、财务报表的编制能够有机地结合起来，做到互相配合、互相衔接，形成一个严密的网络，以便有条不紊地做好会计核算工作。合理的账务处理程序对于保证会计核算质量、提高会计核算工作效率、充分发挥会计在经济管理中的作用具有重要意义。

子任务二：了解账务处理程序设计的基本要求

财务报表中的资料主要来源于账簿，其内容对会计账簿的种类、格式和记录内容又有制约作用；会计账簿的登记依据是会计凭证，会计账簿的种类、格式又决定着会计凭证的种类和格式。正是由于会计凭证、会计账簿、财务报表三者之间相互联系、相互制约的关系，三者之间以及各种会计凭证之间、会计账簿之间、财务报表之间的配合，决定着会计核算资料的全面性、综合性、及时性。因此，各会计主体都应当根据其实际情况设计账务处理程序，这对于科学地组织其会计核算工作、减少会计人员的工作量、节约人力和物力、提高会计工作的质量和效率都有着重要的意义。同时，科学合理的账务处理程序，也有利于实现会计工作的科学化、标准化，便于有效地开展外部和内部的会计监督、检查；并且有利于为会计工作电算化系统流程和程序流程的设计提供依据。

设计科学、合理的账务处理程序，应符合以下基本要求。

（一）必须能满足宏观管理的需要

为了宏观管理的需要，国家和主管部门在会计凭证的填制、会计账簿的登记、财务报表的编制和记账程序方面都有一般性要求，各单位必须遵照执行。因此，会计科目的设置，会计凭证、会计账簿的种类、格式、编制、登记方法，以及记账程序的设计或选用，必须贯彻执行国家统一要求，及时正确地提供全面、系统的会计信息。

（二）必须适应本单位经济活动的实际情况

科学、合理的账务处理程序，应与本单位经济活动的特点相适应，如行业特征、业务繁简、规模大小、管理要求等实际情况,以便有利于加强岗位责任制和实现内部控制以及会计核算的分工合作。

(三) 必须能满足会计核算工作的要求

设计合理的账务处理程序,将使会计核算的各个环节紧密衔接,手续简便,有利于高效率地完成会计核算工作,正确、及时、完整地提供会计信息,提高信息的质量。

子任务三:了解账务处理程序的基本模式

我国会计核算工作在长期实践中,常用的账务处理程序主要有记账凭证账务处理程序、汇总记账凭证账务处理程序、科目汇总表账务处理程序、多栏式日记账账务处理程序和日记总账账务处理程序。

上述各种账务处理程序既有区别又有许多共同点。不同账务处理程序的区别主要表现在登记总分类账的依据和方法不同;共同点表现在不同的账务处理程序通常都包括下面几个基本步骤:经济业务发生或完成后取得或填制原始凭证,分析经济业务、填制记账凭证,根据记账凭证登记现金日记账、银行存款日记账,根据记账凭证和原始凭证或原始凭证汇总表登记明细分类账,对账,根据分类账及其有关资料编制财务报表。

任何企业在其较为长久的存续期内,都不断地、循环往复地发生与其经营内容相关联的经济业务,并都需要按其所归属的会计期间重复地通过上述会计核算方法进行归类、加工、整理、汇总和综合,以便完整、系统、集中地提供该会计期间的会计信息。按照上述步骤依次完成从经济业务发生到编制财务报表的会计处理程序称为一个会计循环。各单位的经济活动年复一年地重复进行着,会计工作也就按照上述程序连续不断、重复地进行着。

任务二 记账凭证账务处理程序

【问题引入】了解了账务处理程序之后,你知道哪个是最基本的账务处理程序吗?记账凭证账务处理程序的名称由何而来呢?

提示:记账凭证账务处理程序是最基本的一种账务处理程序,其他各种账务处理程序都是在此基础上,根据经济管理的要求发展而成的。在记账凭证账务处理程序下,总分类账是根据一张张记账凭证逐笔登记的。

子任务一:掌握记账凭证账务处理程序的特点

记账凭证账务处理程序是直接根据记账凭证逐笔登记总分类账的账务处理程序,是会计核算中最基本的一种账务处理程序,也是其他账务处理程序的基础。

采用记账凭证账务处理程序时,设置的记账凭证可采用通用格式,也可采用收款凭证、付款凭证和转账凭证等专用格式;设置的账簿一般有现金日记账、银行存款日记账、总分类账和明细分类账。现金日记账和银行存款日记账一般都采用三栏式;总分类账也采用三栏式,按每一账户开设账页;明细分类账则可根据需要采用三栏式、多栏式或数量金额式等。

在记账凭证账务处理程序下,现金日记账和银行存款日记账主要用来序时地登记各笔现金、银行存款的收支业务,定期与总分类账进行核对,是会计内部控制的一种手段。

子任务二:掌握记账凭证账务处理程序的流程

记账凭证账务处理程序的流程如图10-1所示。

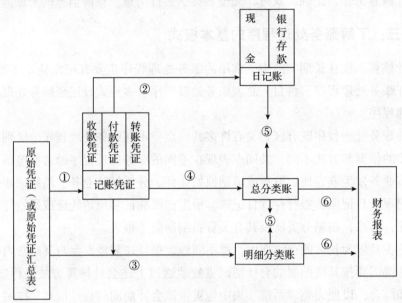

图10-1 记账凭证账务处理程序的流程

注:①根据原始凭证或原始凭证汇总表编制记账凭证;②根据收款凭证和付款凭证逐日、逐笔地登记现金日记账和银行存款日记账;③根据各种记账凭证及所附原始凭证、原始凭证汇总表逐笔登记明细分类账;④根据记账凭证逐笔登记总分类账;⑤月末,将总分类账与现金日记账、银行存款日记账和明细分类账的余额进行核对;⑥月末,根据总分类账和明细分类账的记录编制财务报表。

子任务三:记账凭证账务处理程序的举例

(一)资料

(1)豫财公司2019年6月底各账户余额如表10-1所示。

表10-1 2019年6月底各账户余额

单位:元

账户名称	借方余额	账户名称	贷方余额
库存现金	800	短期借款	700 000
银行存款	400 000	应付账款	80 000
应收账款	60 000	其他应付款	2 000
其他应收款	4 900	应付职工薪酬	12 000
原材料	800 000	应缴税费	1 700

续表

账户名称	借方余额	账户名称	贷方余额
库存商品	250 000	实收资本	2 000 000
固定资产	1 700 000	资本公积	100 000
累计折旧	-230 000	未分配利润	210 000
在建工程	120 000		

注：原材料包括：甲材料3 000吨，单价200元；乙材料200吨，单价1 000元；

库存商品包括：A产品1 000件，单价150元；B产品1 000件，单价100元。

（2）豫财公司2019年7月发生了下列经济业务。

① 7月1日，从银行提取现金18 000元。

② 7月1日，以现金发放6月职工工资12 000元。

③ 7月2日，购买办公用品200元，以现金付讫。

④ 7月2日，从新星公司购入甲材料1 000吨，单价为200元，计200 000元，增值税进项税额为26 000元；全部款项暂欠。

⑤ 7月4日，7月2日购入的甲材料验收入库，结转其实际采购成本。

⑥ 7月4日，公司职工王刚预借差旅费300元，以现金支付。

⑦ 7月5日，后勤处宋育报销差旅费700元，原借款金额为1 000元。

⑧ 7月5日，收回华兴水泥厂所欠货款24 000元，已存入银行。

⑨ 7月5日，用银行存款支付前欠新星公司购料款226 000元。

⑩ 7月6日，从三民工厂购入乙材料50吨，单价为1 000元，计50 000元，增值税进项税额为6 500元；所有款项均已以银行存款支付。

⑪ 7月6日，乙材料已验收入库，结转其实际采购成本。

⑫ 7月7日，销售A产品500件给天元公司，单价为600元，计300 000元，增值税销项税额为39 000元；货款及税款对方尚未支付。

⑬ 7月7日，以现金支付销售A产品的装卸费、运输费共计900元。

⑭ 7月9日，仓库发出甲材料900吨，其中A产品生产用300吨，B产品生产用600吨；发出乙材料60吨，其中A产品生产用20吨，B产品生产用40吨。

⑮ 7月11日，缴纳6月有关税金和教育费附加共计1 700元，其中以银行存款支付税金1 600元，以现金支付教育费附加100元。

⑯ 7月15日，王刚出差回来，报销差旅费350元，公司补付其50元现金。

⑰ 7月15日，以银行存款支付产品广告费8 000元。

⑱ 7月18日，接银行付款通知，支付银行承兑手续费3 000元。

⑲ 7月19日，出租给宏云工厂包装物一批，以现金收取500元押金。

⑳ 7月19日，接银行收款通知单，收回天元公司前欠部分货款100 000元。

㉑ 7月20日，收到钟恒设备制造厂投资一台新设备，价值为8 600元，已投入使用。

㉒ 7月22日，销售A产品100件给钟恒设备制造厂，单价为550元，计55 000元，增

值税销项税额为7 150元；所有款项已收存银行。

㉓ 7月24日，将现金2 000元存入银行。

㉔ 7月28日，取得生产周转用借款20 000元，已划入公司银行存款户。

㉕ 7月31日，分配7月职工工资费用：生产A产品工人工资16 000元，生产B产品工人工资8 000元；车间管理人员工资2 500元；公司管理人员工资3 000元。并按14%的比例提取职工福利费。

㉖ 7月31日，计提固定资产折旧11 000元。其中，车间提取9 000元，公司管理部门提取2 000元。

㉗ 7月31日，用银行存款支付本月应负担的财产保险费用400元。

㉘ 7月31日，用银行存款支付本月发生的短期银行借款利息700元。

㉙ 7月31日，用现金支付违约罚款1 200元。

㉚ 7月31日，结转A产品应承担的制造费用7 140元，B产品应承担的制造费用4 710元。

㉛ 7月31日，全月投产的A产品350件、B产品1 700件全部完工入库，计算并结转完工产品的实际生产成本。

㉜ 7月31日，结转本月已售A产品600件的销售成本（发出存货用先进先出法计价）。

㉝ 7月31日，按规定计算出本月应缴城市维护建设税700元，应缴教育费附加300元。

㉞ 7月31日，结转有关损益类账户并计算本月利润总额。

㉟ 7月31日，按25%的税率计算应缴企业所得税。

㊱ 7月31日，结转本月应缴所得税于"本年利润"账户。

㊲ 7月31日，将本月净收益结转于"利润分配"账户。

（二）采用记账凭证账务处理程序进行账务处理

（1）根据2019年7月的原始凭证填制记账凭证（见表10-2至表10-48）。

表10-2 付款凭证（1）

贷方科目：银行存款　　　　　　2019年7月1日　　　　　　银付第401号

摘要	借方科目		账页	金额/元
	总账科目	明细科目		
从银行提取现金	库存现金		√	18 000
合计				18 000

会计主管：印　　记账：印　　出纳：印　　审核：印　　填制：印

表 10-3　付款凭证（2）

贷方科目：库存现金　　　　　　2019 年 7 月 1 日　　　　　　　　　　现付第 201 号

摘要	借方科目		账页	金额/元
	总账科目	明细科目		
支付 6 月职工工资	应付职工薪酬		√	12 000
合计				12 000

会计主管：印　　　记账：印　　　出纳：印　　　审核：印　　　填制：印

表 10-4　付款凭证（3）

贷方科目：库存现金　　　　　　2019 年 7 月 2 日　　　　　　　　　　现付第 202 号

摘要	借方科目		账页	金额/元
	总账科目	明细科目		
购买办公用品	管理费用	办公用品	√	200
合计				200

会计主管：印　　　记账：印　　　出纳：印　　　审核：印　　　填制：印

表 10-5　转账凭证（1）

2019 年 7 月 2 日　　　　　　　　　　　　　　　　　　　　　转字第 501 号

摘要	会计科目		账页	借方金额/元	贷方金额/元
	总账科目	明细科目			
购入甲材料 1 000 吨	材料采购	甲材料	√	200 000	
	应缴税费	应缴增值税（进项税额）	√	26 000	
	应付账款	新星公司	√		226 000
合计				226 000	226 000

会计主管：印　　　记账：印　　　审核：印　　　填制：印

表 10-6　转账凭证（2）

2019 年 7 月 4 日　　　　　　　　　　　　　　　　　　　　　转字第 502 号

摘要	会计科目		账页	借方金额/元	贷方金额/元
	总账科目	明细科目			
甲材料验收入库	原材料	甲材料	√	200 000	
	材料采购	甲材料	√		200 000
合计				200 000	200 000

会计主管：印　　　记账：印　　　审核：印　　　填制：印

表10-7　付款凭证（4）

贷方科目：库存现金　　　　　　2019年7月4日　　　　　　　　　现付第203号

摘要	借方科目		账页	金额/元
	总账科目	明细科目		
王刚预借差旅费	其他应收款	王刚	√	300
合计				300

会计主管：[印]　　记账：[印]　　出纳：[印]　　审核：[印]　　填制：[印]

表10-8　转账凭证（3）

2019年7月5日　　　　　　　　　转字第503号

摘要	会计科目		账页	借方金额/元	贷方金额/元
	总账科目	明细科目			
宋育报销差旅费	管理费用	差旅费	√	700	
	其他应收款	宋育	√		700
合计				700	700

会计主管：[印]　　记账：[印]　　审核：[印]　　填制：[印]

表10-9　收款凭证（1）

借方科目：库存现金　　　　　　2019年7月5日　　　　　　　　　现收第101号

摘要	贷方科目		账页	金额/元
	总账科目	明细科目		
宋育退回多余差旅费	其他应收款	宋育	√	300
合计				300

会计主管：[印]　　记账：[印]　　出纳：[印]　　审核：[印]　　填制：[印]

表10-10　收款凭证（2）

借方科目：银行存款　　　　　　2019年7月5日　　　　　　　　　银收第301号

摘要	贷方科目		账页	金额/元
	总账科目	明细科目		
收回华兴水泥厂货款	应收账款	华兴水泥厂	√	24 000
合计				24 000

会计主管：[印]　　记账：[印]　　出纳：[印]　　审核：[印]　　填制：[印]

表 10-11　付款凭证（5）

贷方科目：银行存款　　　　　2019 年 7 月 5 日　　　　　　　　　　　　银付第 402 号

摘要	借方科目		账页	金额/元
	总账科目	明细科目		
支付新星公司材料款	应付账款	新星公司	√	226 000
合计				226 000

会计主管：印　　　记账：印　　　出纳：印　　　审核：印　　　填制：印

表 10-12　付款凭证（6）

贷方科目：银行存款　　　　　2019 年 7 月 6 日　　　　　　　　　　　　银付第 403 号

摘要	借方科目		账页	金额/元
	总账科目	明细科目		
购入三民工厂乙材料	材料采购	乙材料	√	50 000
	应缴税费	应缴增值税（进项税额）	√	6 500
合计				56 500

会计主管：印　　　记账：印　　　出纳：印　　　审核：印　　　填制：印

表 10-13　转账凭证（4）

2019 年 7 月 6 日　　　　　　　　　　　　　　　　　　　　　　　　转字第 504 号

摘要	会计科目		账页	借方金额/元	贷方金额/元
	总账科目	明细科目			
乙材料验收入库	原材料	乙材料	√	50 000	
	材料采购	乙材料	√		50 000
合计				50 000	50 000

会计主管：印　　　记账：印　　　审核：印　　　填制：印

表 10-14　转账凭证（5）

2019 年 7 月 7 日　　　　　　　　　　　　　　　　　　　　　　　　转字第 505 号

摘要	会计科目		账页	借方金额/元	贷方金额/元
	总账科目	明细科目			
销售 A 产品 500 件	应收账款	天元公司	√	339 000	
	主营业务收入	A 产品	√		300 000
	应缴税费	应缴增值税（销项税额）	√		39 000
合计				339 000	339 000

会计主管：印　　　记账：印　　　审核：印　　　填制：印

表 10-15 付款凭证（7）

贷方科目：库存现金　　　　　2019 年 7 月 7 日　　　　　　　　　现付第 204 号

摘要	借方科目		账页	金额/元
	总账科目	明细科目		
支付 A 产品销售费用	销售费用	装卸、运输费	√	900
合计				900

会计主管：[印]　　　记账：[印]　　　出纳：[印]　　　审核：[印]　　　填制：[印]

表 10-16 转账凭证（6）

2019 年 7 月 9 日　　　　　　　　　转字第 506 号

摘要	会计科目		账页	借方金额/元	贷方金额/元
	总账科目	明细科目			
生产领用材料	生产成本	A 产品	√	80 000	
		B 产品	√	160 000	
	原材料	甲材料	√		180 000
		乙材料	√		60 000
合计				240 000	240 000

会计主管：[印]　　　记账：[印]　　　审核：[印]　　　填制：[印]

表 10-17 付款凭证（8）

贷方科目：银行存款　　　　　2019 年 7 月 11 日　　　　　　　　银付第 404 号

摘要	借方科目		账页	金额/元
	总账科目	明细科目		
缴纳 6 月税金	应缴税费		√	1 600
合计				1 600

会计主管：[印]　　　记账：[印]　　　出纳：[印]　　　审核：[印]　　　填制：[印]

表 10-18 付款凭证（9）

贷方科目：库存现金　　　　　2019 年 7 月 11 日　　　　　　　　现付第 205 号

摘要	借方科目		账页	金额/元
	总账科目	明细科目		
缴纳 6 月教育费附加	应缴税费	教育费附加	√	100
合计				100

会计主管：[印]　　　记账：[印]　　　出纳：[印]　　　审核：[印]　　　填制：[印]

表 10-19 转账凭证（7）

2019 年 7 月 15 日   转字第 507 号

摘要	会计科目		账页	借方金额/元	贷方金额/元
	总账科目	明细科目			
王刚报销差旅费	管理费用	差旅费	√	300	
	其他应收款	王 刚	√		300
合计				300	300

会计主管：印   记账：印   审核：印   填制：印

表 10-20 付款凭证（10）

贷方科目：库存现金   2019 年 7 月 15 日   现付第 206 号

摘要	借方科目		账页	金额/元
	总账科目	明细科目		
补付王刚差旅费	管理费用	差旅费	√	50
合计				50

会计主管：印   记账：印   出纳：印   审核：印   填制：印

表 10-21 付款凭证（11）

贷方科目：银行存款   2019 年 7 月 15 日   银付第 405 号

摘要	借方科目		账页	金额/元
	总账科目	明细科目		
支付产品广告费	销售费用	广告费	√	8 000
合计				8 000

会计主管：印   记账：印   出纳：印   审核：印   填制：印

表 10-22 付款凭证（12）

贷方科目：银行存款   2019 年 7 月 18 日   银付第 406 号

摘要	借方科目		账页	金额/元
	总账科目	明细科目		
支付银行承兑手续费	财务费用	手续费	√	3 000
合计				3 000

会计主管：印   记账：印   出纳：印   审核：印   填制：印

表10-23 收款凭证（3）

借方科目：库存现金　　　　　2019年7月19日　　　　　　　　现收第102号

摘要	贷方科目		账页	金额/元
	总账科目	明细科目		
收出租包装物押金	其他应付款	宏云工厂	√	500
合计				500

会计主管：[印]　　记账：[印]　　出纳：[印]　　审核：[印]　　填制：[印]

表10-24 收款凭证（4）

借方科目：银行存款　　　　　2019年7月19日　　　　　　　　银收第302号

摘要	贷方科目		账页	金额/元
	总账科目	明细科目		
收回天元公司货款	应收账款	天元公司	√	100 000
合计				100 000

会计主管：[印]　　记账：[印]　　出纳：[印]　　审核：[印]　　填制：[印]

表10-25 转账凭证（8）

2019年7月20日　　　　　　　　　　　　　　　　　　　　　　转字第508号

摘要	会计科目		账页	借方金额/元	贷方金额/元
	总账科目	明细科目			
接受钟恒公司投资设备	固定资产		√	8 600	
	实收资本		√		8 600
合计				8 600	8 600

会计主管：[印]　　记账：[印]　　审核：[印]　　填制：[印]

表10-26 收款凭证（5）

借方科目：银行存款　　　　　2019年7月22日　　　　　　　　银收第303号

摘要	贷方科目		账页	金额/元
	总账科目	明细科目		
销售A产品100件	主营业务收入	A产品	√	55 000
	应缴税费	应缴增值税（销项税额）	√	7 150
合计				62 150

会计主管：[印]　　记账：[印]　　出纳：[印]　　审核：[印]　　填制：[印]

表 10-27　付款凭证（13）

贷方科目：库存现金　　　　2019 年 7 月 24 日　　　　现付第 207 号

摘要	借方科目		账页	金额/元
	总账科目	明细科目		
将现金存入银行	银行存款		√	2 000
合计				2 000

会计主管：印　　记账：印　　出纳：印　　审核：印　　填制：印

表 10-28　收款凭证（6）

借方科目：银行存款　　　　2019 年 7 月 28 日　　　　银收第 304 号

摘要	贷方科目		账页	金额/元
	总账科目	明细科目		
取得生产周转用借款	短期借款		√	20 000
合计				20 000

会计主管：印　　记账：印　　出纳：印　　审核：印　　填制：印

表 10-29　转账凭证（9）

2019 年 7 月 31 日　　　　转字第 509 号

摘要	会计科目		账页	借方金额/元	贷方金额/元
	总账科目	明细科目			
计算本月工资总额	生产成本	A 产品	√	16 000	
		B 产品	√	8 000	
	制造费用	工资	√	2 500	
	管理费用	工资	√	3 000	
	应付职工薪酬		√		29 500
合计				29 500	29 500

会计主管：印　　记账：印　　审核：印　　填制：印

表 10-30　转账凭证（10）

2019 年 7 月 31 日　　　　转字第 510 号

摘要	会计科目		账页	借方金额/元	贷方金额/元
	总账科目	明细科目			
计提职工福利费	生产成本	A 产品	√	2 240	
		B 产品	√	1 120	
	制造费用	福利费	√	350	
	管理费用	福利费	√	420	
	应付职工薪酬		√		4 130
合计				4 130	4 130

会计主管：印　　记账：印　　审核：印　　填制：印

表 10-31　转账凭证（11）

2019 年 7 月 31 日　　　　　　　　　　　　　　转字第 511 号

摘要	会计科目		账页	借方金额/元	贷方金额/元
	总账科目	明细科目			
计提固定资产折旧	制造费用	折旧费	√	9 000	
	管理费用	折旧费	√	2 000	
	累计折旧		√		11 000
合计				11 000	11 000

会计主管：印　　记账：印　　审核：印　　填制：印

表 10-32　付款凭证（14）

贷方科目：银行存款　　　2019 年 7 月 31 日　　　　银付第 407 号

摘要	借方科目		账页	金额/元
	总账科目	明细科目		
支付财产保险费用	管理费用	保险费用	√	400
合计				400

会计主管：印　　记账：印　　出纳：印　　审核：印　　填制：印

表 10-33　付款凭证（15）

贷方科目：银行存款　　　2019 年 7 月 31 日　　　　银付第 408 号

摘要	借方科目		账页	金额/元
	总账科目	明细科目		
支付本月利息费用	财务费用	利息费用	√	700
合计				700

会计主管：印　　记账：印　　出纳：印　　审核：印　　填制：印

表 10-34　付款凭证（16）

贷方科目：库存现金　　　2019 年 7 月 31 日　　　　现付第 208 号

摘要	借方科目		账页	金额/元
	总账科目	明细科目		
支付罚款	营业外支出	违约罚款	√	1 200
合计				1 200

会计主管：印　　记账：印　　出纳：印　　审核：印　　填制：印

表 10-35 转账凭证 (12)

2019 年 7 月 31 日　　　　　　　　　　　　　　　　　　转字第 512 号

摘要	会计科目		账页	借方金额/元	贷方金额/元
	总账科目	明细科目			
结转 A、B 产品制造费用	生产成本	A 产品	√	7 140	
		B 产品	√	4 710	
	制造费用		√		11 850
合计				11 850	11 850

会计主管：印　　　　记账：印　　　　审核：印　　　　填制：印

表 10-36 转账凭证 (13)

2019 年 7 月 31 日　　　　　　　　　　　　　　　　　　转字第 513 号

摘要	会计科目		账页	借方金额/元	贷方金额/元
	总账科目	明细科目			
结转 A、B 产品生产成本	库存商品	A 产品	√	105 380	
		B 产品	√	173 830	
	生产成本	A 产品	√		105 380
		B 产品	√		173 830
合计				279 210	279 210

会计主管：印　　　　记账：印　　　　审核：印　　　　填制：印

表 10-37 转账凭证 (14)

2019 年 7 月 31 日　　　　　　　　　　　　　　　　　　转字第 514 号

摘要	会计科目		账页	借方金额/元	贷方金额/元
	总账科目	明细科目			
结转本月产品销售成本	主营业务成本	A 产品	√	90 000	
	库存商品	A 产品	√		90 000
合计				90 000	90 000

会计主管：印　　　　记账：印　　　　审核：印　　　　填制：印

表 10-38　转账凭证（15）

2019 年 7 月 31 日　　　　　　　　　　　　　　　　　转字第 515 号

摘要	会计科目		账页	借方金额/元	贷方金额/元
	总账科目	明细科目			
计算本月城市维护建设税及教育费附加	税金及附加		√	1 000	
	应缴税费	城市维护建设税	√		700
	应缴税费	教育费附加	√		300
合计				1 000	1 000

会计主管：印　　　记账：印　　　审核：印　　　填制：印

表 10-39　转账凭证（16）

2019 年 7 月 31 日　　　　　　　　　　　　　　　　　转字第 516 号

摘要	会计科目		账页	借方金额/元	贷方金额/元
	总账科目	明细科目			
结转本月收入	主营业务收入	A 产品	√	355 000	
	本年利润		√		355 000
合计				355 000	355 000

会计主管：印　　　记账：印　　　审核：印　　　填制：印

表 10-40　转账凭证（17）

2019 年 7 月 31 日　　　　　　　　　　　　　　　　　转字第 517 号

摘要	会计科目		账页	借方金额/元	贷方金额/元
	总账科目	明细科目			
结转本月成本	本年利润		√	90 000	
	主营业务成本	A 产品	√		90 000
合计				90 000	90 000

会计主管：印　　　记账：印　　　审核：印　　　填制：印

表 10-41　转账凭证（18）

2019 年 7 月 31 日　　　　　　　　　　　　　　　　　转字第 518 号

摘要	会计科目		账页	借方金额/元	贷方金额/元
	总账科目	明细科目			
结转本月管理费用	本年利润		√	7 070	
	管理费用		√		7 070
合计				7 070	7 070

会计主管：印　　　记账：印　　　审核：印　　　填制：印

表 10-42 转账凭证（19）

2019 年 7 月 31 日   转字第 519 号

摘要	会计科目		账页	借方金额/元	贷方金额/元
	总账科目	明细科目			
结转本月财务费用	本年利润		√	3 700	
	财务费用		√		3 700
合计				3 700	3 700

会计主管：印   记账：印   审核：印   填制：印

表 10-43 转账凭证（20）

2019 年 7 月 31 日   转字第 520 号

摘要	会计科目		账页	借方金额/元	贷方金额/元
	总账科目	明细科目			
结转本月销售费用	本年利润		√	8 900	
	销售费用		√		8 900
合计				8 900	8 900

会计主管：印   记账：印   审核：印   填制：印

表 10-44 转账凭证（21）

2019 年 7 月 31 日   转字第 521 号

摘要	会计科目		账页	借方金额/元	贷方金额/元
	总账科目	明细科目			
结转本月税金及附加	本年利润		√	1 000	
	税金及附加		√		1 000
合计				1 000	1 000

会计主管：印   记账：印   审核：印   填制：印

表 10-45 转账凭证（22）

2019 年 7 月 31 日   转字第 522 号

摘要	会计科目		账页	借方金额/元	贷方金额/元
	总账科目	明细科目			
结转本月营业外支出	本年利润		√	1 200	
	营业外支出		√		1 200
合计				1 200	1 200

会计主管：印   记账：印   审核：印   填制：印

表 10-46 转账凭证（23）

2019 年 7 月 31 日　　　　　　　　　　　　　　　　　　转字第 523 号

摘要	会计科目		账页	借方金额/元	贷方金额/元
	总账科目	明细科目			
计算本月应缴所得税	所得税费用		√	60 782.5	
	应缴税费	所得税	√		60 782.5
合计				60 782.5	60 782.5

会计主管：印　　　记账：印　　　审核：印　　　填制：印

表 10-47 转账凭证（24）

2019 年 7 月 31 日　　　　　　　　　　　　　　　　　　转字第 524 号

摘要	会计科目		账页	借方金额/元	贷方金额/元
	总账科目	明细科目			
结转本月应缴所得税	本年利润		√	60 782.5	
	所得税费用		√		60 782.5
合计				60 782.5	60 782.5

会计主管：印　　　记账：印　　　审核：印　　　填制：印

表 10-48 转账凭证（25）

2019 年 7 月 31 日　　　　　　　　　　　　　　　　　　转字第 525 号

摘要	会计科目		账页	借方金额/元	贷方金额/元
	总账科目	明细科目			
结转本月利润	本年利润		√	182 347.5	
	利润分配	未分配利润	√		182 347.5
合计				182 347.5	182 347.5

会计主管：印　　　记账：印　　　审核：印　　　填制：印

（2）根据收款凭证和付款凭证登记现金日记账和银行存款日记账（见表 10-49 和表 10-50）。

表 10-49 现金日记账

单位：元

年		凭证编号	摘要	收入	支出	余额
月	日					
7	1		月初余额			800
	1	401	从银行提取现金	18 000		18 800
	1	201	支付6月职工工资		12 000	6 800
	2	202	购买办公用品		200	6 600
	4	203	王刚预借差旅费		300	6 300
	5	101	宋育退回多余差旅费	300		6 600
	7	204	支付A产品销售费用		900	5 700
	11	205	缴纳6月教育费附加		100	5 600
	15	206	补付王刚差旅费		50	5 550
	19	102	收出租包装物押金	500		6 050
	24	207	将现金存入银行		2 000	4 050
	31	208	支付罚款		1 200	2 850
			本月发生额及余额	18 800	16 750	2 850

表 10-50 银行存款日记账

单位：元

年		凭证编号	摘要	收入	支出	余额
月	日					
7	1		月初余额			400 000
	1	401	从银行提取现金		18 000	382 000
	5	301	收回华兴水泥厂货款	24 000		406 000
	5	402	支付新星公司材料款		226 000	180 000
	6	403	购入三民工厂乙材料		56 500	123 500
	11	404	缴纳6月税金		1 600	121 900
	15	405	支付产品广告费		8 000	113 900
	18	406	支付银行承兑手续费		3 000	110 900
	19	302	收回天元公司货款	100 000		210 900
	22	303	销售A产品100件	62 150		273 050
	24	207	将现金存入银行	2 000		275 050
	28	304	取得生产周转用借款	20 000		295 050
	31	407	支付财产保险费用		400	294 650
	31	408	支付本月利息费用		700	293 950
			本月发生额及余额	208 150	314 200	293 950

（3）根据记账凭证和原始凭证登记明细分类账（略）。

(4) 根据记账凭证登记总分类账（见表10-51~表10-79）。

表10-51 库存现金总分类账

账户名称：库存现金　　　　　　　　　　　　　　　　　　　　　　　　　单位：元

年		凭证编号	摘要	借方	贷方	借或贷	余额
月	日						
7	1		月初余额			借	800
	1	401	从银行提取现金	18 000		借	18 800
	1	201	支付6月职工工资		12 000	借	6 800
	2	202	购买办公用品		200	借	6 600
	4	203	王刚预借差旅费		300	借	6 300
	5	101	宋育退回多余差旅费	300		借	6 600
	7	204	支付A产品销售费用		900	借	5 700
	11	205	缴纳6月教育费附加		100	借	5 600
	15	206	补付王刚差旅费		50	借	5 550
	19	102	收出租包装物押金	500		借	6 050
	24	207	将现金送存银行		2 000	借	4 050
	31	208	支付罚款		1 200	借	2 850
			本月发生额及余额	18 800	16 750	借	2 850

表10-52 银行存款总分类账

账户名称：银行存款　　　　　　　　　　　　　　　　　　　　　　　　　单位：元

年		凭证编号	摘要	借方	贷方	借或贷	余额
月	日						
7	1		月初余额			借	400 000
	1	401	从银行提取现金		18 000	借	382 000
	5	301	收回华兴水泥厂货款	24 000		借	406 000
	5	402	支付新星公司材料款		226 000	借	180 000
	6	403	购入三民工厂乙材料		56 500	借	123 500
	11	404	缴纳6月税金		1 600	借	121 900
	15	405	支付产品广告费		8 000	借	113 900
	18	406	支付银行承兑手续费		3 000	借	110 900
	19	302	收回天元公司货款	100 000		借	210 900
	22	303	销售A产品100件	62 150		借	273 050
	24	207	将现金送存银行	2 000		借	275 050
	28	304	取得生产周转用借款	20 000		借	295 050
	31	407	支付财产保险费用		400	借	294 650
	31	408	支付本月利息费用		700	借	293 950
			本月发生额及余额	208 150	314 200	借	293 950

表 10-53　应收账款总分类账

账户名称：应收账款　　　　　　　　　　　　　　　　　　　　　　　　　　　单位：元

年		凭证编号	摘要	借方	贷方	借或贷	余额
月	日						
7	1		月初余额			借	60 000
	5	301	收回华兴水泥厂货款		24 000	借	36 000
	7	505	销售 A 产品 500 件	339 000		借	375 000
	19	302	收回天元公司货款		100 000	借	275 000
			本月发生额及余额	339 000	124 000	借	275 000

表 10-54　其他应收款总分类账

账户名称：其他应收款　　　　　　　　　　　　　　　　　　　　　　　　　　　单位：元

年		凭证编号	摘要	借方	贷方	借或贷	余额
月	日						
7	1		月初余额			借	4 900
	4	203	王刚预借差旅费	300		借	5 200
	5	503	宋育报销差旅费		700	借	4 500
	5	101	宋育退回多余差旅费		300	借	4 200
	15	507	王刚报销差旅费		300	借	3 900
			本月发生额及余额	300	1 300	借	3 900

表 10-55　材料采购总分类账

账户名称：材料采购　　　　　　　　　　　　　　　　　　　　　　　　　　　　单位：元

年		凭证编号	摘要	借方	贷方	借或贷	余额
月	日						
7	2	501	购入甲材料 1 000 吨	200 000		借	200 000
	4	502	甲材料验收入库		200 000	平	
	6	403	购入三民工厂乙材料	50 000		借	50 000
	6	504	乙材料验收入库		50 000	平	
			本月发生额及余额	250 000	250 000	平	

表 10-56 原材料总分类账

账户名称：原材料　　　　　　　　　　　　　　　　　　　　　　　　　单位：元

年		凭证编号	摘要	借方	贷方	借或贷	余额
月	日						
7	1	502	月初余额			借	800 000
	4	504	甲材料验收入库	200 000		借	1 000 000
	6	506	乙材料验收入库	50 000		借	1 050 000
	9	506	生产领用材料		240 000	借	810 000
			本月发生额及余额	250 000	240 000	借	810 000

表 10-57 制造费用总分类账

账户名称：制造费用　　　　　　　　　　　　　　　　　　　　　　　　单位：元

年		凭证编号	摘要	借方	贷方	借或贷	余额
月	日						
7	31	509	计算本月工资总额	2 500		借	2 500
	31	510	计算职工福利费	350		借	2 850
	31	511	计提固定资产折旧	9 000		借	11 850
	31	512	结转 A、B 产品制造费用		11 850	平	
			本月发生额及余额	11 850	11 850	平	

表 10-58 生产成本总分类账

账户名称：生产成本　　　　　　　　　　　　　　　　　　　　　　　　单位：元

年		凭证编号	摘要	借方	贷方	借或贷	余额
月	日						
7	9	506	生产领用材料	240 000		借	240 000
	31	509	计算本月工资总数	24 000		借	264 000
	31	510	福利费	3 360		借	267 360
	31	512	结转 A、B 产品制造费用	11 850		借	279 210
	31	513	结转 A、B 产品生产成本		279 210	平	
			本月发生额及余额	279 210	279 210	平	

表 10-59　库存商品总分类账

账户名称：库存商品　　　　　　　　　　　　　　　　　　　　　　　　　　单位：元

年		凭证编号	摘要	借方	贷方	借或贷	余额
月	日						
7	1		月初余额			借	250 000
	31	513	结转 A、B 产品生产成本	279 210		借	529 210
	31	514	结转本月产品销售成本		90 000	借	439 210
			本月发生额及余额	279 210	90 000	借	439 210

表 10-60　固定资产总分类账

账户名称：固定资产　　　　　　　　　　　　　　　　　　　　　　　　　　单位：元

年		凭证编号	摘要	借方	贷方	借或贷	余额
月	日						
7	1		月初余额			借	1 700 000
	20	508	接受钟恒公司投资设备	8 600		借	1 708 600
			本月发生额及余额	8 600	—	借	1 708 600

表 10-61　累计折旧总分类账

账户名称：累计折旧　　　　　　　　　　　　　　　　　　　　　　　　　　单位：元

年		凭证编号	摘要	借方	贷方	借或贷	余额
月	日						
8	1		月初余额			贷	230 000
	31	511	计提固定资产折旧		11 000	贷	241 000
			本月发生额及余额		11 000	贷	241 000

表 10-62　在建工程总分类账

账户名称：在建工程　　　　　　　　　　　　　　　　　　　　　　　　　　单位：元

年		凭证编号	摘要	借方	贷方	借或贷	余额
月	日						
7	1		月初余额			借	120 000
			本月发生额及余额			借	120 000

表 10-63　短期借款总分类账

账户名称：短期借款　　　　　　　　　　　　　　　　　　　　　　　　　单位：元

年		凭证编号	摘要	借方	贷方	借或贷	余额
月	日						
7	1		月初余额			贷	700 000
	28	304	取得生产周转用借款		20 000	贷	720 000
			本月发生额及余额		20 000	贷	720 000

表 10-64　应付账款总分类账

账户名称：应付账款　　　　　　　　　　　　　　　　　　　　　　　　　单位：元

年		凭证编号	摘要	借方	贷方	借或贷	余额
月	日						
7	1		月初余额			贷	80 000
	2	501	购入甲材料 1 000 吨		226 000	贷	306 000
	5	402	支付新星公司材料款	226 000		贷	80 000
			本月发生额及余额	226 000	226 000	贷	80 000

表 10-65　其他应付款总分类账

账户名称：其他应付款　　　　　　　　　　　　　　　　　　　　　　　　单位：元

年		凭证编号	摘要	借方	贷方	借或贷	余额
月	日						
7	1		月初余额			贷	2 000
	19	102	收出租包装物押金		500	贷	2 500
			本月发生额及余额		500	贷	2 500

表 10-66　应付职工薪酬总分类账

账户名称：应付职工薪酬　　　　　　　　　　　　　　　　　　　　　　　单位：元

年		凭证编号	摘要	借方	贷方	借或贷	余额
月	日						
7	1		月初余额			贷	12 000
	1	201	支付 6 月职工工资	12 000		平	
	31	509	计算本月工资总额		29 500	贷	29 500
	31	510	计提职工福利费		4 130	贷	33 630
			本月发生额及余额	12 000	33 630	贷	33 630

表 10-67　应缴税费总分类账

账户名称：应缴税费　　　　　　　　　　　　　　　　　　　　　　　　　　单位：元

年		凭证编号	摘要	借方	贷方	借或贷	余额
月	日						
7	1		月初余额			贷	1 700
	2	501	购入甲材料 1 000 吨	26 000		借	24 300
	6	403	购入三民工厂乙材料	6 500		借	30 800
	7	505	销售 A 产品 500 件		39 000	贷	8 200
	11	404	缴纳 6 月税金	1 600		贷	6 600
	11	205	缴纳 6 月教育费附加	100		贷	6 500
	22	303	销售 A 产品 100 件		7 150	贷	13 650
	31	515	计算本月城市维护建设税及教育费附加		1 000	贷	14 650
	31	523	计算本月应缴所得税		60 782.5	贷	75 432.5
			本月发生额及余额	34 200	107 932.5	贷	75 432.5

表 10-68　实收资本总分类账

账户名称：实收资本　　　　　　　　　　　　　　　　　　　　　　　　　　单位：元

年		凭证编号	摘要	借方	贷方	借或贷	余额
月	日						
7	1		月初余额			贷	2 000 000
	20	508	接受钟恒公司投资设备		8 600	贷	2 008 600
			本月发生额及余额		8 600	贷	2 008 600

表 10-69　资本公积总分类账

账户名称：资本公积　　　　　　　　　　　　　　　　　　　　　　　　　　单位：元

年		凭证编号	摘要	借方	贷方	借或贷	余额
月	日						
7	1		月初余额			贷	100 000
			本月发生额及余额			贷	100 000

表 10-70　主营业务收入总分类账

账户名称：主营业务收入　　　　　　　　　　　　　　　　　　　　　　　　单位：元

年		凭证编号	摘要	借方	贷方	借或贷	余额
月	日						
7	7	505	销售 A 产品 500 件		300 000	贷	300 000
	22	303	销售 A 产品 100 件		55 000	贷	355 000
	31	516	结转本月收入	355 000		平	
			本月发生额及余额	355 000	355 000	平	

表 10-71 管理费用总分类账

账户名称：管理费用　　　　　　　　　　　　　　　　　　　　　　　　　　　　　　　单位：元

年		凭证编号	摘要	借方	贷方	借或贷	余额
月	日						
7	2	202	购买办公用品	200		借	200
	5	503	宋育报销差旅费	700		借	900
	15	507	王刚报销差旅费	300		借	1 200
	15	206	补付王刚差旅费	50		借	1 250
	31	509	计算本月工资总额	3 000		借	4 250
	31	510	计提职工福利费	420		借	4 670
	31	511	计提固定资产折旧	2 000		借	6 670
	31	407	支付财产保险费用	400		借	7 070
	31	518	结转本月管理费用		7 070	平	
			本月发生额及余额	7 070	7 070	平	

表 10-72 财务费用总分类账

账户名称：财务费用　　　　　　　　　　　　　　　　　　　　　　　　　　　　　　　单位：元

年		凭证编号	摘要	借方	贷方	借或贷	余额
月	日						
7	18	406	支付银行承兑手续费	3 000		借	3 000
	31	408	支付本月利息费用	700		借	3 700
	31	519	结转本月财务费用		3 700	平	
			本月发生额及余额	3 700	3 700	平	

表 10-73 财务费用总分类账

账户名称：销售费用　　　　　　　　　　　　　　　　　　　　　　　　　　　　　　　单位：元

年		凭证编号	摘要	借方	贷方	借或贷	余额
月	日						
7	7	204	支付 A 产品销售费用	900		借	900
	15	405	支付产品广告费	8 000		借	8 900
	31	520	结转本月销售费用		8 900	平	
			本月发生额及余额	8 900	8 900	平	

表 10-74　税金及附加总分类账

账户名称：税金及附加　　　　　　　　　　　　　　　　　　　　　　　　　　　　　　单位：元

年		凭证编号	摘要	借方	贷方	借或贷	余额
月	日						
7	31	515	计算本月城市维护建设税及教育费附加	1 000		借	1 000
	31	521	结转本月税金及附加		1 000	平	
			本月发生额及余额	1 000	1 000	平	

表 10-75　主营业务成本总分类账

账户名称：主营业务成本　　　　　　　　　　　　　　　　　　　　　　　　　　　　　单位：元

年		凭证编号	摘要	借方	贷方	借或贷	余额
月	日						
7	31	514	结转本月产品销售成本	90 000		借	90 000
	31	517	结转本月成本		90 000	平	
			本月发生额及余额	90 000	90 000	平	

表 10-76　营业外支出总分类账

账户名称：营业外支出　　　　　　　　　　　　　　　　　　　　　　　　　　　　　　单位：元

年		凭证编号	摘要	借方	贷方	借或贷	余额
月	日						
7	31	208	支付罚款	1 200		借	1 200
	31	522	结转本月营业外支出		1 200	平	
			本月发生额及余额	1 200	1 200	平	

表 10-77　所得税费用总分类账

账户名称：所得税费用　　　　　　　　　　　　　　　　　　　　　　　　　　　　　　单位：元

年		凭证编号	摘要	借方	贷方	借或贷	余额
月	日						
7	31	523	计算本月应缴所得税	60 782.5		借	60 782.5
	31	524	结转本月应缴所得税		60 782.5	平	
			本月发生额及余额	60 782.5	60 782.5	平	

表 10-78 本年利润总分类账

账户名称：本年利润　　　　　　　　　　　　　　　　　　　　　　　　　　　　单位：元

年		凭证编号	摘要	借方	贷方	借或贷	余额
月	日						
7	31	516	结转本月收入		355 000	贷	355 000
		517	结转本月成本	90 000		贷	265 000
		518	结转本月管理费用	7 070		贷	257 930
		519	结转本月财务费用	3 700		贷	254 230
		520	结转本月销售费用	8 900		贷	245 330
		521	结转本月税金及附加	1 000		贷	244 330
		522	结转本月营业外支出	1 200		贷	243 130
		524	结转本月应缴所得税	60 782.5		贷	182 347.5
		525	结转本月利润	182 347.5		平	
			本月发生额及余额	355 000	355 000		

表 10-79 利润分配总分类账

账户名称：利润分配　　　　　　　　　　　　　　　　　　　　　　　　　　　　单位：元

年		凭证编号	摘要	借方	贷方	借或贷	余额
月	日						
7	1		月初余额			贷	210 000
	31	525	结转本月利润		182 347.5	贷	392 347.5
			本月发生额及余额		182 347.5	贷	392 347.5

（5）编制试算平衡表（见表 10-80）。

表 10-80 试算平衡表

编制单位：豫财公司　　　　　　　　　　7月31日　　　　　　　　　　　　　　单位：元

账户名称	期初余额		本期发生额		期末余额	
	借方	贷方	借方	贷方	借方	贷方
库存现金	800		18 800	16 750	2 850	
银行存款	400 000		208 150	314 200	293 950	
应收账款	60 000		339 000	124 000	275 000	
其他应收款	4 900		300	1 300	3 900	
材料采购			250 000	250 000		
原材料	800 000		250 000	240 000	810 000	
制造费用			11 850	11 850		
生产成本			279 210	279 210		

续表

账户名称	期初余额 借方	期初余额 贷方	本期发生额 借方	本期发生额 贷方	期末余额 借方	期末余额 贷方
库存商品	250 000		279 210	90 000	439 210	
固定资产	1 700 000		8 600		1 708 600	
累计折旧		230 000		11 000		241 000
在建工程	120 000				120 000	
短期借款		700 000		20 000		720 000
应付账款		80 000	226 000	226 000		80 000
其他应付款		2 000		500		2 500
应付职工薪酬		12 000	12 000	33 630		33 630
应缴税费		1 700	34 200	107 932.5		75 432.5
实收资本		2 000 000		8 600		2 008 600
资本公积		100 000				100 000
未分配利润		210 000		182 347.5		392 347.5
主营业务收入			355 000	355 000		
主营业务成本			90 000	90 000		
销售费用			8 900	8 900		
税金及附加			1 000	1 000		
管理费用			7 070	7 070		
财务费用			3 700	3 700		
营业外支出			1 200	1 200		
所得税费用			60 782.5	60 782.5		
本年利润			355 000	355 000		
合计	3 335 700	3 335 700	2 799 972.5	2 799 972.5	3 653 510	3 653 510

（6）编制财务报表（见表10-81和表10-82）。

表10-81 资产负债表

编制单位：豫财公司　　　　　　2019年7月31日　　　　　　　　　　单位：元

资产	期末数	负债和所有者权益（或股东权益）	期末数
流动资产：		流动负债：	
货币资金	296 800	短期借款	720 000
交易性金融资产		交易性金融负债	
应收票据及应收账款	275 000	应付票据及应付账款	80 000

续表

资　产	期末数	负债和所有者权益（或股东权益）	期末数
预付款项		预收款项	
应收利息		应付职工薪酬	33 630
应收股利		应缴税费	75 432.5
其他应收款	3 900	应付利息	
存货	1 249 210	应付股利	
一年内到期的非流动资产		其他应付款	2 500
其他流动资产		一年内到期的非流动负债	
		其他流动负债	
流动资产合计	1 824 190	流动负债合计	911 562.5
非流动资产：		非流动负债：	
可供出售金融资产		长期借款	
持有至到期投资		应付债券	
长期应收款		长期应付款	
长期股权投资		专项应付款	
投资性房地产		预计负债	
固定资产	1 467 600	递延所得税负债	
在建工程	120 000	其他非流动负债	
工程物资		非流动负债合计	
固定资产清理		负债合计	911 562.5
生产性生物资产			
油气资产		所有者权益（或股东权益）：	
无形资产		实收资本（或股本）	2 008 600
开发支出		资本公积	100 000
商誉		减：库存股	
长期待摊费用		盈余公积	
递延所得税资产		未分配利润	392 347.5
其他非流动资产			
非流动资产合计	1 587 600	所有者权益（或股东权益）合计	2 500 947.5
资产总计：	3 412 510	负债和所有者权益（或股东权益）总计：	3 412 510

表 10-82　利润表

会企 02 表
编制单位：豫财公司　　　　　　　　　2019 年 7 月　　　　　　　　　　　单位：元

项　目	金额
一、营业收入	355 000
减：营业成本	90 000
税金及附加	1 000
销售费用	8 900
管理费用	7 070
财务费用	3 700
资产减值损失	
加：公允价值变动收益（损失以"-"号填列）	
投资收益（损失以"-"号填列）	
其中：对联营企业和合营企业的投资收益	
二、营业利润（亏损以"-"号填列）	244 330
加：营业外收入	
减：营业外支出	1 200
其中：非流动资产处置损失	
三、利润总额（亏损总额以"-"号填列）	243 130
减：所得税费用	60 782.5
四、净利润（净亏损以"-"号填列）	182 347.5
五、其他综合收益的税后净额	
六、每股收益	
（一）基本每股收益	
（二）稀释每股收益	

子任务四：了解记账凭证账务处理程序的优缺点和适用范围

记账凭证账务处理程序的记账程序简明，总分类账的对应关系清晰，登账工作操作简便。但这种账务处理程序根据记账凭证直接登记总分类账，当业务量较大时，会增加登记总分类账的工作；同时登账次数多，且总分类账与日记账有重复。

因此，记账凭证账务处理程序适用于经营规模较小、经济业务较简单的企业。

任务三　汇总记账凭证账务处理程序

【问题引入】采用汇总记账凭证账务处理程序时，不仅设置收款凭证、付款凭证和转账凭证等专用凭证，还应分别设置汇总记账凭证，即设置汇总收款凭证、汇总付款凭证和汇总转账凭证。

提示：汇总记账凭证账务处理程序采用的账簿种类和格式与记账凭证账务处理程序基本相同，但在汇总记账凭证账务处理程序下，总分类账通常要求设置成具有"对方科目"专栏的借、贷、余三栏式，以便清楚地反映科目之间的对应关系。

子任务一：了解汇总记账凭证账务处理程序的特点

汇总记账凭证账务处理程序的主要特点是：首先根据一定期间内（如5天或10天）所有的记账凭证定期汇总编制汇总记账凭证，然后再根据汇总记账凭证登记总分类账。

子任务二：了解汇总记账凭证的编制方法

汇总记账凭证是一种累计汇总的记账凭证，它是根据收款凭证、付款凭证和转账凭证分别定期进行汇总填制的，一般每隔5天或10天汇总一次，月末计算出合计数，并据以登记总分类账。汇总记账凭证可分为汇总收款凭证、汇总付款凭证和汇总转账凭证三类。

（一）汇总收款凭证

汇总收款凭证应根据现金收款凭证和银行存款收款凭证，分别按"库存现金""银行存款"账户的借方设置，并按其对应的贷方账户定期汇总。根据需要，企业通常是定期5天或10天汇总填列一次，每月编制一张。月末时，根据每个贷方科目发生额的合计数，登记对应总分类账的贷方；同时，逐笔登记到"库存现金""银行存款"总分类账的借方。由此可见，凡是与现金、银行存款收入有关的业务，都汇总于汇总收款凭证中，它反映现金和银行存款科目的借方发生额，以及与现金、银行存款科目发生对应关系的科目的贷方发生额。汇总收款凭证的格式如表10-83、表10-84所示。

表10-83　汇总收款凭证（1）

借方科目：库存现金　　　　　　　　　　　年　月　　　　　　　　　　编号：汇收1号

贷方科目	金额				过账	
	1日至10日现收凭证共　张	11日至20日现收凭证共　张	21日至31日现收凭证共　张	合计	借方	贷方
合计						

会计主管：　　　　　　记账：　　　　　　审核：　　　　　　填制：

表 10-84 汇总收款凭证（2）

借方科目：银行存款　　　　　　　　　年　月　　　　　　　　　　　编号：汇收 2 号

贷方科目	金额			合计	过账	
	1 日至 10 日银收凭证共　张	11 日至 20 日银收凭证共　张	21 日至 31 日银收凭证共　张		借方	贷方
合计						

会计主管：　　　　　　　记账：　　　　　　　审核：　　　　　　　填制：

　　汇总收款凭证的汇总方法是：首先，将汇总期间的全部收款凭证按借方账户（现金或银行存款）归类，并把"库存现金"或"银行存款"科目分别填入汇总收款凭证上端的"借方科目"处；其次，按对应的贷方科目进行归类汇总。例如，编制现金汇总收款凭证时，应在"借方科目"处写"库存现金"，在"贷方科目"栏内填写应贷的科目名称，并按贷方科目分别将汇总金额填入各该科目行次的汇总期间"金额"栏内，将本月各汇总期所依据的收款凭证张数填入相应栏内；最后，于月终计算合计数，过入现金或银行存款总分类账户的借方和对应总分类账户的贷方。采用汇总记账凭证账务处理程序，在填制记账凭证时，应保持一个借方账户同一个或几个贷方账户相对应，一般不要编制多个借方和一个或多个贷方账户相对应的记账凭证。

　　（二）汇总付款凭证

　　汇总付款凭证应根据现金付款凭证和银行存款付款凭证，分别按"库存现金""银行存款"账户的贷方设置，并按其对应的借方账户定期汇总，每月填制一张。根据需要，企业通常是定期 5 天或 10 天汇总填列一次，每月编制一张。月末时，根据现金、银行存款汇总付款凭证的合计数，登记对应总分类账的贷方，以及各个对应账户的借方。由此可见，凡是与现金、银行存款付出有关的业务，都汇总于汇总付款凭证中，它反映现金和银行存款科目的贷方发生额，以及与现金、银行存款科目发生对应关系的科目的借方发生额。汇总付款凭证的格式如表 10-85、表 10-86 所示。

表 10-85　汇总付款凭证（1）

贷方科目：库存现金　　　　　　　　　年　月　　　　　　　　　　　编号：汇付 1 号

借方科目	金额			合计	过账	
	1 日至 10 日现付凭证共　张	11 日至 20 日现付凭证共　张	21 日至 31 日现付凭证共　张		借方	贷方
合计						

会计主管：　　　　　　记账：　　　　　　审核：　　　　　　填制：

表 10-86　汇总付款凭证（2）

贷方科目：银行存款　　　　　　　　　年　月　　　　　　　　　　　编号：汇付 2 号

借方科目	金额			合计	过账	
	1 日至 10 日银付凭证共　张	11 日至 20 日银付凭证共　张	21 日至 31 日银付凭证共　张		借方	贷方
合计						

会计主管：　　　　　　记账：　　　　　　审核：　　　　　　填制：

　　汇总付款凭证的汇总方法与汇总收款凭证相同。为了便于填制汇总付款凭证，在填制记账凭证时，应保持一个贷方账户同一个或多个借方账户相对应，不宜填制多个贷方账户与一个或多个借方账户相对应的记账凭证。对于货币资金相互之间的划转业务，在汇总付款凭证中汇总，不在汇总收款凭证中汇总，以避免重复汇总而导致重复过账。

（三）汇总转账凭证

　　汇总转账凭证，习惯上按转账凭证的贷方科目分别设置，根据转账凭证按其借方科目（对应账户）定期归类汇总。同样地，企业通常 5 天或 10 天汇总填列一次，每月编制一张。月末时，根据汇总转账凭证中的汇总合计数，分别过记到总分类账的应贷账户的贷方，以及各个应借账户的借方。由此可见，凡是与现金、银行存款收付无关的业务，都汇总于汇总转账凭证中。如果在汇总期内个别贷方账户的转账凭证较少，也可不填制汇总转账凭证，直接根据转账凭证登记总分类账。

由于企业通常是按转账凭证的贷方科目设置汇总转账凭证，因此为了便于汇总，平时编制记账凭证时应编制一借一贷或多借一贷的转账凭证，而不宜编制一借多贷的转账凭证。汇总转账凭证的格式如表 10-87 所示。

表 10-87　汇总转账凭证

贷方科目：　　　　　　　　　　　　　　年　月　　　　　　　　　　　编号：汇转　号

借方科目	金额				过账	
	1 日至 10 日转账凭证共　张	11 日至 20 日转账凭证共　张	21 日至 31 日转账凭证共　张	合计	借方	贷方
合计						

会计主管：　　　　　　　　记账：　　　　　　　审核：　　　　　　　填制：

子任务三：了解汇总记账凭证账务处理程序的流程

企业通常按以下流程运用汇总记账凭证账务处理程序。

（1）根据原始凭证或原始凭证汇总表编制收款凭证、付款凭证和转账凭证。

（2）根据收款凭证和付款凭证逐日逐笔地登记现金日记账和银行存款日记账。

（3）根据原始凭证或原始凭证汇总表、各类记账凭证逐笔登记明细分类账。

（4）根据收款凭证、付款凭证和转账凭证定期填制汇总收款凭证、汇总付款凭证和汇总转账凭证。

（5）根据汇总收款凭证、汇总付款凭证和汇总转账凭证登记总分类账。

（6）月末，根据现金日记账、银行存款日记账和各明细分类账的余额与总分类账的有关余额进行核对。

（7）月末，根据总分类账和有关明细分类账的记录编制财务报表。

子任务四：了解汇总记账凭证账务处理程序的优缺点和适用范围

在汇总记账凭证账务处理程序下，定期将各种记账凭证归类汇总，月终一次将累计金额过入总分类账，简化了登记总分类账的工作；同时，汇总记账凭证是将每一账户的贷方

（或借方）数字，按其与借方（或贷方）账户的对应关系，分别汇总其全月发生数，在汇总记账凭证和总分类账中均能通过账户的对应关系反映所发生的经济业务内容，便于经常检查经济活动的发生情况。

汇总记账凭证账务处理程序的缺点表现在：编制汇总记账凭证的工作量比较大，如果企业的经济业务较少，同一贷方科目的转账凭证不多，这一账务处理程序不仅不能简化记账工作，而且还会增加凭证汇总手续。

汇总记账凭证账务处理程序一般适用于经营规模较大、业务较多的企业。

任务四　科目汇总表账务处理程序

【问题引入】为了更好地理解账务处理的方法，现提出以下问题以供思考：
（1）账务处理方法有哪些？
（2）为什么要有多种账务处理方法

提示：在科目汇总表账务处理程序下，记账凭证可以采用收款凭证、付款凭证和转账凭证等专用凭证，也可以采用通用记账凭证；同时还应设置科目汇总表；日记账通常采用三栏式格式。

子任务一：了解科目汇总表账务处理程序的特点

科目汇总表账务处理程序又称记账凭证汇总表账务处理程序，其主要特点是定期根据这一期间的全部记账凭证编制会计科目汇总表（又称记账凭证汇总表），然后再根据科目汇总表登记总分类账。

子任务二：掌握科目汇总表的编制方法

科目汇总表是根据记账凭证按照相同的账户进行归类，定期汇总每一账户的借方发生额和贷方发生额编制而成的。科目汇总表的编制时间应根据企业的业务量来确定，一般按旬或15天汇总一次，每月编制一张。

科目汇总表的具体编制方法是：①把一定时期内全部记账凭证按照相同科目归类；②计算每一个会计科目的本期借方发生额和本期贷方发生额；③将各科目的本期借方、贷方发生额填入科目汇总表相关栏内，并分别计算出借方、贷方发生额合计数，进行试算平衡。

为了便于编制科目汇总表，记账凭证中所载的应借、应贷账户，只能一借一贷相对应，如果发生一借多贷或一贷多借的会计分录，也要分开编制记账凭证。

科目汇总表与汇总记账凭证的作用相似，都是为了简化总分类账的登记工作。但两者又存在着明显的不同：①科目汇总表是定期汇总每一账户的借方发生额和贷方发生额，而不按对应账户进行汇总，全部账户的本期借方发生额和贷方发生额可以汇总在同一张汇总表内；而汇总记账凭证是以每一账户的贷方（或借方）设置，分别按与其相对应的借方（或贷方）账户汇总一定期限内的发生额，因此，要编制很多张汇总记账凭证。②科目汇总表只反映每一科目的借方发生额和贷方发生额,而汇总记账凭证除了按科目反映借方发生额或贷方发生额外,还反映账户的对应关系。

需要说明的是,为便于编制科目汇总表,一般要求编制单式记账凭证或对记账凭证加以复写,以便于按借贷方账户分别汇总。若科目汇总表的工作底稿采用"T"型账户,则记账凭证可以编制复合分录。

子任务三:掌握科目汇总表账务处理程序的流程

企业通常按以下流程运用科目汇总表账务处理程序。
(1)根据原始凭证或原始凭证汇总表编制记账凭证。
(2)根据收款凭证和付款凭证逐日逐笔地登记现金日记账和银行存款日记账。
(3)根据各种记账凭证及所附原始凭证、原始凭证汇总表逐笔登记明细分类账。
(4)根据记账凭证定期编制科目汇总表。
(5)根据科目汇总表登记总分类账。
(6)月末,将总分类账与现金日记账、银行存款日记账和明细分类账的余额进行核对。
(7)月末,根据总分类账和明细分类账的记录编制财务报表。

子任务四:了解科目汇总表账务处理程序的优缺点和适用范围

在科目汇总表账务处理程序下,由于总分类账是根据科目汇总表登记的,而科目汇总表将各账户的借方发生额合计数和贷方发生额合计数于期(月)末一次记入总分类账户,所以大大简化了总分类账的登记工作。同时,科目汇总表本身兼有试算平衡的作用,可以及时发现问题,减少账务处理中的差错。但是,由于科目汇总表在汇总每一科目的本期借方发生额和贷方发生额时不考虑对应科目,全部科目的本期借方和贷方发生额可以汇总在一张汇总表内,因此,在科目汇总表和总分类账中都无法反映各科目间的对应关系,不便于利用总分类账了解和检查经济业务的来龙去脉,从而降低了总分类账的分析作用。

科目汇总表账务处理程序一般适用于经营规模较大、经济业务频繁、业务量较多的大企业。

练习题

一、单选题

1. 不同账务处理程序之间的主要区别在于( )不同。
   A. 登记总分类账的依据和方法   B. 反映经济业务的内容
   C. 登记会计账簿的步骤   D. 所采用的会计核算方法

2. 适用于规模较小、业务量不多的单位的账务处理程序是( )。
   A. 记账凭证账务处理程序   B. 科目汇总表账务处理程序
   C. 汇总记账凭证账务处理程序   D. 多栏式日记账账务处理程序

3. 在汇总记账凭证账务处理程序下,记账凭证宜采用( )。

A. 通用的统一格式的记账凭证

B. 收款凭证、付款凭证、转账凭证三种专用凭证

C. 数量金额式格式

D. 横线登记式格式

4. 采用科目汇总表账务处理程序，登记总分类账的依据是（　　）。

　　A. 汇总记账凭证　　　B. 科目汇总表　　　C. 记账凭证　　　D. 原始凭证

5. 汇总记账凭证与科目汇总表的主要区别是（　　）。

A. 科目汇总表反映账户对应关系，而汇总记账凭证不反映账户对应关系

B. 科目汇总表不反映账户对应关系，而汇总记账凭证反映账户对应关系

C. 科目汇总表在分类汇总情况下反映账户对应关系，而汇总记账凭证不反映账户对应关系

D. 以上说法都不正确

6. 采用科目汇总表账务处理程序时，月末不应将（　　）余额与有关总分类账的余额进行核对。

　　A. 库存现金日记账　　　　　　　　B. 银行存款日记账

　　C. 汇总记账凭证　　　　　　　　　D. 明细分类账

7. 以下关于科目汇总表账务处理程序的描述中，错误的是（　　）。

A. 根据科目汇总表登记总分类账

B. 不能反映账户间的对应关系

C. 能反映各账户一定时期内的借方发生额和贷方发生额，进行试算平衡

D. 由于科目汇总表的编制手续复杂，所以只适用于规模小、业务少的企业

8. 科目汇总表账务处理程序与汇总记账凭证账务处理程序的共同优点是（　　）。

　　A. 保持科目之间的对应关系　　　　B. 简化了总分类账的登记工作

　　C. 进行发生额试算平衡　　　　　　D. 总括反映同类经济业务

9. 账务处理程序也叫会计核算组织程序，与之相结合的方式，不包括（　　）。

　　A. 会计凭证　　　B. 会计账簿　　　C. 财务报表　　　D. 会计科目

10. 下列不属于记账凭证账务处理程序步骤的是（　　）。

A. 根据原始凭证或汇总原始凭证填制记账凭证

B. 根据原始凭证或汇总原始凭证、记账凭证登记明细分类账

C. 根据明细分类账和总分类账编制财务报表

D. 根据记账凭证编制有关汇总记账凭证和总分类账

二、多选题

1. 下列登账方法中正确的有（　　）。

A. 依据记账凭证和原始凭证逐日逐笔登记明细分类账

B. 依据记账凭证和汇总原始凭证逐日逐笔或定期汇总登记明细分类账

C. 依据记账凭证逐笔登记总分类账

D. 依据汇总原始凭证定期汇总登记现金日记账

2. 下列关于账务处理程序的说法中正确的有（　　）。

A. 记账凭证账务处理程序的缺点是登记总分类账的工作量比较大

B. 采用科目汇总表账务处理程序，由于其在科目汇总表中不反映科目对应关系，因而不便于分析经济业务的来龙去脉，不便于查账

C. 采用汇总记账凭证账务处理程序可以大大减少登记总分类账的工作量

D. 汇总记账凭证账务处理程序适用于规模较大、经济业务较多的企业

3. 在记账凭证账务处理程序下，须设置（　　）。

A. 收款凭证、付款凭证、转账凭证等专用凭证或通用记账凭证

B. 科目汇总表或汇总记账凭证

C. 库存现金日记账和银行存款日记账

D. 总分类账和明细分类账

4. 在汇总记账凭证账务处理程序下，编制汇总转账凭证时一般可以采用的会计分录形式有（　　）。

A. 一借一贷　　　B. 一借多贷　　　C. 多借一贷　　　D. 多借多贷

5. 以下不属于汇总记账凭证账务处理程序主要缺点的有（　　）。

A. 登记总分类账的工作量较大

B. 当转账凭证较多时，编制汇总转账凭证的工作量较大

C. 不便于体现账户间的对应关系

D. 不便于进行账目的核对

6. 在我国，常用的账务处理程序主要有（　　）。

A. 科目汇总表账务处理程序　　　B. 汇总记账凭证账务处理程序

C. 记账凭证账务处理程序　　　　D. 日记总账账务处理程序

7. 下列属于汇总记账凭证账务处理程序特点的有（　　）。

A. 根据原始凭证编制科目汇总表　　　B. 根据记账凭证定期编制汇总记账凭证

C. 根据记账凭证定期编制科目汇总表　　　D. 根据汇总记账凭证登记总分类账

8. 某企业 2019 年 6 月发生以下经济业务：3 日从银行提取现金 5 000 元；10 日报销办公费 600 元，以现金支付；20 日生产领用原材料 3 000 元；26 日将现金 20 000 元存入银行。如果该企业采用科目汇总表账务处理程序，科目汇总表采用全月一次汇总法，则下列说法正确的有（　　）。

A. 本月科目汇总表借方发生额为 28 600 元，贷方发生额为 28 600 元

B. 本月科目汇总表借方发生额为 28 600 元，贷方发生额为 20 000 元

C. 本月"库存现金"账户借方发生额为 5 000 元，贷方发生额为 20 600 元

D. 本月"库存现金"账户借方发生额为 20 600 元，贷方发生额为 20 600 元

9. 采用科目汇总表账务处理程序时，月末应将（　　）余额与有关总分类账的余额进行核对。

A. 库存现金日记账　　B. 银行存款日记账　C. 汇总记账凭证　　D. 明细分类账

10. 科目汇总表账务处理程序的优点有（　　）。

A. 减轻了登记总分类账的工作量　　　　B. 可做到试算平衡

C. 简明易懂、方便易学　　　　　　　　D. 便于查对账目

三、判断题

1. 各个企业的业务性质、组织规模、管理上的要求不同，企业应根据自身的特点，制定出恰当的会计账务处理程序。（　　）

2. 在我国，常用的账务处理程序主要有记账凭证账务处理程序、通用日记账账务处理程序和科目汇总表账务处理程序。（　　）

3. 为了便于编制汇总转账凭证，要求所有的转账凭证应按一个贷方科目与一个或几个借方科目的对应关系来填制，不应填制一个借方科目与几个贷方科目相对应的转账凭证。（　　）

4. 汇总记账凭证账务处理程序和科目汇总表账务处理程序的根本区别在于汇总记账凭证和科目汇总表的编制方法不同。（　　）

5. 科目汇总表不仅可以起到试算平衡的作用，还可以反映账户之间的对应关系。（　　）

6. 科目汇总表账务处理程序的特点是直接根据记账凭证逐笔登记总分类账，是最基本的账务处理程序。（　　）

7. 采用科目汇总表账务处理程序，可以在登记总分类账之前对发生额进行试算平衡，保证记账工作质量。（　　）

8. 设置账务处理程序是会计核算的基本方法之一。（　　）

9. 在不同的账务处理程序下，财务报表的编制依据不同。（　　）

10. 记账凭证账务处理程序的特点是直接根据记账凭证逐笔登记总分类账，是最基本的账务处理程序。（　　）

课后实训

实训一

目的：

练习记账凭证账务处理程序。

资料：

资料1：新大陆公司2019年6月30日各账户余额如表10-88所示。

表 10-88　2019 年 6 月 30 日各账户余额

单位：元

账户名称	借方余额	账户名称	贷方余额
库存现金	600	坏账准备	400
银行存款	133 000	累计折旧	180 000
应收账款	15 000	短期借款	150 000
其中：M 公司	10 000	应付账款	28 400
N 公司	5 000	其中：A 工厂	20 000
其他应收款	500	B 工厂	8 400
原材料	44 000	其他应付款	4 000
其中：甲材料	33 000（150 吨，单价 220 元）	应付职工薪酬	7 200
乙材料	11 000（500 吨，单价 22 元）	应缴税费	12 900
生产成本	27 000	实收资本	480 000
库存商品	89 500	资本公积	45 800
其中：A 产品	45 500（70 件，单位成本 650 元）	盈余公积	44 500
B 产品	44 000（40 件，单位成本 1 100 元）	本年利润	85 000
固定资产	719 000		

资料 2：新大陆公司 2019 年 7 月发生下列经济业务。

（1）7 月 2 日，收到大昌公司投资的新设备一台，设备价款为 250 000 元。

（2）7 月 2 日，从银行取得半年期借款 80 000 元，已存入银行存款账户。

（3）7 月 3 日，购入汽车一部，价值为 80 000 元，增值税为 10 400 元。款项已通过银行支付。

（4）7 月 6 日，向 A 工厂购入甲材料 200 吨，单价为 220 元，货款为 44 000 元，增值税税额为 5 720 元，货款及税款暂欠。

（5）7 月 9 日，采购员张三借支差旅费 300 元，用现金支付。

（6）7 月 10 日，向 B 工厂购入乙材料 500 千克，单价为 21.8 元，货款为 10 900 元，增值税税额为 1 417 元，货款及税款已通过银行存款支付。

（7）7 月 10 日，购入上述乙材料过程中，发生运杂费 180 元，已用现金支付。

（8）7 月 10 日，签发转账支票一张，支付前欠 A 工厂的材料款及增值税。

（9）7 月 12 日，采购员张三回厂报销差旅费 220 元，余款 80 元以现金方式退回。

（10）7 月 13 日，本月采购的上述两种材料均已验收入库，结转已入库材料的采购成本。

（11）7 月 17 日，支付银行借款手续费 100 元，从银行存款户开支。

（12）7 月 17 日，销售 A 产品 50 件给 M 公司，每件售价为 900 元，价款为 45 000 元，增值税税额为 5 850 元，款项已收到并存入银行。

(13) 7月18日，销售B产品20件给N公司，每件售价为1 500元，价款为30 000元，增值税税额为3 900元，货款暂欠。

(14) 7月19日，收到D公司购买A产品的预付款22 000元，已存入银行。

(15) 7月19日，收到N公司偿还前欠购买B产品的货款，已存入银行。

(16) 7月20日，按合同向D公司发出A产品20件，每件售价为900元，价款为18 000元，增值税税额为2 340元。从原预收款中扣除应收销货款20 340元后，余款1 660元已通过银行存款退回。

(17) 7月20日，用银行存款支付电视台产品广告费2 000元。

(18) 7月23日，向M公司销售甲材料10吨，应收价款2 500元、增值税税额325元，货款尚未收到。

(19) 7月23日，结转销售材料的成本2 200元。

(20) 7月24日，因债权人原因，原欠某单位的其他应付款500元已确实无法支付。

(21) 7月24日，赞助某福利机构2 000元，已通过银行存款支付。

(22) 7月26日，根据有关工资结算凭证，本月分配应付生产工人工资19 600元。

(23) 7月26日，按生产工人工资总额的14%计提职工福利费。

(24) 7月30日，从银行提取现金19 600元，备发工资。

(25) 7月30日，以现金发放工资19 600元。

(26) 7月30日，根据本月材料耗用汇总表（见表10-89），分配已领用的材料。

表10-89 材料耗用汇总表
2019年7月

材料用途	甲材料		乙材料		金额合计/元
	数量/吨	金额/元	数量/吨	金额/元	
产品生产耗用 其中：A产品 B产品	100 50	22 000 11 000	150 300	3 300 6 600	25 300 17 600
合计	150	33 000	450	9 900	42 900

(27) 7月30日，以银行存款支付退休人员工资1 000元。

(28) 7月30日，本月已完工产品结转入库，其中A产品50件，单位成本为650元；B产品20件，单位成本为1 100元。

(29) 7月31日，按规定计算本月应缴城市维护建设税为2 000元，应缴教育费附加为500元。

(30) 7月31日，结转本月已销售产品的生产成本，其中A产品50件，单位成本为650元；B产品20件，单位成本为1 100元。

(31) 7月31日，结转本月实现的各项收入。

(32) 7月31日，结转本月发生的各项成本费用和支出。

要求：

（1）开设三栏式现金日记账和三栏式银行存款日记账；开设各有关分类账户，并登记期初余额。

（2）根据企业发生的经济业务编制收款凭证、付款凭证和转账凭证，并登记有关账簿。

（3）月终，结算出各账户的本期发生额及余额，并编制结账后的试算平衡表。

（4）根据有关资料编制财务报表。

实训二

目的：

练习汇总记账凭证账务处理程序。

资料：

见实训一资料。

要求：

（1）开设各有关总分类账户，并登记期初余额。

（2）根据实训一所编制的记账凭证，按每旬汇总一次，填制汇总收款凭证、汇总付款凭证和汇总转账凭证。

（3）月终，根据汇总记账凭证，登记总分类账和明细分类账，并结算出各账户的本期发生额及余额。

会计工作组织

学习目标

了解会计工作管理体制的基本内容；了解会计人员的任职条件；理解会计人员职业道德的基本内容：

任务一：会计工作组织认知；
任务二：设置会计机构；
任务三：组织会计人员；
任务四：制定会计工作规范；
任务五：管理会计档案。

情境描述

GD银行是国内一家成立不到10年的商业银行，在发展期间，GD银行在资产总额、存款余额以及贷款余额等方面都取得了飞速增长。新年伊始，GD银行，建立了全行性的会计核算中心，将以前分散在各支行的清算、核算、提入票据、会计信息等业务集中起来由核算中心统一完成。你认为GD银行进行会计制度改革的背景与主要动机是什么？相对于分散会计核算，集中会计核算的主要优点有哪些？是否存在一定的执行风险？集中会计核算将在所有企业中代替传统的会计核算形式吗？

情境分析

组织和管理好会计工作，对于建立和完善会计工作秩序、提高会计工作质量、充分发挥会计的职能和作用、实现会计目标等具有十分重要的意义。

任务一　会计工作组织认知

【问题引入】你看过《水浒传》吗？在梁山泊108将中，为什么由柴进掌管梁山泊钱财粮物？为什么要将掌管钱财粮物与考算钱粮支出纳入的工作分开？

提示：会计人员一般应该具备什么样的素质？将掌管钱财粮物与考算钱粮支出纳入的工作由一个人做，会出现什么后果？

子任务一：理解会计工作组织的意义

会计工作组织，包括会计人员的配备、会计机构的设置、会计工作规范的制定与执行，以及会计档案的保管等内容。科学组织会计工作的意义主要表现在以下几个方面。

（一）有利于贯彻落实各项会计规范

会计规范就是会计实践活动中应当遵循的法规、规则、典范或惯例等。会计规范对会计这一社会实践活动提出了实践要求和技术要求。例如，固定资产折旧核算、财务报表的编制、预算的编制、信息反馈和执行等所有会计实务中都存在一定的规范、标准，并受其制约。可见，会计工作质量依赖于会计规范能否得到有效落实。一个单位，若会计工作组织科学合理，就有利于会计人员依照会计规范开展会计工作；否则，若没有会计组织，或会计组织不合理，就很难谈得上会计规范的有效性。

（二）有利于提高会计工作的质量和效率

会计工作是一项严密细致的经济管理工作。从会计凭证到会计账簿再到财务报表，需要一系列的记录、计算、汇总、分析、检查等处理环节和程序提供会计信息。各种手续、各道步骤及各项数据环环相扣、紧密联系。任何一个环节的缺失、手续的遗漏或数据的错计，都会影响会计信息的正确性和及时性，从而造成决策的失误。科学地组织会计工作，能使会计工作按预先的手续和处理程序有条不紊地进行，可以最大限度地防止错漏；即使发生错漏，也易于查找和纠正，以此提高会计工作的质量和效率。

（三）有利于贯彻落实单位内部的经济责任制

经济责任制是经济管理的有效形式。合理地组织会计工作，有利于会计部门更好地履行其经济责任，管好、用好资金，增收节支，争取最大的经济效益；同时也有利于建立和落实其他部门的经济责任制。只有通过合理地组织会计工作，才能提供真实可靠的财务指标，实现预期的奖惩效果，经济责任制才能落到实处。可见，加强会计工作组织，有利于推动单位内部各部门更好地履行自己的职责，全面管好单位的各项工作，从而有效地落实单位内部的经济责任制。

子任务二：掌握会计工作组织应遵循的要求

正确地组织会计工作，要遵循以下要求。

(一) 遵守国家对会计工作的统一规定

在社会主义市场经济条件下，我国企事业单位的经济活动，一方面受市场经济规律的制约，另一方面又是在国家有关方针、政策、计划和预算的指导下进行的。为了充分发挥会计的作用，便于在宏观上进行经济管理，国家对会计工作的重要方面有统一的规定。例如，不管是企业、事业单位，还是机关、团体，都必须贯彻执行《中华人民共和国会计法》（以下简称《会计法》），各企业必须遵照会计准则和会计制度的规定和要求进行会计核算，选择相应的会计程序和方法，从而能够为国家加强国民经济宏观调控提供所需要的重要指标。遵守国家的统一规定，是组织和处理会计工作的首要原则。

(二) 适应本单位生产经营的特点和管理需要

会计主体的经济活动各有特点，如规模大小不一、业务繁简不同等，因此管理上对会计信息的要求也不尽相同。在组织会计工作时，既要遵守国家对会计工作的统一规定，又要根据本单位的特点和内部经营管理的实际需要，做出切合实际的安排。例如，大中型工业企业生产规模大、生产工艺复杂，企业内部各部门之间既相互联系又各有分工，会计事项繁多，应实行多级经济核算。小型企业生产规模小，生产工艺较为简单，会计事项少，应实行厂部一级核算。

(三) 符合精简节约的原则

机构人员要精简，核算所耗人财物要节约。在组织会计工作时，应在保证工作质量的前提下，力求精简节约。会计凭证、会计账簿和财务报表的设计以及会计处理程序的制定都应力求简化，会计机构的设置和会计人员的配备也应科学合理。既要把工作做好，又要少耗人力、物力、财力。

子任务三：了解会计工作组织的内容

(一) 设置会计机构

会计机构是会计主体内部为组织领导和直接从事会计工作的职能部门，是开展会计工作的组织保证。

(二) 配备会计人员

会计人员是具有一定专业技能，直接从事会计核算和管理的人员，是会计行为的主体。

(三) 制定会计工作规范

会计工作规范是会计工作所应遵循的法律、法规、纪律、制度、原则的总称，是正确处理会计业务的准绳。

(四) 保管和交接会计档案

会计档案是会计凭证、会计账簿和财务报表等会计核算的专业材料，是记录和反映经济业务的重要史料和证据。

任务二 设置会计机构

【问题引入】企业的规模有大有小、业务量有多有少,所以需要量体裁衣,根据每个企业的实际情况设置不同的会计机构。那么应怎样根据不同的企业设置会计机构呢?

提示:要解决上述问题,需要完成下列任务:①了解会计机构的设置;②认识会计工作的组织形式;③理解会计工作岗位责任制。

子任务一:了解会计机构的设置

会计机构是直接从事和组织领导会计工作的职能部门。建立健全会计机构是会计工作正常开展的组织保证,是实现会计目标的重要条件。在我国,由于会计工作和财务工作都是综合性的经济管理工作,它们之间的关系非常密切,因此通常把两者合并在一起,设置一个财务会计机构,统一处理财务、会计业务。

会计机构的设置一般应满足三个要求。一是应根据业务的需要设置会计机构。《会计法》中规定,各单位根据会计业务的需要设置会计机构,或者在有关机构中设置会计人员并指定会计主管人员;不具备条件的,可以委托经批准设立的会计咨询、服务机构进行代理记账。二是会计机构内部应建立稽核制度。各单位应在会计机构内部指定专人对会计凭证、会计账簿、财务报表及其他会计资料进行审核,防止会计核算的差错和有关人员的舞弊行为。三是会计机构内部应建立钱账分管制度。出纳人员不得兼管稽核、会计档案保管和收入、费用、债权、债务方面账目的登记工作。货币资金和财产物资的收付、结算、审核和登记等方面的工作,不得由一人兼任。

(一) 各级主管部门的会计机构

我国企业的会计工作,受财政部门和企业主管部门的双重领导。

我国财政部内部设置会计事务管理司,主管全国的会计工作。其主要任务是:负责制定和组织实施全国性的会计法规、准则和制度;负责了解、检查会计工作情况,交流、总结会计工作经验,提出改进和实施意见;负责制定全国会计干部培训计划;管理全国会计干部的技术职称工作;管理、监督注册会计师事务所的业务;组织注册会计师考试,批准注册会计师,颁发注册会计师证书等。地方财政部门一般设置会计处、科、股等机构,主管本地区所属单位的会计工作。

各级业务主管部门一般设置会计(财务)司、局、处、科,负责本系统所属单位的会计工作。这些机构的主要任务是:根据国家统一会计法规、制度的要求,制定本系统适用的会计法规、制度的实施细则;审核并批复所属单位上报的财务报表,同时汇总编制本系统的汇总财务报表;检查和指导所属单位的会计工作,帮助其解决工作上的问题;总结并组织交流所属单位会计工作的先进经验;核算本单位与财政机关以及上下级之间有关款项缴拨的会计事项;等等。

(二) 基层单位的会计机构

为了保证会计工作的顺利进行和充分发挥其职能作用，各企事业单位和行政机关等一般都应单独设置会计机构。对于一些规模小、会计业务简单的单位，可以不单独设置会计机构，但要在有关机构中设置会计人员并指定会计主管人员，以保证会计工作的正常进行。在一些规模较大的单位，可以根据"统一领导，分级管理"的原则，在单位内部设置各级、各部门的会计组织，称为会计（财务）处、科、股、组等。各单位可以根据会计业务量的多少，单独设置会计组织或设置会计人员。大中型企事业单位要设置总会计师，主管本单位的经济核算和财务工作，总会计师应由会计师以上技术职称的人员担任，小型企业也要指定一名副厂长负责行使总会计师的职责。

基层单位会计机构的主要任务是：组织与处理本单位的会计工作；如实反映本单位的经济情况，及时向有关各方提供有用的会计信息；参与本单位的经济预测和决策；严格贯彻和执行国家的财经制度；管好资金，降低成本，努力提高经济效益等。

会计机构是一个综合性经济管理部门，和单位内部其他各职能部门的工作有着密切的联系，各部门间相互制约、相互促进。因此，会计机构要积极主动地为各职能部门、各业务单位服务，共同做好会计工作，顺利完成会计任务。

子任务二：认识会计工作的组织形式

(一) 独立核算与非独立核算

企业的会计核算工作，按其内容是否完整、独立，可分为独立核算和非独立核算两种核算方式。

独立核算是指企业对其本身的生产经营活动及其结果进行独立、系统、完整的记账、算账，定期编制反映其财务状况和经营成果的财务报表，并对其经营活动进行分析评价的一系列工作。实行独立核算的单位称为独立核算单位。独立核算单位通常拥有供生产经营用的物资，在银行独立开设账户，对外办理结算业务，独立编制计划，独立核算，自负盈亏，并单独设置会计机构、配备必要的会计人员。独立核算单位如会计核算业务不多，也可不设专门的会计机构，而只配备专职的会计人员。

非独立核算是指企业向上级机构领取一定数额的物资和备用金以从事业务活动，平时只进行原始凭证的填列、整理和汇总，以及现金账、实物账的登记等一系列具体的会计工作。

实行非独立核算的单位称为非独立核算单位，或称为报销单位。非独立核算单位定期向上级解缴收入、报销支出，并定期将有关核算资料报送上级机关，由上级机关汇总记账。非独立核算单位一般不设置专门的会计机构，只需配备专职会计人员负责处理会计工作。

企业是实行独立核算还是非独立核算，取决于经营管理和业务组织的需要。

(二) 集中核算与非集中核算

独立核算单位的会计工作组织形式，可以分为集中核算和非集中核算两种。

集中核算就是记账工作主要集中在会计部门进行。会计部门以外的其他部门和下属单位只对该部门或下属单位发生的经济业务填制原始凭证或原始凭证汇总表，定期送交会计部门，由会计部门审核，然后由会计部门据以填制记账凭证、登记总分类账和明细分类账、编制财务报表。实行集中核算，可以根据会计部门掌握的核算资料，全面了解企业的经济状况，并可以减少核算层次、精简会计人员。

非集中核算又称分散核算，就是会计部门以外的其他部门和下属单位，在会计部门的指导下，分别登记与其业务有关的明细分类账，而会计部门则登记总分类账和另一部分明细分类账，编制财务报表，并进行其他会计工作。实行非集中核算，有利于各职能部门和车间随时了解本部门、车间的经济活动情况，及时分析问题和解决问题。

一个单位是采用集中核算还是非集中核算，主要取决于其内部经营管理的需要。集中核算与非集中核算是相对的，而非绝对的。在一个单位内部，可以根据管理需要对各个业务部门分别采取集中核算或非集中核算，并且集中核算或非集中核算的具体内容和方法也不一定完全相同。但是，无论采取哪一种形式，企业对外的现金收付、银行存款的收付、应收和应付款项的结算，都应集中在会计部门办理。

子任务三：理解会计工作岗位责任制

在会计部门内部，一般需要按照会计工作内容的繁简和会计人员配备的多寡，对会计工作进行合理分工。对于规模较大的企业，会计部门下面通常分设若干职能组，并为每组配备若干会计人员，分管会计工作的一个方面。例如，在大、中型工业企业里，会计科一般分设材料组、工资组、成本组、综合组等。

组织健全的单位，还要建立会计工作岗位责任制，就是将会计工作划分为若干个岗位，并为每个岗位规定职责和要求的责任制度。这样促使会计人员既相互协作配合又相互监督促进，以提高工作效率、保证会计工作有序进行。

企业会计人员的工作岗位一般分为：会计主管，出纳，财产物资核算，工资核算，成本费用核算，收入利润核算，其他往来核算，总分类账核算，稽核，以及综合分析等。对每个工作岗位上会计人员所担负的职责，都应详细规定。

会计工作岗位责任制可以实行一人一岗、一人多岗或一岗多人，各工作岗位也可以根据单位的实际情况或分设或合并或不设。每个岗位上的会计人员在认真履行本岗位职责的同时，还要与其他岗位上的会计人员密切配合、相互协作，共同做好本单位的会计工作。实行会计工作岗位责任制，并不是要会计人员长期固定在一个岗位上，而应有计划地进行轮换，以便会计人员全面地了解和熟悉各项会计工作，提高业务能力。

任务三　组织会计人员

【问题引入】毛毛是财务管理专业的大一新生，她想在大一就参加初级会计师的考试，请问她需要满足什么样的条件呢？毛毛需要准备哪几门课程？

提示：要解决上述问题，需要了解会计人员的资格和职责。

子任务一：了解会计人员的资格

(一) 会计专业技术资格

会计工作具有很强的专业性，要求会计人员必须具备必要的专业知识和专业技能。从目前来讲，考核和确认会计人员的专业知识和业务技能，主要是通过设置会计专业职务和会计专业技术资格考试来进行的。

1. 会计专业职务的种类

会计专业职务，由各单位根据会计工作的需要设置。会计专业职务分为高级会计师、会计师、助理会计师、会计员。高级会计师为高级职务，会计师为中级职务，助理会计师和会计员为初级职务。

2. 会计专业职务的任职条件

《会计专业职务试行条例》对不同级别会计专业职务的任职条件及基本职责做了明确规定。

(1) 会计人员的基本任职条件。

①初步掌握财务会计知识和技能。

②熟悉并能按照有关会计法规和财务会计制度执行会计工作。

③能担负一个岗位的财务会计工作。

④大学专科或中等专业学校毕业，在财务会计工作岗位上见习一年期满。

(2) 助理会计师的基本任职条件。

①掌握一般的财务会计基础理论和专业知识。

②熟悉并能正确执行有关的财经方针、政策和财务会计法规、制度。

③能担负一个方面或某个重要岗位的财务会计工作。

④取得硕士学位，或取得第二学士学位或研究生班结业证书，具备履行助理会计师职责的能力；大学本科毕业，在财务会计工作岗位上见习一年期满；大学专科毕业并担任会计员职务二年以上；或中等专业学校毕业并担任会计员职务四年以上。

(3) 会计师的基本任职条件。

①较系统地掌握财务会计基础理论和专业知识。

②掌握并能正确贯彻执行有关财经方针、政策和财务会计法规、制度。

③具有一定的财务会计工作经验，能担负一个单位或管理一个地区、一个部门、一个系统某个方面的财务会计工作。

④取得博士学位，并具有履行会计职责的能力；取得硕士学位并担任助理会计师职务满二年；取得第二学士学位或研究生班结业证书，并担任助理会计师职务二至三年；大学本科或大学专科毕业并担任助理会计师职务四年以上。

⑤掌握一门外语。

(4) 高级会计师的基本任职条件。

①较系统地掌握经济、财务会计理论和专业知识。

②具有较高的政策水平和丰富的财务会计工作经验，能担负一个地区、一个部门或一个

系统的财务会计管理工作。

③取得博士学位，并担任会计师职务二至三年；取得硕士学位、第二学士学位或研究生班结业证书，或大学本科毕业并担任会计师职务五年以上。

④较熟练地掌握一门外语。

3. 会计专业技术资格考试

会计专业技术资格考试是一种通过实行全国统一考试确认担任会计专业职务任职资格的制度。该考试主要包括初级会计资格、中级会计资格和高级会计资格三个档次。其中，初级资格考试科目为初级会计实务和经济法基础；中级资格考试科目包括中级会计实务、财务管理和经济法。

副高级会计师采用考评结合的办法，考试科目为高级会计实务，参加考试并达到国家合格标准的人员，由全国会计专业技术资格考试领导小组办公室核发高级会计师资格考试成绩合格证，该证在全国范围内三年内有效。达到合格标准的人员方可参加评审。正高级会计师采用申报评审的办法。

(二) 会计工作岗位设置

各单位应当根据会计业务需要设置会计工作岗位。

会计工作岗位一般可分为：会计机构负责人或者会计主管人员，出纳，财产物资核算，工资核算，成本费用核算，财务成果核算，资金核算，往来结算，总账报表核算，稽核，档案管理等。开展会计电算化和管理会计的单位，可以根据需要设置相应工作岗位，也可以与其他工作岗位相结合。

会计工作岗位可以一人一岗、一人多岗或者多岗一人。但出纳人员不得兼管稽核、会计档案保管和收入、费用、债权债务账目的登记工作。会计人员的工作岗位应当有计划地进行轮换。

会计人员应当具备必要的专业知识和专业技能，熟悉国家有关法律、法规、规章和国家统一的会计制度，遵守职业道德。

会计人员应当按照国家有关规定参加会计业务的培训。各单位应当合理安排会计人员的培训工作，保证会计人员每年有一定时间用于学习和参加培训。

国家机关、国有企业、事业单位任用会计人员应当实行回避制度。单位领导人的直系亲属不得担任本单位的会计机构负责人、会计主管人员。会计机构负责人、会计主管人员的直系亲属不得在本单位会计机构中担任出纳工作。需要回避的直系亲属为夫妻关系、直系血亲关系、三代以内旁系血亲及配偶关系。

子任务二：理解会计人员的职责

在我国，会计人员的职责和工作权限是由国家统一规定的。我国《会计法》规定，会计人员的主要职责是进行会计核算和实行会计监督。

(一) 会计人员的职责

1. 会计核算

会计核算就是按照会计法规认真办理会计事项，及时、准确、完整地记录、计算和反映企业的经营活动，为经营决策提供真实可靠的会计信息的过程。会计核算主要包括四项内容。

(1) 对于款项和有价证券的收付、财产物资的增减、债权债务的发生和结算、各种收入及费用的确认和计算、财务成果的计算和分配等，都必须正确、完整地办理会计手续、进行会计核算。

(2) 按照会计规范的规定记账、算账、报账，做到手续完备、内容真实、数字确凿、账目清楚、账实相符、日清月结、按期编制财务报表。

(3) 按照经济核算原则定期检查、分析、考核财务计划、预算的执行情况，揭露经济活动中存在的问题，为企业经营决策提供可靠的会计信息。

(4) 建立会计档案制度，妥善保管会计凭证、会计账簿和财务报表等会计档案。

2. 会计监督

会计监督是指会计人员通过日常会计工作对经济活动进行监督。会计监督主要包括三项内容。

(1) 对于违反现金管理条例、费用开支标准的，会计人员有权拒绝付款、拒绝报销、拒绝执行，并向本单位领导报告，提请处理。

(2) 发现弄虚作假、营私舞弊、欺骗上级等违法乱纪行为应及时制止、反映和揭露。

(3) 揭露和制止现实的和可能发生的损失和浪费，促进有关部门和人员勤俭节约，提高经济效益。

(二) 会计人员的工作权限

为了保证会计人员能切实履行职责，会计人员具有如下工作权限。

(1) 参与各项经济计划的制定和各项经营方案的预测和决策。

(2) 参与有关生产、经营管理会议，分析原因，总结经验，揭露矛盾，提出改进措施。

(3) 参与各种定额的制定、经济谈判和经济合同签订等事项。

(4) 监督、检查本单位的财务收支、资金使用和财产保管及使用等。

任务四　制定会计工作规范

【问题引入】杨梅原为某单位电话接收员，2010年该单位减员，杨梅下岗后考取了会计从业资格证，在甲单位财务部担任出纳工作。杨梅从事会计工作以来，感到出纳工作太琐碎，认为一辈子做会计没出息，所以在工作上敷衍了事，又从未参加会计人员继续教育。2011年年底一次偶然机会，杨梅在工作中将接触到的甲公司新产品研发计划及相关会计资料复印提供给其在民营企业任总经理的丈夫，致使该民营企业获利，杨梅也从中获取收益，同时给甲公司造成很大的损失。杨梅有哪些行为违背了会计职业道德规范？什么是提高技能？提高技能有哪些基本要求？

提示：要解决上述问题，需要了解会计法律法规，了解企业会计准则、企业会计制度和会计职业道德。

子任务一：了解会计法律法规

（一）会计法

《会计法》是由全国人民代表大会统一制定的会计法律，是我国规范会计活动的基本会计法规，是会计体系中层次最高的会计规范，也是制定其他会计法规的依据。《会计法》规定了会计工作的基本目的、会计管理权限、会计责任主体、会计核算和监督的基本要求、会计人员和会计机构的职责权限，并对主要负责人对本单位的会计工作和会计资料的真实性、完整性应承担的法律责任等做了详细的规定。

（二）会计条例

会计条例属于会计行政法规，由国务院制定并发布，或者由国务院有关部门拟定，经国务院批准后发布实施。这些条例涉及会计的方方面面，如国务院发布的《总会计师条例》等。

除会计条例外，会计法律法规还有《会计基础工作规范》《会计电算化工作规范》《内部会计控制规范》《会计专业职务评聘办法》等相关规范。

子任务二：了解企业会计准则

企业会计准则是制定会计核算制度和组织会计核算的基本规范。企业会计准则是由主管全国会计工作的财政部就会计工作的内容制定的规范性文件，或者由财政部联合国务院有关部委制定并发布的相关规范性文件。

（一）企业会计准则——基本准则

2006 年 2 月 15 日，财政部修订并发布了《企业会计准则——基本准则》，于 2007 年 1 月 1 日开始执行，它主要规范会计目标、会计基本前提、会计信息的质量要求、会计要素的确认和计量，为具体会计准则和应用指南的制定提供依据。

（二）企业会计准则——具体准则

具体准则是根据《企业会计准则——基本准则》制定的，用来指导各类经济业务确认、计量、记录和报告的具体规范。我国目前的具体准则共包括 42 项内容，这 42 项具体准则涵盖了各类企业的主要经济业务。具体准则可以分为一般业务准则、特殊行业的特殊业务准则和报告准则三类。

（三）企业会计准则——应用指南

应用指南对基本准则、具体准则起补充作用，处于企业会计准则体系的第三层次，是根据基本准则和具体准则来指导会计实务的操作性指南，主要解决处理经济业务时所涉及的会计科目、账务处理、财务报表及其格式等问题。《企业会计准则——应用指南》由两部分组成,第一部分为会计准则解释,第二部分为会计科目和主要账务处理。

子任务三：了解企业会计制度

企业会计制度是进行会计工作、处理会计事务的具体方法和规定,一般包括会计科目的设置、核算内容及其方法、财务报表的格式及填制方法等。会计制度是在会计法和会计准则的指导下制定的。

子任务四：了解会计职业道德

职业道德是指人们在职业生活中应遵循的基本道德,即一般社会道德在职业生活中的具体体现,是职业品德、职业纪律、专业胜任能力及职业责任等的总称。会计职业道德是会计人员在从事会计工作、进行会计行为时应遵守的道德标准。

会计职业道德的主要内容可归纳为以下八个方面。

（一）爱岗敬业

爱岗敬业指的是忠于职守的职业精神,这是会计职业道德的基础。爱岗就是会计人员应该热爱自己的本职工作,安心于本职岗位。敬业就是会计人员应该充分认识本职工作在社会经济活动中的地位和作用,认识本职工作的社会意义和道德价值,具有会计职业的荣誉感和自豪感,在职业活动中具有高度的劳动热情和创造性,以强烈的事业心、责任感从事会计工作。

（二）诚实守信

诚实就是言行和内心思想一致,不弄虚作假、不欺上瞒下,做老实人,说老实话,办老实事。守信就是遵守自己的承诺,讲信用、重信用,信守诺言,保守秘密。

（三）廉洁自律

廉洁就是不贪污钱财,不收受贿赂,保持清白。自律就是自律主体按照一定的标准,自己约束自己、自己控制自己的言行和思想。

（四）客观公正

对于会计职业活动而言,客观主要包括两层含义：一是真实性,即以实际发生的经济活动为依据,对会计事项进行确认、计量、记录和报告；二是可靠性,即会计核算要准确、记录要可靠、凭证要合法。公正就是要求各企事业单位管理层和会计人员不仅应当具备诚实的品质,而且应公正地开展会计核算和会计监督工作,即在履行会计职能时,摒弃单位、个人私利,公平公正、不偏不倚地对待相关利益各方。作为注册会计师在进行审计鉴证时,应以超然独立的姿态,进行公平公正的判断和评价,出具客观、适当的审计意见。

（五）坚持准则

坚持准则是指会计人员在处理业务过程中,要严格按照会计法律制度办事,不为主观或他人意志所左右。这里所说的"准则"不仅指会计准则,而且包括会计法律、法规、国家统一的会计制度以及与会计工作相关的法律制度。

（六）提高技能

会计工作是专业性和技术性很强的工作，只有具有一定的专业知识和技能，才能胜任会计工作。提高技能要求会计人员通过学习、培训和实践等途径，持续提高职业技能，以掌握和维持足够的专业胜任能力。

（七）参与管理

参与管理要求会计人员在做好本职工作的同时，努力钻研相关业务，全面熟悉本单位经营活动和业务流程，主动提出合理化建议，协助领导决策，积极参与管理。

（八）强化服务

强化服务要求会计人员树立服务意识、提高服务质量，努力维护和提升会计职业的良好社会形象。

任务五　管理会计档案

【问题引入】某大学财务管理专业的学生李林毕业后在一家公司财务部上班，上班第一天，财务经理张海交代给他一项工作——整理会计档案。看到各种会计凭证、会计账簿、财务报表、银行存款余额调节表等，李林不知所措，感觉学校里面学到的东西全忘了。如果这时他向你求救，你该怎么帮他？

提示：要解决上述问题，需要了解会计档案的概念，并掌握会计档案管理的若干规定

子任务一：了解会计档案的概念

（一）会计档案的概念

会计档案是指会计凭证、会计账簿和财务报表等会计核算专业材料，是记录和反映单位经济业务的重要史料和证据。

（二）会计档案的种类

企业的会计档案可分为以下几类。

（1）会计凭证类：原始凭证、记账凭证、汇总凭证、其他会计凭证。

（2）会计账簿类：总账、明细账、日记账、固定资产卡片、辅助账簿、其他会计账簿。

（3）财务会计报告类：月度、季度、年度财务会计报告，包括财务报表、附表、附注及文字说明，其他财务报告。

（4）其他类：银行存款余额调节表、银行对账单、其他应当保存的会计核算专业资料、会计档案移交清册、会计档案保管清册、会计档案销毁清册。

子任务二：掌握会计档案管理的若干规定

（一）会计档案的移交

各单位每年形成的会计档案，应当由会计机构按照归档要求整理立卷、装订成册、编制会计档案保管清册。当年形成的会计档案，在会计年度终了后，可暂由会计机构保管一年；期满之后，应当由会计机构编制移交清册，移交本单位档案机构统一保管。未设立档案机构的，应当在会计机构内部指定专人保管。出纳人员不得兼管会计档案。

（二）会计档案的查阅

各单位保存的会计档案不得借出。如有特殊需要，经本单位负责人批准，可以提供查阅或者复制，并办理登记手续；查阅或者复制会计档案的人员，严禁在会计档案上涂画、拆封和抽换。各单位应当建立健全会计档案查阅、复制登记制度。

（三）会计档案的保管期限

（1）会计档案的保管期限分为永久和定期两类。定期保管期限分为 10 年和 30 年两类。会计档案的保管期限，从会计年度终了后的第一天算起。会计档案保管期限如表 11-1 所示。

表 11-1 会计档案保管期限

类别	会计档案的内容	保管期限
会计凭证	原始凭证	30 年
	记账凭证	30 年
会计账簿	总账	30 年
	明细账	30 年
	日记账	30 年
	固定资产卡片	固定资产报废清理后保管 5 年
	其他辅助性账簿	30 年
财务会计报告	月度、季度、半年度财务会计报告	10 年
	年度财务会计报告	永久
其他会计资料	银行存款余额调节表	10 年
	银行对账单	10 年
	纳税申报表	10 年
	会计档案移交清册	30 年
	会计档案保管清册	永久
	会计档案销毁清册	永久
	会计档案鉴定意见书	永久

（2）会计档案的保管期限，从会计年度终了后的第一天算起。

（四）会计档案的销毁

1. 会计档案的销毁程序

会计档案的销毁，由本单位档案机构会同会计机构提出销毁意见，编制会计档案销毁清册，列明销毁会计档案的名称、卷号、册数、起止年度和档案编号、应保管期限、已保管期限、销毁时间等内容。单位负责人在会计档案销毁清册上签署意见。销毁会计档案时，应当由档案机构和会计机构共同派员监销。国家机关销毁会计档案时，应当由同级财政部门、审计部门派员参加监销。财政部门销毁会计档案时，应当由同级审计部门派员参加监销。监销人在销毁会计档案前，应当按照会计档案销毁清册所列内容清点核对所要销毁的会计档案；销毁后，应当在会计档案销毁清册上签名盖章，并将监销情况报告本单位负责人。

2. 不得销毁的会计档案

保管期满但未结清的债权债务原始凭证和涉及其他未了事项的原始凭证，不得销毁，应当单独抽出立卷，保管到未了事项完结时为止。单独抽出立卷的会计档案，应当在会计档案销毁清册和会计档案保管清册中列明。正在项目建设期间的建设单位，其保管期满的会计档案不得销毁。

（五）采用电子计算机进行会计核算单位会计档案的保管

采用电子计算机进行会计核算的单位，应当保存打印出的纸质会计档案。具备采用磁带、磁盘、光盘、微缩胶片等磁性介质保存会计档案条件的，由国务院业务主管部门统一规定，并报财政部、国家档案局备案。

练习题

一、单选题

1. 会计法规包括（   ）。

A. 会计法、会计制度、会计准则

B. 会计法、会计准则、会计制度和其他法规

C. 会计法、会计制度、会计准则和公司法

D. 会计法、会计准则、会计制度和税法

2. 会计人员专业技术职称主要包括（   ）。

A. 高级会计师、总会计师、会计师和助理会计师

B. 总会计师、高级会计师、注册会计师、会计师

C. 高级会计师、会计师、助理会计师、会计员

D. 注册会计师、高级会计师、会计师、会计员

3. 企业财务机构的具体名称一般视（   ）而定。

A. 企业的行业特性 B. 企业的规模大小

C. 企业的组织形式 D. 企业对财会工作的重视程度

4. 根据现行制度规定，应永久保存的会计档案是（   ）。

A. 年度财务会计报告　　　　　　　　B. 季度、月度财务会计报告
C. 会计凭证　　　　　　　　　　　　D. 会计账簿

5. 采用集中核算，整个企业的会计工作主要集中在（　　）进行。
A. 企业的会计部门　　　　　　　　　B. 企业内部的各职能部门
C. 上级主管部门　　　　　　　　　　D. 会计师事务所

6. 企业单位记账凭证和汇总凭证的保管年限是（　　）。
A. 5 年　　　　　B. 10 年　　　　　C. 30 年　　　　　D. 永久

7. 企业单位现金日记账和银行存款日记账的保管期限是（　　）。
A. 5 年　　　　　B. 10 年　　　　　C. 30 年　　　　　D. 25 年

8. 会计工作组织形式一般分为（　　）。
A. 集中核算和分散核算　　　　　　　B. 永续盘存制和实地盘存制
C. 权责发生制和收付实现制　　　　　D. 确认、计量、记录和报告

二、多选题

1. 会计工作组织的内容包括（　　）。
A. 会计机构的设置　　　　　　　　　B. 会计人员的配备
C. 会计规范的制定与执行　　　　　　D. 会计档案的保管

2. 会计法规定会计人员的主要职责有（　　）。
A. 进行会计核算　　B. 会计监督　　C. 经营决策　　D. 保管会计资料

3. 下列关于总会计师表述正确的有（　　）。
A. 它是一个专业技术资格
B. 它是一个行政职务
C. 它是一个会计职称
D. 它必须由会计师以上专业技术资格的人员担任

4. 会计法规包括（　　）。
A. 会计法　　　　　B. 会计准则　　　C. 会计制度　　　D. 其他有关法规

5. 下列属于会计执业资格的有（　　）。
A. 会计师　　　　　B. 注册会计师　　C. 会计员　　　　D. 总会计师

三、判断题

1. 基本准则是制定具体准则的依据。（　　）
2. 企业会计制度规定，既要以会计准则为依据，又要适应各个行业的条件。（　　）
3. 会计工作岗位责任制要求一人一岗，以符合内部控制制度的要求。（　　）
4. 会计人员专业技术职称分为以下几种：总会计师、高级会计师、注册会计师、会计师、助理会计师和会计员。（　　）
5. 无论企业采用集中核算还是非集中核算，其所属各车间、部门一般不能与外单位直接发生经济往来。（　　）
6. 为了便于查阅历史证据，各种会计资料应永久保存。（　　）

7. 一个实行独立核算的单位,其工作组织形式既可以选择集中核算形式,也可以选择非集中核算形式。（　　）

8.《会计法》是我国会计法规体系中最高层次的法律规范。（　　）

9. 无论企业规模大小都必须设置总会计师。（　　）

参 考 文 献

[1] 陈国辉，迟旭升. 基础会计 [M]. 第4版，大连：东北财经大学出版社，2015.
[2] 张捷. 基础会计 [M]. 第4版. 北京：中国人民大学出版社，2015.
[3] 薛洪岩. 基础会计 [M]. 第4版. 上海：立信会计出版社，2015.
[4] 石本仁. 会计学原理 [M]. 第3版. 北京：中国人民大学出版社，2014.
[5] 约翰·J·怀尔德，肯恩·W·肖，巴巴拉·基亚佩·塔. 会计学原理 [M]. 第21版. 崔学刚，译. 北京：中国人民大学出版社，2014.
[6] 唐国平. 会计学原理 [M]. 第3版. 北京：中国财政经济出版社，2016.
[7] 陆正飞，黄慧馨，李琦. 会计学 [M]. 第2版. 北京：北京大学出版社，2012.
[8] 罗昌宏. 新编会计学原理 [M]. 北京：经济科学出版社，2008.
[9] 许秀敏. 基础会计 [M]. 第3版. 厦门：厦门大学出版社，2008.
[10] 杨月梅. 基础会计 [M]. 北京：清华大学出版社，2007.
[11] 徐泓. 基础会计学 [M]. 第3版. 北京：中国人民大学出版社，2012.
[12] 柳延峥，冯艳. 会计学基础 [M]. 第2版. 大连：东北财经大学出版社，2007.
[13] 刘晓民，赵捷. 会计学基础 [M]. 第2版. 北京：清华大学出版社，2008.
[14] 瞿灿鑫，王珏. 基础会计学 [M]. 上海：复旦大学出版社，2007.
[15] 毛波军，何珍珠. 会计学原理 [M]. 上海：上海交通大学出版社，2008.
[16] 中华人民共和国财政部. 企业会计准则2006 [M]. 北京：经济科学出版社，2006.
[17] 中华人民共和国财政部. 企业会计准则——应用指南2006 [M]. 北京：中国财政经济出版社，2006.
[18] 财政部会计司编写组. 企业会计准则讲解2006 [M]. 北京：人民出版社，2006.